Klaus N. Frick:
Vielen Dank, Peter Pank

Herausgeber:
Klaus Farin für das Archiv der Jugendkulturen e.V.
Fidicinstr. 3
10965 Berlin
Tel.: 030/694 29 34
Fax: 030/691 30 16
www.jugendkulturen.de

Gestaltung:
Sebastian Schmidt, Berlin

Druck:
werbeproduktion bucher
www.wpb-berlin.de

Vertrieb für den Buchhandel:
Bugrim/Verlag Thomas Tilsner

Die Deutsche Bibliothek - CIP-Einheitsaufnahme
Der Titeldatensatz für diese Publikation
ist bei der Deutschen Bibliothek erhältlich

ISBN 3-86546-037-2
ISSN 1439-4316 (Archiv der Jugendkulturen)

Klaus N. Frick:
Vielen Dank, Peter Pank

1.

Das dauernde Dröhnen nervte, es fräste sich in meine Gehörgänge und zermürbte mein Hirn. Mit einem Ruck riß ich die Augen auf, stöhnte kurz. Mein Kopf schmerzte, alles um mich herum schien zu kreisen, tausend grelle Lichter bohrten sich ins Hirn, mein Mund war trocken, und ich hatte das Gefühl, gleich sterben zu müssen. Wieder einmal. Wie so oft in letzter Zeit.

Ich schloß die Augen, versuchte einfach weiterzuschlafen. Unmöglich. Das Dröhnen blieb; es war unrhythmisch, ich konnte es nicht genau einplanen: Mal war es lauter, mal leiser, mal rauschte es vorbei, mal rumpelte es geradezu. Da konnte ich nicht länger schlafen, so gerne ich es getan hätte. Einfach wegschlafen, weg von dem Dröhnen, weg von den Kopfschmerzen, weg von der Feuchtigkeit. Feuchtigkeit? Was zum Teufel war los? Ich wußte es nicht, und mir wurde auf einmal klar, daß ich mit geschlossenen Augen nicht herauskriegen konnte, was eigentlich mit mir geschehen war.

Erneut öffnete ich die Augen, wurde so langsam richtig wach. Ich lag auf dem Rücken, wie ich jetzt bemerkte; auf feuchtem Untergrund, denn meine Hose fühlte sich an, als hätte ich hineingepißt. Jetzt war mir auch klar, woher das feuchte Gefühl kam. Erleichtert rief ich mir ins Bewußtsein, daß es schlimmer hätte sein können.

Über mir war es hellgrau: ein Himmel, über den sich düstere Wolken jagten. Irgendein Instinkt sagte mir, daß es früher Morgen sein mußte; was über mir schimmerte, das war folglich das Morgengrauen. Und ich hatte Kopfschmerzen; damit waren schon zwei wesentliche Eckpunkte meines Problems ausreichend

»Denk ich nichts Böses, geh in ein Café rein / Da seh ich plötzlich mein Anarchyschwein / ihre Haare sind blond statt blau / war neulich Samstag alles nur Schau.«
(Artless, 1980)

beschrieben. Den dritten konnte ich mir ohne größere Hirnerweichungen zusammenreimen: Das Zauberwort hieß »Alkohol«, mit großer Sicherheit in Verbindung mit dem Wort »zuviel«.

Auf meiner rechten Wange war irgendwas, ich konnte es als Schatten sehen, wenn ich mich anstrengte, und ich hatte zudem ein völlig merkwürdiges Gefühl an genau dieser Stelle. Langsam –

verdammt langsam! – bewegte ich meine rechte Hand nach oben. Ich registrierte die schmutzigen Fingernägel, die Killernieten am Armband, den zerfetzten Ärmel der alten Jeansjacke, und dann hatte ich endlich meine Hand nahe genug am Gesicht. Es war anstrengender, als ich gedacht hatte, und fast hätte ich es nicht hinbekommen. Mit einiger Mühe schaffte ich es jedoch, die Hand zielsicher auf die Wange zuzubewegen und diese zu berühren.

Meine Finger packten zu. Es war ein ekelhaftes, ein widerlich-schleimiges Gefühl. Eine Schnecke! Eine gottverdammte, widerliche Nacktschnecke! Das verdammte Vieh war in der Nacht über mein Gesicht gekrochen und hatte sich dort – ausgerechnet dort! – häuslich niedergelassen. Ekel schüttelte mich, fast hätte ich endgültig gekotzt. Wenn ich eines nicht leiden konnte, dann waren es Schnecken, vor allem die ekligen roten und schwarzen Nacktschnecken – ganz zu schweigen von den noch widerlicheren grau-schwarzen Viechern, die aus Kellerlöchern krochen. Mit einer hektischen Handbewegung wischte ich das Tier aus meinem Gesicht.

Da die Hand ohnehin schon in Gesichtsnähe war, fingerte ich kurz an mir herum. Bartstoppeln im Gesicht – also hatte ich mich seit einigen Tagen nicht mehr rasiert. Die Haare hingen eher schlaff herunter; was ehemals halbwegs anständige Spikes gewesen waren, hatte sich in eine miserable Ansammlung von Strähnen verwandelt. Die Haare waren feucht; sicher vom Tau.

Die ersten selbständigen Gedankengänge setzten ein. *Wo zum Teufel bin ich? Und wie komme ich eigentlich hierher?* Ich lag auf einer Wiese, ich hatte in der Nacht vorher eindeutig gesoffen, und ich hatte dreckige Klamotten an. Es war wieder einmal etwas vorgefallen. *Nur was?* fragte ich mich selbst mißmutig.

»Bremen 82, blaues Haar, six minutes war, Nils war da ...«
(EA 80, 1983)

Langsam stemmte ich mich hoch, blickte geradeaus. Direkt vor mir, keine zwei Meter von meinem Gesicht entfernt, war eine Leitplanke, und in genau diesem Moment donnerte ein Lastzug vorbei; rechts von mir lag mein zusammengerollter Schlafsack, immer noch im angerissenen Kunststoffsack, und daneben ein kleiner Rucksack, auf diesem wiederum eine leere Bierdose. Ich war an einer Straße gestrandet; wie ich mein Glück kannte, war es eine Autobahn, irgendwo in der deutschen Pampa.

Wieder ein Lkw; direkt vor meiner Nase. Der Luftzug erwischte mich, ein Haufen Staub, vermengt mit Gummiresten und Teer, wurde von der Straße hochgewirbelt und direkt in mein Gesicht geblasen. Mir wurde erneut übel; ich hielt die Luft an, aber es war zu spät, ich bekam den Schwall ab. Das war für den Moment zu viel: Ich schloß die Augen, ließ mich zurückfallen, dachte einige Sekunden lang so konzentriert nach, wie es mir in diesem Moment überhaupt möglich war.

Und erneut dieses Dröhnen! Wieder ein Lkw, der vorbeirauschte, wieder ein Dreckschwall, der mich erwischte; danach einige kleinere Fahrzeuge, die mit röhrenden Motoren vorbeiheizten. Ich drehte mich auf den Bauch, stützte mich auf die Hände, riß die Augen erneut auf, musterte mit ungläubigem Blick die schmutzigen Fingernägel und den Handrücken an der Rechten, auf dem eine schmutzverkrustete Kratzspur zu sehen war.

Oh Gott! raste es mir durchs Hirn. *Ich muß eine Schlägerei hinter mir haben ... irgendwoher sind die Kratzer ... ich muß einem Typen die Faust durch die Fresse gezogen haben, und seine Zähne haben zumindest zu dem Zeitpunkt noch gesessen.*

Mir tat nichts weh, ich hatte keine Schmerzen, sah man von dem dummen Gefühl im Magen ab. Also hatte ich keine abgekriegt; das hieß, daß die Schlägerei nicht zu derb gewesen sein konnte. Zu allem Überfluß war mir aber kalt; Kunststück, wenn man die Nacht ohne Schlafsack an einer Straße verbrachte. Die Kälte hatte ausreichend Zeit gehabt, in meine Knochen zu kriechen, und dort hockte sie jetzt, ziemlich fest sogar, und von dort würde ich sie so schnell nicht hinausbefördern können. Grauenhafte Aussichten!

Ich richtete mich auf; dann stand ich etwas wackelig auf den Füßen. Fast wäre ich umgekippt, aber das konnte ich gerade noch vermeiden. Ich schaute an mir hinunter: mehrfach geflickte Jeans, abgelatschte Springerstiefel, um den rechten Fuß eine Kette. Am Rand einer Buschgruppe stand ich, es war irgendwelches Dornengestrüpp, wie man es am Rand von Straßen häufig findet. Und die Straße entpuppte sich bei genauerem Hinsehen als Teil eines Autobahnkreuzes, an dem mit hohem Tempo allerlei Fahrzeuge beschleunigten, um auf die andere Autobahn zu wechseln. Wie zum Teufel kam ich an diesen Platz? Ich wußte es nicht; und mir war klar, daß das nicht mal das wichtigste Problem war. Wichtiger war, hier wieder wegzukommen.

Vor weiteren Überlegungen blieb ich bewahrt, denn jetzt rebellierte doch mein Magen. Das hektische Aufstehen brachte unangenehme Folgen mit sich. Der Schwall kam schneller, als ich reagieren konnte, und ehe ich weiter nachdenken konnte, kauerte ich auf allen Vieren auf dem Boden und kotzte, was ich kotzen konnte. Die Brühe lief mir übers Kinn und tropfte auf den Boden, zuerst als Schwall, dann nur noch in einzelnen Teilen. Viel festes war nicht darunter, es war fast nur Flüssigkeit; Bierreste eben, wie mir erneut bewußt wurde. Es war wieder mal zuviel gewesen.

Und jetzt fiel mir zumindest ein, welchen Tag wir schreiben mußten – wenn ich mich nicht völlig in den Wahnsinn gesoffen hatte. *Sonntag, 21. September 1986 – und du Depp mußt morgen wieder arbeiten!* Allein der Gedanke sorgte schon dafür, daß ein weiterer Schwall Kotze in mir hochkroch und sich auf den feuchten Rasen ergoß.

Nach einiger Zeit rappelte ich mich auf und wischte mir das Kinn ab. Es ging mir wieder einigermaßen erträglich, nur der widerliche Geschmack im Mund blieb. *Scheußlich! Muß mir dringend die Zähne putzen!* dachte ich, während ich zu meinem Rucksack ging und diesen durchwühlte. Eine weitere Bierdose, wie ich schon gehofft hatte, fand ich nicht; zum Ausgleich förderte ich einen Apfel zutage: zwar schon etwas angeschlagen, aber noch gut genug aussehend.

Ich biß kräftig ab, kaute, schluckte, dann noch einmal. Mit mehreren hektischen Bissen haute ich mir den Apfel in den Bauch, schleuderte den kärglichen Rest mit voller Wucht auf einen vorbeifahrenden Schwertransporter. Es wurde Zeit, daß ich mir meine Situation genauer klarmachte; also ging ich einige Schritte an der Autobahn entlang.

Nach einiger Zeit, in der meine Gedanken langsam etwas klarer verliefen, wußte ich immerhin, wo ich war: am Darmstädter Kreuz, an einer der konfuseren Stellen dieses ohnehin durch die Stadtauffahrt merkwürdig genug gestalteten Kreuzes. *Keine schlechte Situation,* dachte ich, *wenn alles schlecht läuft, kann ich nach Darmstadt reinlatschen und Hermann besuchen. Vielleicht hat er etwas Gutes zu trinken daheim. Der wird sich freuen!* Aber das war Schwachsinn, und das wußte ich auch; ich hatte keine Lust, meinen Job zu verlieren.

Sonderlich viele Möglichkeiten blieben mir nicht. Ich schaute mich ein letztes Mal um, dann ging ich zurück, holte meinen Rucksack sowie die Plastiktüte mit dem Schlafsack und marschierte an der Autobahn entlang: zu einer Stelle dieses Kreuzes, an der ich stehen konnte, ohne einen Unfall zu provozieren, an der ich wenigstens den Hauch einer Chance hatte, mitgenommen zu werden. Schwierig genug könnte es ohnehin werden.

Immerhin kam meine Erinnerung wieder, zumindest in Bruchstücken. Das war immerhin etwas. Ich erinnerte mich gut genug ... an mich selbst und an den Tag vorher.

Bonn, Kaiserplatz, Samstagmittag. Einige Dutzend Punks, mit Bierdosen und Weinflaschen bewaffnet, einige Penner am Rand, im Hintergrund tauchten ab und zu grüne Wannen auf, gemütlich-ruhige Stimmung. Das Wetter war nicht so gut, aber es regnete nicht, und so konnte man sich bei dummen Geschichten und noch dümmeren Aktionen ganz gut die Zeit vertreiben. Irgendeiner hatte einen Cassetten-Recorder dabei, und die Musik war nicht so laut, daß man keinen zusätzlichen Ärger bekam. Den hatte ich in letzter Zeit zu oft gehabt, und die anderen Punks auf dem Kaiserplatz ebenso.

Struppi und ich gingen aufs Klo; als anständige Menschen suchten wir uns einen sauberen Laden aus und nahmen deshalb McDonald's, beim Bahnhof gleich ums Eck. Zumindest die Klos waren sauberer als alle anderen; ich hockte mich rein, drückte einen guten Bierschiß ab. Und als ich rauskam, hüpfte Struppi wie ein Idiot zwischen den Pissoirs herum und bespritzte die Wände, den Boden und jedes der einzelnen Pissoirs mit einem dicken gelben Strahl. Lachend verließen wir den Schnellimbiß, zurück zu den Freunden.

Später tanzte Fröschle, der irgendwo aus dem Schwäbischen kam, mir aber seinen Heimatort nie verraten wollte, auf einem Bein über eine Mauer, torkelte ganz unglücklich zur Seite und flog gut auf die Nase; es passierte ihm aber nichts. Noch später, als es schon dämmerte und ich schon schwer einen sitzen hatte, gingen wir quer durch die Fußgängerzone rüber zum Friedensplatz, wo wir uns mit einigen Leuten aus Köln treffen wollten.

Und noch später, da war es schon dunkel, stand ich am Bornheimer Eck, irgendein Typ sprach mich schräg von der Seite an, es gab einen überflüssigen, sehr aggressiven Wortwechsel, er stieß mich vor die Brust, ich zog ihm die Faust durch die Zahnreihen, er fiel um und blieb liegen, irgend jemand sagte, »hey,

»Was wißt denn ihr, sagt, was ihr wollt / ich hab von euch die Schnauze voll! / Ich hasse euch!«

(Brigade Fozzy, 1986)

Peter, hey, Peter Pank, nix wie weg, bevor die Bullen kommen«, und dann rannten, nein, torkelten!, wir durch die Stadt, ich hatte einen ortskundigen Führer dabei, denn ich hätte zu dieser Zeit nicht mal mehr zurück an den Kaiserplatz gefunden, und dieser Ortskundige schleppte und schleuste mich quer durch die Innenstadt, bis zu einer Bundesstraße, wo ich den Daumen raushielt und erstaunlich schnell wegkam. Und irgendwann in dieser Nacht hatte mich ein Autofahrer, dem ich wohl zu sehr auf die Nerven ging, mitten auf dem Autobahnkreuz rausgeschmissen.

Schöne Aussichten! Ich war ernsthaft besorgt. *Was, wenn ich den Kerl ernsthaft verletzt hab'? Oder gar umgebracht? So ein verdammter Dreck! Wenn ich Pech hab', lande ich noch mal im Loch, nur wegen so 'nem Scheiß!*

Das Sinnieren brachte nichts ein, ich mußte erst mal weg, ab Richtung Süden. Nachdem ich einige Zeit hin- und hergegangen war, hatte ich eine halbwegs erträgliche Tramperstelle gefunden; ich stellte mich an den Straßenrand und hielt den Daumen in die Luft, als der erste Wagen heranfuhr. Überzeugend sah ich nicht aus, das wußte ich, aber die Chance, daß mich bereits am frühen Morgen eine Polizeistreife aufgriff, war sehr gering.

Die ersten Autos fuhren einfach vorüber, mit stur geradeaus blickenden Fahrern hinter den Windschutzscheiben, aufs Ziel und die Arbeit fixiert; einige Transporter und Lastwagen donnerten vorüber und nahmen mir mit ihrem Luftzug jedes mal fast den Atem; irgendein Idiot zeigte mir aus seinem Mittelklassewagen heraus seinen Stinkefinger; alles in allem eine völlig normale Tramper-Situation, mit dem einen Unterschied, daß ich an einer reichlich dämlichen Stelle rumstand.

»Der Tag beginnt, und du willst nicht mehr. / Denn du glaubst nicht mehr.«
(The Tanzdiele, 1981)

Und mich selbst ganz schön ausgekotzt fühlte. Die Wirkung des Apfels ließ nach, der schale Geschmack im Mund tauchte wieder auf, und der Alkoholpegel machte sich erneut bemerkbar.

Plötzlich hielt ein Auto, eine Mittelklasse-Limousine, kein ganz so schlechtes Modell, mit Münchener Kennzeichen, wie ich sofort registrierte. Alte Tramper-Manie. Ich rannte hin, das Gepäck unterm Arm.

Der Beifahrer machte die Tür auf. Ich bemerkte einen Schnauzbart und eine durchschnittliche Krankenkassen-Brille, den Fahrer nahm ich erst gar nicht wahr. »Wo willst du denn hin?« fragte der Schnauzbart, nicht gerade sehr freundlich, aber auch nicht völlig abweisend.

»Ich muß nach Süden, Richtung Stuttgart, so was wäre nicht schlecht«, haspelte ich hervor.

»Da stehst du völlig richtig!« rief der Schnauzbart und lachte laut auf, knallte die Tür zu; der Fahrer gab Gas, die beiden düsten davon; ich bildete mir ein, ihr Hohngelächter noch eine ganze Weile hören zu können. Ein netter Spaß am Morgen – wunderbar! Die zwei hatten den Tag für sich gut eingeleitet. Für eine Reaktion war ich allerdings zu müde; Steine zum Nachwerfen lagen keine in Reichweite, und getroffen hätte ich in meinem Zustand ohnehin nicht.

Müden Schrittes ging ich zurück zu meinem Gepäck, stellte mich erneut in Positur, versuchte, so normal wie möglich zu schauen, und hielt meinen Daumen in den Wind. Ein halbes Dutzend Transporter rollten vorbei; die Scheiben waren so verschmiert, daß ich die Fahrer nicht einmal erkennen konnte. Jetzt fiel mir ein, warum so wenig Lastkraftwagen unterwegs waren: Sonntags hatten die, bis auf wenige Ausnahmen, Fahrverbot, und wahrscheinlich waren die paar zugelassenen Ausnahmen am frühen Morgen an mir vorbeigerauscht und hatten mich aus dem Schlaf gerüttelt. Auch recht. Der Dreck normaler Fahrzeuge reichte mir schon völlig, da brauchte ich nicht noch den Dreck schwerer Jumbo-Fahrzeuge in mich reinzuziehen und meine Lungen zum Kollaps zu treiben.

Die Zeit verrann zäh; ich hatte keine Ahnung, wie spät oder wie früh es war, und vor allem wußte ich nicht, wie lange ich schon an diesem Autobahnkreuz rumstand. Wenn ein Fahrzeug kam, hielt ich den Daumen raus; wenn der Fahrer mich erst gar nicht registrierte oder mehr als zwei Personen drinsaßen, ließ ich die Hand gleich wieder sinken. Es war ein Morgen, und das an einem Sonntag im frühen Herbst – da standen die Chancen, per Anhalter wegzukommen, ohnehin nicht sonderlich gut. Ich richtete mich also auf eine längere Wartezeit ein.

Nach einiger Zeit wurde mir das zu bunt. Ich begann damit, eines meiner beliebten Tramperspiele zu spielen: *Ich zähle auf hundert – und wenn die hundertste Karre vorbeigefahren ist und keiner angehalten hat, dann gehe ich nach Darmstadt rein und besuche Hermann.* Ein guter Trick, der immer funktionierte: Er verkürzte die Wartezeit und machte halbwegs realistische Hoffnungen, endlich mitgenommen zu werden. Und meist funktionierte er auch, ohne daß ich begründen könnte, warum.

An diesem Morgen war der Verkehr – angesichts der frühen Zeit verständlich – eher behutsam; es waren nicht so viele Fahrzeuge unterwegs. Für das Darmstädter Kreuz war das geradezu Totenstille; trotzdem hielt bei Nummer sechsundzwanzig einer an, gerade als ich mir überlegte, zum Pinkeln ins Gebüsch zu hüpfen.

»Du weißt ja hoffentlich, daß du beschissen stehst«, begann der Fahrer das Gespräch, nachdem er die Scheibe an der Beifahrertür automatisch runtergemacht hatte.

»Ja«, sagte ich mißmutig, »total beschissen. Aber es ging heute morgen nicht anders.«

Der Mann grinste breit. Sein Fahrzeug, ein recht neuer BMW der Fünfer-Klasse, sein Jackett, sein Backenbart und seine graumelierten Schläfen ließen mich sein Alter auf Ende 40 schätzen; seinen Beruf schätzte ich spontan auf selbständigen Handelsvertreter ein. Im Laufe der Tramperzeit hatte ich mir ein Bündel von Vorurteilen erworben, die gar zu oft mit der Realität übereinstimmten.

»Wo willst du eigentlich hin?« fragte der Mann weiter; er schien nicht mal unfreundlich, nur ein bißchen ungeduldig.

»Irgendwo Richtung Süden; ich muß nach Stuttgart. Wenn Sie mich bis Karlsruhe mitnehmen könnten ...«

Er überlegte kurz. »Ich fahre nach Karlsruhe rein, aber das bringt dir ja nichts. Ich lasse dich am Rasthof Bruchsal raus.« Er machte eine einladende Geste.

Das ließ ich mir nicht zweimal sagen. Rasch hatte ich das Gepäck auf den Rücksitz gelegt, dann ließ ich mich im Vordersitz nieder. »Danke«, meinte ich, dann fuhr er schon los.

Ich überlege schon, mit welchem Thema er sein Gespräch beginnen würde, da fing er auch schon an. »Sag mal, bist du ein Punker?« fragte er.

»Ja, so was ähnliches.« Ich grinste und nickte kurz.

»Und natürlich arbeitslos und voller Haß auf den Staat.«

»Nein, eigentlich nicht.« Ich hatte keine Lust auf Diskussion, trotz der ehernen Tramper-Regel, nie mit dem Fahrer Streit anzufangen. Also gab ich möglichst rasch Auskunft. »Ich arbeite in einem Supermarkt im Lager, drei- oder viermal die Woche, das reicht fürs Leben.« Vor allem drückte ich mich in solchen Fällen gern um eine direkte Anrede. Gerade die graumelierten Typen, die einen so leutselig mitnahmen und duzten, erwarteten dann, daß man sie – aus purer Dankbarkeit natürlich! – siezte, und darauf hatte ich meist nie Lust.

Er schien doch überrascht zu sein. »Hast du einen Beruf gelernt?«

Ich schüttelte den Kopf. »Warum denn?«

»Dann hättest du doch wesentlich bessere Zukunftsaussichten.« Mittlerweile fuhren wir 150 Stundenkilometer, mein Fahrer gab flott Gas, übertrieb sein Tempo aber nicht, blieb recht locker. »Du könntest später mal richtig gut Geld verdienen.«

Jetzt bekam er die direkte Anrede! »Weißt du«, sagte ich so beiläufig wie möglich, »ich glaube nicht, daß ich so alt werde wie du, und eigentlich habe ich das auch gar nicht vor. Weshalb soll ich mir also um meine Zukunft Gedanken machen?«

Es kam keine Antwort von ihm, aber sein Gesicht schien sich zu verhärten. Er schaltete kurz und hektisch, und dann beschleunigte der BMW zuerst auf 160, auf 180 und 190 Stundenkilometer. Recht rüde schaltete der Mann kurz das Fernlicht ein, verscheuchte einen langsameren Opel von der linken Seite, trotz 130er-Zone, und raste dann links weiter. Er sprach kein Wort mehr, schaute mich nicht einmal an.

Mich sollte das nicht stören. Ich lehnte mich in den Sessel zurück, fühlte mich jetzt relativ wohl. *Und die Schlägerei in Bonn?* dachte ich noch kurz, aber das interessierte mich jetzt doch nicht. Auf einmal fühlte ich mich sehr müde.

Ich hatte das Gefühl, nur kurz eingenickt zu sein, als mich plötzlich eine Hand an der Schulter packte. »He, Bursche, wir sind da!« dröhnte die Stimme des Fahrers durch den dichten Nebel, der sich über mein Hirn gelegt hatte. »Das hier ist Bruchsal, der Rasthof, du mußt raus.«

Von einer Sekunde zur anderen wurde ich wach; ich riß meinc Augen auf und schaute mich um. Der Typ neben mir blickte nicht mal unfreundlich, aber er war wohl in Eile und wollte mich rasch loshaben. Ich bedanke mich kurz bei ihm, er nickte mir zu; dann packte ich meinen Kram zusammen und verließ seinen Wagen. Er winkte mir sogar zu, als er Gas gab, ich winkte kurz zurück, das verlangte die Höflichkeit; er gab noch mehr Gas und verschwand auf dem Beschleunigungsstreifen.

Er hatte mich freundlicherweise direkt an der Tankstelle rausgelassen; wahrscheinlich ging er davon aus, daß ich Autofahrer ansprechen wollte, normalerweise eine sehr gute Tramper-Taktik. Dazu hatte ich an diesem frühen Morgen keine Lust. Ich kramte in meinen Taschen, förderte den Geldbeutel zutage und stellte fest, daß ich über genügend Bares verfügte. Kurzerhand stellte ich mein Gepäck vor dem Laden ab, ging hinein; der Tankstellenwärter beäugte mich sehr mißtrauisch, aber als ich ein Bier kaufte und ohne nachzudenken mit einem zerknüllten und extra für ihn glattgebügelten Zehnmarkschein zahlte, wurde er richtig freundlich und bedankte sich sogar.

Gemütlich packte ich mein Gepäck und ging zur Auffahrt, trank dabei von meinem Bier. Das Getränk lief mir gut rein, so langsam wurde ich wach, und ebenso langsam fühlte ich mich auch besser. An der Uhr hinter der Kasse hatte ich erkannt, daß es immer noch recht früh war, ich würde also nicht zu spät heimkommen. Streß war überflüssig, ich konnte mir wirklich Zeit lassen. Und wenn ich in Bonn wirklich Scheiße gebaut hatte, würde ich das früh genug mitbekommen.

Am Beschleunigungsstreifen fand ich einen Kartonrest, in meiner Jacke steckte ein noch brauchbarer Edding, den ich an meinem Arbeitsplatz abgestaubt hatte, und während ich gemütlich immer wieder an meinem Bier nuckelte, verzierte ich den Karton mit einem großen, deutlich lesbaren »S« für »Stuttgart«. Ich trank die Dose aus, warf sie auf den unordentlichen Haufen, der sich bereits auf dem Rasen angesammelt hatte, stellte mich in Positur und wartete, das Schild so in der Hand, daß es auch ein rest-alkoholisierter Autofahrer erkennen konnte.

Ich hatte erneut Glück: Keine zehn Minuten später hielt ein Auto neben mir. Der Fahrer – anfangs 30, mittellange Haare, ein dünner Schnauzer, Durchschnittsklamotten, Hemd und Jeans und Cowboystiefel – wirkte tatsächlich so, als habe er noch einen kräftigen Schuß Alk in der Krone. Wir verhandelten kurz. Er sagte, »ich fahr' halt nach Degerloch rein«, ich überlegte mir, daß das auch nicht schaden könne, und willigte ein.

Kaum saß ich in seinem Wagen, wurde ich schon wieder müde. Aber er ließ mich nicht einpennen.

»Weißt du, ich war bei meiner Schnalle«, begann er unvermittelt, »wir haben schwer gesoffen, und dann haben wir die halbe Nacht gefickt, und jetzt muß ich schnell fahren, weil ich heute mittag wieder fit sein muß; ich arbeite für die Stadt, weißt du, voll der wichtige Job, da muß ich manchmal auch an Sonntagen und nachts arbeiten; das ist manchmal voll hart, aber da kann ich eben gut Überstunden schieben und viel Geld verdienen, und das nutze ich dann natürlich wieder, um zu meiner Schnalle nach Koblenz zu fahren, die ist nämlich echt voll geil, so mit Riesentitten und so ...«

Er plapperte vor sich hin, schaute ab und zu rüber zu mir, wohl, um mein Einverständnis oder eine Art Lob für seine Heldentaten zu kassieren; aber ich war dafür einfach zu schlapp; ich war aber ebenso zu schlapp, ihm in irgendeiner Art in die Parade zu fahren und ihm zu sagen, er solle sein Gelaber unterbrechen. Aber er war wohl nicht an einem echten Gespräch interessiert, es ging ihm darum, seinen Sermon abzulassen und mir seine Lebensgeschichte auszubreiten – oder das, was er für seine Lebensgeschichte hielt.

»Weißt du, früher, da waren wir noch echt hart, da haben wir uns jeden Samstag getroffen und sind auf die Dörfer rausgefahren, weißt du, in die Diskos auf dem Land, Chicken aufreißen, denn die auf dem Dorf, die fahren auf echte Feger aus der Stadt einfach ab, die mußt du nur breit angrinsen, ihnen ein Bier oder ein Cola-Asbach bezahlen, dann fallen die schon reihenweise um; ich hatte jedes Wochenende eine andere, mal waren sie hübsch, mal nicht, das war mir egal, Hauptsache, sie waren geil, und das waren sie immer, ich steh' nämlich auf Titten, weißt du, das macht die Weiber auch scharf, wenn du die entsprechend anpackst, die brauchen das nämlich ...«

Er überholte, glücklicherweise fuhren wir zügig; also brauchte ich mir keine Sorgen um mein Nervenkostüm zu machen. Ich würde die Fahrt bis Stuttgart schon irgendwie überleben, ohne wild schreiend durchs geschlossene Fenster auf die Autobahn hinauszuspringen – nur weg von diesem aufgeblasenen, ständig selbstgefällig vor sich hin brabbelnden Kerl.

»Manchmal gab's auch Schlägereien, ist ja klar, wir waren ja auch harte Jungs; da ging's zur Sache, kann ich dir sagen, auf jeder Seite immer so zehn Mann, und wir haben uns gut die Fressen poliert, aber wir haben immer gewonnen; okay, ich seh' heute nicht mehr so fit aus, aber damals, da war ich echt fit, da nannte man mich auch ›Boxer‹, weil ich so schnell und so kräftig zuschlagen konnte.«

Er holte tatsächlich mal Luft, überholte einen Langsamfahrer, den er von der linken Spur gescheucht hatte, zeigte dem Mann die Faust, bevor er sich wieder einfädelte. Wir näherten uns Karlsruhe, würden bald aufs Autobahndreieck kommen. Noch etwa eine Dreiviertelstunde, schätzte ich. Das war zu schaffen und zu ertragen, ich hatte schon schlimmere Fahrer erlebt.

»Weißt du, heute bin ich ruhiger geworden; ich fick' halt meine Schnalle, mach' nicht mehr mit allen Chicken rum, auch wenn die in der Abteilung und in der Verwaltung – vor allem die! – alle was von mir wollen; das kannst du dir ja gar nicht vorstellen, wie ich von denen angegraben werde, von morgens bis abends, das ist ja echt unglaublich; die sind zum Teil verheiratet, aber die werden von ihren Alten anscheinend nicht richtig befriedigt, und deshalb baggern sie mich an; na ja, die schätzen mich schon richtig ein ...« – er lachte laut auf – »... meine Schnalle sagt auch immer zu mir, ›Karle, du fickst am besten‹, muß wohl sein, hab' ja auch früh angefangen, früh übt sich, wer ein Meister werden will.«

Er blickte mich an, gab mir einen Stoß gegen die Schulter. »Ficken ist geil, was?« rief er und lachte erneut. »Hast du 'ne Freundin?« Ich schüttelte den Kopf.

»Nix als Ärger mit den Weibern, kann ich verstehen«, lamentierte er, »ich kenn' das, du mußt ihnen in der Disco ein Bier zahlen und einen Sekt und einen Sekt-Orange oder einen Baccardi oder sonst was, und wenn du dann was von ihnen willst und ein bißchen an ihnen rumschraubst, dann kann es trotzdem passieren, daß sie dir eine schieben; die Welt ist wirklich ungerecht; aber ich bin ja so heilfroh, daß ich meine Schnalle in Koblenz habe, weißt du, die führt sich nicht so auf; die ist jetzt gerade mal zweiundzwanzig, arbeitet als Rechtsanwaltsgehilfin, verdient also nicht mal so schlecht Kohle, und ficken tut sie wie ein Karnickel, da fällt dir nichts mehr ein ...«

Wir passierten das Autobahndreieck Karlsruhe. Die Straße war frei, es gab beim Aufstieg danach keinen Stau; kein Wunder, es war Sonntagmorgen, und nur ganz selten war einer der Lkw mit Sondergenehmigung zu sehen. Mein Fahrer hatte sein Thema immer noch nicht gewechselt. Nachdem er dir körperlichen Vorzüge seiner »Schnalle« durchdekliniert hatte, ging er auf ihre seelisch-geistigen Vorzüge ein, bevor er – welch' Überraschung! – wieder zu seinem eigenen Leben und seinen Millionen und aber Millionen erlebter Heldentaten wechselte.

»Ich bin jetzt einunddreißig, weißt du, das muß man sich mal vorstellen, da hab' ich natürlich schon einiges durchgemacht in meinem Leben, Schlägereien und alles Drumherum, Ficken und so; na ja, an die eine Sache, da kann ich mich immer noch gut erinnern, da war ich so 22 oder so, da war so eine Massenschlägerei in einem Festzelt, ganz in der Nähe von Stuttgart, auf so einem Kaff, wenn man hinten Richtung Waiblingen rausfährt, mein Gott, da ging's ab, und ich natürlich mittendrin; gegen Ende sind die Bullen gekommen, war ja klar, aber sie haben sich nicht mal so richtig reingetraut, hätte ich mich auch nicht an ihrer Stelle, war ja schließlich eine harte Sache, und wir waren alle sehr gut dabei, einige richtige Schränke hatten wir in unserer Clique. Ja, ja, das waren schon Zeiten, kann ich dir sagen ...«

Ich war am Rechnen, leise. *Der Kerl ist 31, sagt er, also müßte er Jahrgang 55 sein, könnte passen – und wenn er dann mit 22 diese angeblich so tolle Schlägerei hatte, dann war diese Schlägerei praktisch 1977, überlegte ich vor mich hin. 1977, das war anscheinend das Jahr ...*

»Weißt du, früher, da war ich vielleicht so ein harter Knochen, heute bin ich schon ein bißchen gemütlicher geworden; ich hab' eine schöne Wohnung, und in der Wohnung, sind zwei Zimmer unterm Dach, da wohne ich; ist im selben Haus, das auch meine Eltern bewohnen; die beiden leben noch, wohnen drunter, lassen mich aber völlig in Ruhe; ist sehr bequem, weißt du, ich zahle keine Miete, wohne also superbillig, kann also mein Geld fürs Auto, für die Disko und für den Urlaub auf die Seite packen, dann hat man keine Probleme; einen Bausparvertrag habe ich auch schon angefangen, man weiß ja nie so recht, was die Zukunft bringt, kennst du sicher auch; vielleicht will ich das Haus mal ausbauen, wenn ich mit meiner Schnalle zusammenziehe, weißt du, aber das weiß ich eben noch nicht so recht ...«

Wir kamen an der ersten Abfahrt nach Karlsruhe vorbei, der Himmel zog sich zu, einige dunkle Wolken zogen auf, und es begann tatsächlich zu regnen. Der Kerl neben mir gab weiterhin fleißig Gas, und ebenso erzählte er weiterhin Abenteuer aus seinem früheren und jetzigen Leben. Ich wurde etwas schläfrig und erinnerte mich zurück, zurück an den Anfang, zurück an 1977.

Da saß ich also: Kindererholungsheim in Scheidegg, am Rand des romantischen Allgäus; von meinem Fenster aus konnte ich die Alpen sehen. Wir schrieben das Frühjahr 1977, ich war ein bißchen sehr depressiv, interessierte mich im Prinzip für nichts außer für Bücher, weil ich dachte, aus dem Alter der Kinderbanden und deren Kriege schon raus zu sein. Mit den Gleichaltrigen konnte ich nicht viel anfangen, die hatten völlig andere Gedanken als ich; ich fand keine gemeinsame Linie mit den Jungs – und vor allem den Mädchen! – in meinem Alter, und das begann mich immer mehr anzunerven. Ich besaß kein Geld, ich konnte mir nichts von den Dingen kaufen, die für Jungs begehrenswert waren, und zuhause hatten wir nicht einmal einen Fernseher, der mir die tägliche Dosis für Gesprächsstoff in der Schule ins Zimmer holte.

Weil meine Eltern der Meinung gewesen waren, mir würde eine Art Kindererholung guttun, hatten sie mich nach Scheidegg schicken lassen. Klammheimlich hatte ich ja den Verdacht, daß sie mich für einige Wochen einfach loshaben wollten; zuhause störte ich zurzeit wohl nur. Wir waren mit dem Ausbau unseres Hauses mittlerweile so gut wie fertig geworden, aber in der Zwischenzeit war die Wirtschaftskrise gekommen. Mein Vater hatte zwar nicht seinen Job verloren – »dann geb' ich mir die Kugel«, hatte er einmal düster in meinem Beisein am Mittagstisch verkündet –, aber er war auf Kurzarbeit gesetzt worden. Die Folge: Das Geld reichte vorne und hinten nicht.

Kein Wunder, daß meine Mutter wieder zu arbeiten anfing, als Putzfrau in einer Druckerei; mein Vater nutzte die Zeit, die er als Kurzarbeiter »übrig« hatte, um zuhause im Bau tätig zu sein und nebenher »schwarz« anderen Leuten im Dorf zu helfen. Für mich blieb da keine Zeit übrig: Wenn ich nicht als Handlanger meinem Vater helfen mußte, war ich mir selbst überlassen und lungerte im Haus, in der Schule, auf dem Marktplatz der Stadt oder im Stadtpark rum. Dort hingen zu der Zeit gelegentlich Penner ab, die, wenn sie nicht schon zu betrunken waren, spannende Geschichten zu erzählen wußten.

Eine weitere Folge des Geldmangels war, daß es zu Hause permanent Kartoffeln und Billig-Gemüse zu essen gab; meine Mutter gab sich zwar viel Mühe, und es gab immer eine ordentliche Mahlzeit, aber zum Dickwerden reichte es natürlich nicht. Der Arzt hatte elf Kilogramm Untergewicht festgestellt – ein Grund mehr, mich nach Scheidegg zu schicken, »damit der Bub mal was auf die Rippen kriegt«.

> »Wir scheißen drauf, was Mode ist /
> denn angepaßt ist angepißt.«
> (Ceresit, 1985)

Ich kam in Scheidegg an, mit abgetragenen Klamotten, die keiner mehr hatte haben wollen, mit einer völlig ausgebeulten Jeans, die ziemlich scheiße aussah, mit einer rausgewachsenen Langhaarfrisur und schlechter Laune. Warum ich mein Zimmer mit dem absoluten Langweiler des Heimes teilen mußte, wußte ich nicht; es war mir auch egal – auf diese Weise landete ich in einem Zweibett- und nicht in einem Sechsbett-Zimmer. Ich war dreizehn Jahre alt, ich konnte niemand leiden, und ich hockte abends in meiner Bude rum, schmökerte in dickleibigen Büchern, die ich in der schlecht sortieren Bibliothek des Heims fand, und hörte Radio, nahm gelegentlich mit dem Cassettenrecorder einzelne Musikstücke auf.

Das war schon etwas besonderes; ich hatte Popmusik erst relativ spät kennen gelernt. Bis 1975 lief im Radio meiner Eltern nur irgendwelche Schlager- und Volksmusik, selten verirrte sich ein Popstück dazwischen; mein Vater bevorzugte neben Volksmusik vor allem Militärmärsche. Nachdem aber das dritte Programm des Südwestfunks mit seinen Sendungen angefangen hatte, kam plötzlich ständig Pop- und Rockmusik im Radio.

Waren anfangs vor allem Bands wie Sweet und Slade meine Lieblinge gewesen, während die Mädchen eher auf Bay City Rollers und Smokie standen, hörte ich mit der Zeit immer mehr Hardrock und Heavy Metal. Das aber wurde im Radio so gut wie nicht gespielt, man mußte schon suchen; gelegentlich gab es im Radio der Schweiz und im Deutschlandfunk »Hardrock«-Sendungen.

1977 hatte ich mir auch meine erste eigene Langspielplatte gekauft: »Draw the Line« von Aerosmith. Die spielte ich, wenn meine Eltern nicht zuhause waren, gerne »volle Pulle« auf dem uralten Plattenspieler, den mein Vater in den frühen fünfziger Jahren zur eigenen Hochzeit gekauft hatte und auf dem er normalerweise den Badenweiler Marsch und andere Werke zu hören pflegte.

Es kam natürlich, wie es kommen mußte: Ich verliebte mich zum ersten mal in meinem Leben, und dann natürlich prompt unglücklich. Sie hieß Susanne und kam aus Tübingen, war klein, blond und frech und hatte sich unter uns Jungs natürlich einen Freund ausgesucht, einen großen Kerl namens Michael, den ich prompt nicht leiden konnte. Er war der beliebteste von allen, und unsere beidseitige Abneigung führte dazu, daß ich immer mehr in eine Außenseiterrolle gedrängt wurde.

»Jung kaputt spart Altersheime«

(Bärchen und die Milchbubis, 1980)

Da saß ich also: Es war abends, ich hatte keine Lust, irgendwas zu machen, etwa ins Spielzimmer zu gehen, um mit den Erzieherinnen und einigen anderen Gästen des Heimes zu spielen; und ich hatte auch keine Lust, schon schlafen zu gehen. Bis plötzlich im Rahmen einer Rock-Sendung die Rede von »neuer Musik« war, die jetzt in England für Furore sorgte. »Man nennt das ganze Punkrock«, meinte der Moderator im Radio, »und das ist jetzt der neue Sound, und die Leute, die so etwas hören, die tragen Hundehalsbänder um den Hals, haben abstehende, struppige Haare, bemühen sich, möglichst häßlich auszusehen – und sie nennen sich selbst Punks.«

Er nannte einige Bands; die Begriffe Sex Pistols, Clash, Stranglers und Ramones drangen zum erstenmal an mein Ohr. Dazu sagte er einige Titel an, die ich sofort wieder vergaß. Aber dann kam ein Stück, dessen Musik sich sofort in meinem Hirn festsetzte. Der Moderator spielte »Anarchy in the U.K.« von den Sex Pistols, gefolgt von »God Save The Queen«.

Solche Musik im öffentlich-rechtlichen Radio! Irgendwas knallte in meinem Hirn durch, es machte buchstäblich »Klick!«, ohne daß ich hinterher wußte, was genau passiert war. Ich saß senkrecht auf meinem Bett, drehte das Radio lauter; nach drei Tönen wußte ich, *das ist meine Musik;* der Sound fräste sich in mein Hirn, ich saß da, wippte mit den Beinen, wackelte mit dem Kopf. Und als die Textzeile »No Future« zum erstenmal ertönte und gleich mehrmals wiederholt wurde, da wußte ich, daß ich mein Ding gefunden hatte – zumindest für die nächsten Tage.

Ich saß da, sie spielten weitere Punk-Stücke, ich machte die Musik immer lauter, ich spürte meinen Haß auf die ganzen Leute rings um mich rum, ich kapierte zwar noch nicht, was das ganze für mich bedeuten könnte, aber ich kapierte, daß so etwas lautes, heftiges und aggressives außer mir garantiert keiner gut finden würde. Keiner!

Meine erste Begeisterung für Punkrock wurde rüde unterbrochen. Der erste Mensch, der kam und sich beschwerte, war ausgerechnet jener Michael, der sonst immer den harten Kerl raushängen ließ. Plötzlich stand er in meinem Zimmer; in dem Kindererholungseim hatten alle Türen zu den Zimmern offen zu stehen. »Was ist denn das für ein Krach?« fuhr er mich rüde an.

»Das ist Punkrock«, entgegnete ich und versuchte dabei, so cool wie möglich zu klingen. »Kennst du das nicht? Das ist die neue Musik aus England.« Jetzt hatte ich ihn in der Falle! Auf diesen Spruch war er nicht vorbereitet gewesen, er, der sonst immer so überlegen wirkte. Und das, obwohl er schon bald fünfzehn wurde, wie er stets stolz betonte, und obwohl er schon eine Freundin hatte.

»Klar kenne ich das, ich bin ja auf dem laufenden«, tönte er hochnäsig, »aber blöder Krach ist's trotzdem.« Er drehte sich auf dem Absatz um und ging davon.

Im Radio spielten sie mittlerweile »Sheena is a Punkrocker« von den Ramones, und ich drehte das Gerät erneut ein bißchen lauter. Man mußte es mittlerweile über den ganzen Flur hören, und ich saß da, mit heißen Ohren und wippenden Beinen und freute mich. Das war's! Das war Punkrock! Eine knallige Musik, die die Leute ärgerte, ein Rhythmus, gegen den alle Hardrock-Sachen nicht anstinken konnten, und eine Stimme, die die Texte rausbellte und nicht schön sang. Das war klasse!

Ich konnte mir unter dem Aussehen der sogenannten Punks noch gar nichts vorstellen, aber allein die Vorstellung, sich ein Hundehalsband umzuhängen und damit durch die Straßen zu ziehen, begeisterte mich. Wie die Leute glotzen würden! Wie sie sich aufführen würden! Alle wären entsetzt, viele würden mich hassen – aber das war mir egal, denn ich konnte die meisten Menschen ohnehin nicht ausstehen. Ich war hellauf begeistert von der Vorstellung.

Bis plötzlich eine Erzieherin vor mir stand. Ich hatte sie nicht einmal kommen hören. »Mach sofort den Krach aus!« schnauzte sie mich an. »Sofort!« Ich reagierte nicht, saß weiterhin mit wippenden Beinen da und schaute sie nur an. Sie griff zum Stecker des Radios, zog ihn, das Stück verstummte abrupt. »Du kommst sofort mit ins Büro!« befahl sie. »So geht das ja nicht! Du machst mir das halbe Haus rebellisch mit dem Krach.«

Ich bekam einen ordentlichen Anschiß und einen Eintrag in meine Akte; den durfte ich allerdings nie lesen, auch später nicht, als ich schon älter war und mich bei meinem Hausarzt danach erkundigte. Die Erzieherin hielt mir eine halbstündige Strafpredigt über meine schlechte Kindheit, über meine armen, schwer arbeitenden Eltern und die Auswirkungen gewalttätiger Musik auf heranwachsende Kinder und Jugendliche. Danach wurde ich entlassen; als ich das Büro verließ, hingen in allen Türen der Jungenzimmer die anderen Hausgäste und musterten mich. Ich kam mir vor wie ein Außerirdischer.

Drei Tage später ließ ich mich auf eine Prügelei mit Michael

»Ich hab keinen bock mehr malochen zu gehen / hab schon genug von der Scheiße gesehn.«
(Originalton, 1982)

ein, die ich natürlich hoffnungslos verlor; es war wegen Susanne, die ich ohne seine Erlaubnis angesprochen hatte. Allerdings trug ich mein angeschwollenes Auge und meinen Riß auf der Wange hinterher mit Stolz durch die Räume des Heimes. Wir bekamen beide eine Verwarnung durch die Heimleiterin, und ich hatte einen weiteren Eintrag in der Akte stehen; denn mich hatte die verantwortliche Erzieherin sofort als den Unruheherd und Ausgangspunkt der Schlägerei entlarvt.

Zwei Tage danach schüttete ich Michael in einem unbeobachteten Moment kaltes Wasser ins Bett, etwa eine Stunde vor offizieller Schlafzeit. Er hatte keine Chance, sein Bettzeug zu wechseln, ohne sein Gesicht zu verlieren, und mußte die Nacht im kalten, feuchten Bett verbringen. Jeder wußte, wer es getan hatte; die meisten lachten sich klammheimlich ins Fäustchen, keiner sagte etwas zu einer der Erzieherinnen, Michael ärgerte sich, und am nächsten Tag haute er mir während einer Bastelstunde mit einer dicken Mutter kräftig auf den Hinterkopf.

Das war mir zwar nicht völlig egal, aber mir war klar, daß

solche Ereignisse im Moment an die zweite bis dritte Stelle zu treten hatten. Ich hockte Abend für Abend vor dem Radio, hatte ständig dieses »No Future« im Kopf, suchte in den Sendern nach Punk-Stücken, fand aber keine. Nachts träumte ich davon, durch die Innenstadt zu ziehen, mit abstehenden Haaren auf dem Kopf – eine unglaubliche Vorstellung!

Ich hatte einen Aspekt von Punk für mich gefunden und kapiert: Die »anderen«, die Leute, die ich nicht leiden konnte und die mich nicht leiden konnten, sie lehnten diese Musik ab – die Erzieherinnen, die größeren Jungs, sicher meine Eltern, meine Lehrer, der Pfarrer in der Kirche und garantiert der Großteil meiner Mitschüler.

Endlich hatte meine Abneigung gegen diese Leute, die mich alle nervten, ein passendes Ventil gefunden. Ich beschloß zu dieser Zeit, in einer der frustrierenden Nächte im Kindererholungsheim, irgendwann einmal mit einer Punkrock-Band auf der Bühne zu stehen und »Anarchy in the U.K.« zu singen. Ich wußte ohnehin nicht, was ich vom Leben wollte; ich wußte nur, daß ich nicht vierundzwanzig Stunden am Tag malochen wollte, wie es mir meine Eltern stets vormachten. Aber Punkrock-Sänger zu werden – das war meine feste Absicht!

»Na ja, weißt du, das mit dem Leben ist so eine Sache, ich hab' schon viel von der Welt gesehen, war auf Mallorca und auf den Kanaren und in Thailand, sogar schon in Florida und auf Jamaica, und da siehst du schon, wie man in anderen Ländern lebt; ich weiß schon, was ich vom Leben will: auf jeden Fall mal mit meiner Schnalle zusammenziehen, sie heiraten, vielleicht ein Kind mit ihr haben, vielleicht auch zwei, je nach dem, weißt du, das muß man halt abchecken; irgendwann werden wir das Haus meiner Eltern übernehmen, das bau' ich mir dann ganz toll aus, da kann man was machen, das glaubst du gar nicht, das wird sicher mal ein tolles Leben; ich hab' ja einen guten Job, weißt du, und meine Schnalle auch ...«

Unglaublich! Der Typ faselte immer noch! Ich hatte ihm locker eine halbe Stunde lang nicht zugehört, hatte in Erinnerungen geschwelgt, mich gedanklich in meine frühe Jugend zurückgeholt, und er hatte meine geistige Abwesenheit nicht einmal registriert. Nach wie vor fuhr er recht flott; wie ich schnell sehen konnte, waren wir bereits auf der Höhe von Stuttgart. Es würde also kein großes Problem mehr sein, bis nach Degerloch durchzuhalten und den Rest seiner Sprüche anzuhören.

Zu allem Überfluß drückte jetzt meine Blase, das Bier vom Rasthof Bruchsal machte sich bemerkbar. Das wunderte mich, normalerweise bekam ich nach einem Bier schon früher einen Druck im Unterleib, und üblicherweise war es bereits nach einer halben Stunde nötig, ans nächstbeste Gebüsch zu eilen. Wahrscheinlich hatte die Tatsache, daß ich vor knapp zwei Stunden kotzend meinen Magen ausgeräumt hatte, dazu beigetragen, daß ich kein übermäßig dringendes Bedürfnis zum Pinkeln verspürte. Unangenehm war es trotzdem. Also rutschte ich auf dem Beifahrersitz hin und her und klemmte die Beine zusammen, versuchte gleichzeitig, meinen Chauffeur so weitgehend zu ignorieren, wie es nur ging.

»Das nächste, was ich vorhab', ist allerdings, erst mal ein anderes Auto zu kaufen; ich krieg' Geld von meiner Lebensversicherung, weißt du, und dann kaufe ich mir was besseres; den neuesten Kadett wahrscheinlich, die haben da diesen Sechzehn-Ventiler in einer neuen Auflage rausgebracht, und da gibt es jetzt auch einige Sondermodelle, weißt du, die hauen alles weg auf der Straße, wenn du mit denen richtig Gas gibst; Einspritzer natürlich, damit kommst du locker auf 180, 190, da kannst du auch einen Daimler oder einen BMW abhängen, da fällt dir nichts mehr ein ...«

Rasthof Stuttgart, der nervtötende Kreisel, an dem ich fast jedesmal nur vom Zuschauen schon die Orientierung verlor, dann das kurze Stück über die vierspurige Bundesstraße bis nach Degerloch. Der eifrige Erzähler, mit dem ich – unfreiwillig – immerhin gut eine Stunde verbracht hatte, war für einige Zeit still und paßte seinen Fahrstil den wenigen Baustellen und Fahrbahnverengungen an.

»Ich lass' dich da vorne an der Ecke raus«, sagte er zu mir, »links geht's dann in die Stadt runter, ich muß rechts weiterfahren, zu meinen Alten; aber du kennst dich ja wohl aus.«

»Ja, geht so«, reagierte ich zum ersten mal seit einiger Zeit auf seine Bemühungen, mich in seine Monologe einzubeziehen. Viel reden wollte ich nicht, die Blase drückte mittlerweile etwas mehr.

Er lachte völlig unmotiviert und hielt am Straßenrand. »Na, dann wünsch' ich dir mal viel Glück beim Weiterkommen«, sagte er, während ich mein Gepäck zusammenraffte. »War echt eine nette Fahrt mit dir, war auch saumäßig angenehm, mit dir zu plaudern.« Mir wurde schlecht, aber dann war ich schon aus dem Auto raus; ich schlug die Tür zu, er gab Gas und fuhr los.

Mein Druck auf die Blase war mittlerweile unerträglich geworden: Ich knallte mein Gepäck neben eine Litfaßsäule auf die Straße, stellte mich direkt neben die Säule an einen Gartenzaun, machte die Hose auf und begann zu pinkeln. Es tat ausgesprochen gut.

»Da fällt mir ja gar nichts mehr ein«, ertönte eine barsche Stimme in voller Lautstärke hinter mir, »pißt doch der Kerl da mitten auf die Straße, das darf doch nicht wahr sein!« Aus den

Augenwinkeln erblickte ich einen Mann, etwa Mitte der fünfzig, der im besten Sonntagsanzug schräg hinter mir stand und mich wie wild beschimpfte. »So eine Punkersau! Mitten auf die Straße pissen! Wo gibt's denn so was? Wir sind doch nicht im Urwald bei den Wilden!«

Ich hatte keine Lust, mich mit dem Alten rumzuärgern. »Nein, sind wir nicht«, knurrte ich nur und drehte mich um, setzte dem Kerl einen tiefgelben Urinstrahl direkt vor die blankgeputzten schwarzen Schuhe.

Erschrocken sprang der Alte einen halben Meter zurück und starrte mich an, offensichtlich sprachlos vor Entsetzen. Ich schüttelte kräftig ab und machte meine Hose zu, wischte mir die zwei Tropfen, die prompt daneben gegangen waren, am ohnehin schon

»Sauf lieber, rauch lieber, mach dich lieber anders tot ...«

(Fee, 1981)

schmutzigen Beinkleid ab; dann grinste ich breit. »Sei doch froh, daß ich dir nicht in die Fresse gepißt hab'«, spottete ich.

Der Kerl stand immer noch an der Litfaßsäule, als ich, mein Gepäck auf dem Rücken, schon gut hundert Meter weitergegangen war und mich einmal kurz umdrehte. Ich hob die Hand, grinste breit zu ihm hinüber und winkte fröhlich. »Bis zum nächsten Mal!« rief ich. »Und einen schönen Sonntag wünsch' ich dir auch!«

Per Bus fuhr ich in die Stadt hinunter; mittlerweile wurde es wärmer, der Nieselregen, der mich auf der Autobahn begleitet hatte, war längst verschwunden. Feine Nebelschwaden tanzten auf dem Asphalt, großflächig verzog sich die Feuchtigkeit von der Straße. Ich döste vor mich hin, während der Bus die Alte Weinsteige hinunterzuckelte, und ich döste auch in der Bahn weiter, mit der ich bis zum Hauptbahnhof fuhr.

Unten in der Klett-Passage hatte ich mir gerade an einer Bude eine Dose Bier besorgt und eine fettige Pizza-Schnitte in mich reingeschlungen, als ich zwei Polizisten sah, die gemütlich vom Ausgang zum Schloßpark herüberschlenderten. Bei Uniformierten wurde ich immer nervös, meist gab es Ärger. Ganz vorsichtig begann ich mich zurückzuziehen, doch ich hatte kein großes Glück.

»He, schau mal, ein Punker«, sagte der eine, ein schlanker Blonder mit dünnem Schnauzbart, so laut zu seinem Begleiter, daß ich es ebenfalls hören konnte. Der andere – breitschultrig, aber nicht untersetzt, mit schwarzen Haaren – schaute zu mir herüber, ich blickte geflissentlich an den beiden vorbei und ging, das Bier locker-lässig in der Hand, in Richtung Aufgang zum

Hauptbahnhof. Es waren zwar zahlreiche Passanten unterwegs, aber ich sah keine Punks, und das machte mich nervös; daß sich niemand um die zwei Beamten und mich kümmerte, konnte ich in dieser Situation nur als positiv empfinden.

Irgendwas ist faul, dachte ich, *irgendwas stimmt da nicht. Entweder suchen die einen, oder es gab Ärger mit Punks. An mir allein kann's garantiert nicht liegen.*

»Ich geh in die Stadt / latsch durch die Straßen / überall Zombies / die mich hassen.«

(Konsumterror, 1986)

»He, du da, Bursche!« rief der eine blonde Schnauzbart mir zu. »Bleib mal stehen, wir wollen mit dir reden.« In diesem Moment setzten sie sich schon in Bewegung, nicht gemütlich, sondern gleich richtig mit Tempo.

Keine Diskussion mehr! Ich drehte auf dem Absatz um, schleuderte die Bierdose in Richtung des uniformierten Duos – schade um das gute Gesöff! –, schnappte mein Gepäck mit beiden Händen und flitzte sofort los. Damit hatten sie offensichtlich nicht gerechnet, sie hatten wohl aufgrund meines harmlosen Schlenderns eine tüchtige Portion Naivität einkalkuliert; deshalb dauerte es einige Sekunden, bis sie sich aus ihrer Erstarrung gelöst hatten. Ich konnte in dieser Zeit gut Boden gewinnen, huschte zwischen einigen Passanten durch, rannte an den Telefonzellen im Zentrum der Klett-Passage vorbei und nahm den Aufgang links hoch zum Bahnhof.

Kurz überlegte ich mir, sofort wieder auf die Straße hinauszurennen; aber das erschien mir zu riskant. *Was zum Teufel ist hier in dieser Scheiß-Stadt los?* jagten mir die Gedanken durchs Hirn. *Da muß es irgendwie mal wieder Ärger gegeben haben! Und ich Arsch stolpere natürlich mitten hinein.* Ich rannte hoch bis zur Schalterhalle, wandte mich nach links, vorbei am Pornokino; dort drehte ich mich um.

In diesem Moment keuchte der Schnauzbart-Bulle um die Ecke, er blickte sich um, und ich rannte los. »Da ist er!« tönte seine Stimme durch die freie Halle. Jetzt drehten sich Passanten nach mir um, schauten mir nach, wie ich zum Seitenausgang rannte und dort die Tür aufstieß. Menschen begannen sich schneller zu bewegen, irgendein Kerl griff nach mir, ich schüttelte seine Hand ab, von irgendwo zischte jemand »Vergasen sollte man dich!«, und dann war ich schon draußen; die Tür ging hinter mir zu.

Bullen sind doof! redete ich mir ein. *Und die zwei scheinen ein bißchen arg viel Licht in der Birne vertragen zu können. So eine völlig überflüssige Hetzjagd!*

Während ich von der Seitentür aus wieder nach links rannte, begann ich zu grinsen. Wenn die meinten, sie könnten mich einfach so schnappen, dann hatten sie sich geschnitten. Dazu waren sie zu langsam, und ich kannte mich halbwegs im Gelände aus.

Ich bog um die Ecke, rannte vor dem Bahnhofsgebäude entlang; von hinten hörte ich wieder Geschrei. Vielleicht rannten sie jetzt in die falsche Richtung? Ich glaubte es nicht. So dämlich konnten sie dann doch nicht sein. Und wenn sie merkten, in welche Richtung ich gerannt war, dann kapierten sie garantiert, daß ich sie hereingelegt hatte. Einige Taxifahrer grinsten mir zu, als ich an ihnen vorbeiflitzte; einer hob spöttisch die Seitentür auf, ich zeigte ihm kurz den Stinkefinger.

Nichts wie runter! An genau der Treppe, die ich vorhin nach oben genommen hatte, rannte ich jetzt wieder nach unten in die Klett-Passage. Dort verlangsamte ich meinen Schritt, ging zwar zügig, aber nicht hektisch durch die Passage. Aus der Milch-Bar glotzten mich einige Rentner an: Sie hatten wohl vorher meine Flucht gesehen und waren sich jetzt nicht ganz im Klaren darüber, was sie tun sollten.

Kaum war ich um die nächste Ecke gebogen, rannte ich wieder los. Ich hatte keine Ahnung, ob die zwei Beamten noch hinter mir her waren, aber ich mußte sicherheitshalber davon ausgehen. Fast glaubte ich schon, ihren keuchenden Atem hinter mir zu hören, ihre feisten Gesichter aufgrund der Anstrengung schwitzen zu sehen. Aber jetzt war ich auf der sicheren Seite: Sie waren vorhin aus dem Park gekommen, also dürfte ich genau dort am sichersten sein. Ich rannte durch die letzte Unterführung, kam hinaus ins Freie.

Eine Gruppe türkischer Halbwüchsiger stellte sich mir in den Weg, nicht sonderlich ernsthaft, aber mit der üblichen drohenden Haltung dieser Gangs, die in letzter Zeit aus dem Boden sprossen; dreizehn- bis sechzehnjährige Schüler, Auszubildende und Arbeitslose, mit gebleichten Jeans, Jeansjacken, Turnschuhen

»Die Schatten werden länger / die Menschen immer härter / es kommen dunkle Tage über das Land.«

(Dunkle Tage, 1985)

und lockigen schwarzen Haaren – das totale Klischee.

»He, du Scheiß-Punker, wo willst du hin?« fragte einer in lupenreinem Stuttgart-Dialekt, als ich auf die Gruppe zu rannte. »Hast du irgendwelche Probleme?« Die Gruppe versperrte mir den Weg, die Jungs stellten sich breitbeinig in Positur.

Ich hatte keine Lust auf den üblichen Ärger mit türkischen Banden, die Punks aus nicht nachvollziehbaren Gründen zu ihren Feinden zählten und uns schon oft genug in der Innenstadt und im Westen Stuttgarts attackiert hatten. Das mußte jetzt wirklich nicht sein! »Hau ab, du Wichser!« schrie ich den Anführer an, konnte mir gerade noch die Bezeichnung »Kanake« verkneifen, die mir sonst in solchen Augenblicken problemlos über die Lippen kam.

»Die Bullen sind hinter mir her!« fügte ich hektisch hinzu, dann war ich schon an der Gruppe dran. Ich sah ihre erschrockenen Augen, als sie das Wort »Bullen!« hörten, stieß einen mit dem Schlafsack leicht zur Seite und hieb dem anderen mehr lässig die Hand gegen den Oberarm – *ja nicht zu stark schlagen, sonst machen sie ernst!* –, und dann war ich auch schon zwischen den einzelnen Mitgliedern der Gruppe hindurch.

Um die Türken kümmerte ich mich nicht länger. Der Plan war klar: Ich rannte noch rund hundert Meter, dann verzog ich mich, hockte mich hinter einige Büsche und beobachtete den Bahnhof sowie den Eingang zur Klett-Passage. Mein Herz hämmerte, meine Lunge rasselte, und meine Seite schmerzte; ich war sportliche Leistungen nicht mehr gewöhnt, und der Alkoholkonsum der letzten Wochen und Monate war alles andere als gesund, das wußte ich gut genug, und jetzt war es mir wieder deutlich vor Augen geführt worden.

Die Türken hatten sich, nachdem ich durch ihre Gruppe gebrochen war, recht schnell verzogen; wahrscheinlich befürchteten sie Ärger. Noch hatten die kleinen, meist recht unorganisierten Gangs in der Stuttgarter Innenstadt Respekt vor der Polizei, aber der würde sich bald verflüchtigen, da war ich mir ganz sicher. Nur: Das sollte mich im Moment nicht kümmern. Ich hatte andere Probleme als die Befindlichkeiten türkischer Jugendlicher der dritten Generation, die nicht wußten, was sie mit ihrem Leben anfangen sollten.

Am Eingang zur Klett-Passage tat sich noch nichts. Ich beobachtete drei Berber, die auf der Bank rechts vom Eingang saßen und sich unterhielten; bereits um diese Zeit ließen sie halbleere Weinflaschen kreisen. Doppelliter Lambrusco, aus dem Sonderangebot – mich schüttelte es. Zu oft hatte ich mich von diesem Wein ernährt, vor allem zu der Zeit, als ich jedes Wochenende zwischen dem »Theatrium« in der Neckarstraße, dem Schloßplatz und »Udo's Burger« meine Kreise zog, ohne Geld und mit viel Durst.

Dann waren die zwei Polizisten zu sehen. Sie rannten nicht mehr, hatten die Hetzjagd wohl aufgegeben, waren unter Garantie stinkig auf mich. Jetzt wäre es fatal gewesen, ihnen in die Hände zu fallen. Ich hatte keine Lust auf Prügel, keine Lust, im Revier die Treppe hinuntergeschmissen zu werden und keine Lust auf die anschließende Anzeige wegen »Widerstands gegen die Staats-

»Hört ihr die Engel singen / tausend Engel für den Frieden / wir sind die Bomber / mit einem Gesicht.«
(Mottek, 1984)

anwaltschaft«. Die zwei Beamten standen herum, sprachen kurz mit den Berbern, die ihnen aber nur mit Kopfschütteln antworteten. Gute Leute! Die hatten natürlich genau mitbekommen, was passiert war, aber sie verrieten mich nicht.

Achselzuckend gingen die zwei Polizisten zurück, wobei sie sich immer wieder umsahen. Im Moment war die Luft rein, ich konnte mich gemütlich verziehen. Allerdings waren jetzt die Königstraße und die Klett-Passage gesperrt, vom Hauptbahnhof einmal ganz zu schweigen. Zumindest sollte ich mich so lange verdeckt halten, bis ich wußte, was eigentlich los war.

Ich ging quer durch den Park. Wenn wir Punks Ärger mit den Bullen oder Straßenbanden gehabt hatten, hatten wir uns oft an eine Ecke des Parks zurückgezogen, an der wir relativ geschützt waren. Nach einiger Zeit war ich dort: im Schatten des Planetariums, zwischen einigen Buschgruppen, den Blicken der Passanten und eventuell vorbeikommender Polizisten durch weit herabhängende Äste und Zweige recht gut verborgen.

Schon manche Nacht hatte ich hier meinen Rausch ausgeschlafen, und in diesem Sommer hatte ich an einem schönen Samstagmittag einmal eine prächtige Nummer zwischen den Büschen geschoben; wir hatten geschwitzt wie die Schweine, das Gras und die Blätter hatten ein geiles Bett abgegeben, und erst hinterher hatten wir daran gedacht, daß ich kein Präservativ übergezogen hatte und sie ohnehin keine Pille benutzte; da war aber ohnehin alles schon zu spät gewesen, und die Reue dauerte auch nur so lange, bis ich erneut einen Steifen hatte.

Daran durfte ich jetzt aber nicht denken, es gab drängendere Probleme. Vor allem durfte ich mir mein aktuelles Frauen-Defizit nicht zu deutlich in Erinnerung rufen: Sah man von einigen meist recht hektischen Nummern in der Stuttgarter Szene und in Köln ab, war das Jahr 1986 von erschreckendem Frauenmangel bestimmt gewesen. *Weg mit den blöden Gedanken!* redete ich mir ein. Dann bog ich langsam um die Ecke und zwischen die Büsche.

Im Versteck traf ich nur einen Menschen an: Rotze, neunzehnjähriger Absturz-Punker, der normalerweise in jede Falle reintappte und alles falsch machte, was man nur falsch machen konnte, lag auf dem Boden, die Lederjacke geschickt unter sich drapiert, die Augen geöffnet und zum Himmel gerichtet. Ausgerechnet der! Den hatte ich am wenigsten erwartet, und er war neben Nougat das nervigste Exemplar Stuttgarter Punkrocker, das ich kannte. Als er mich erblickte, hob er den Kopf an, drehte sich zur Seite und grinste nur breit.

»Hey, Rotze«, fragte ich, »wo sind denn die anderen?« Er grinste weiterhin, richtete sich aber immerhin auf, hockte sich hin. Mit einer fahrigen Geste griff er sich in den strähnig herabhängenden blauen Iro und murmelte etwas Unverständliches in sich hinein. »Was ist los?« fragte ich. »Ich versteh' kein Wort. Red gefälligst deutsch, Mensch!« Ich warf meinen Schlafsack auf den Boden und hockte mich darauf; Lust, mich direkt auf den feuchten Boden zu legen, hatte ich beim besten Willen nicht.

»Du warst so schön kaputt / bei unserem ersten Clash-Konzert / dein Haar gefärbt mit Blut / du warst so schön gestört.«

(Wilfried, 1981)

»Weiß nich' so recht«, nuschelte Rotze und schaute mich aus blicklosen Augen an. Seine Finger zitterten, im Gesicht klebte der Schmutz, und aus dem rechten Mundwinkel lief ein dünner Speichelfaden. »Voll der Bullenstreß, weißte, mehr weiß ich nich'.« Er hielt inne und rülpste kräftig. »Irgendwer hat beim Schnorren einem Spießer aufs Maul gehauen«, murmelte er weiter, er war kaum zu verstehen, obwohl ich konzentriert zuhörte, »und dann hat der Spießer die Bullen gerufen. War aber schon gestern. Heute nur Streß.« Er stierte wieder vor sich hin.

Den Rest konnte ich mir auch so zusammenreimen, ohne Rotze weiter auszufragen. Von dem würde ich nicht viel mehr erfahren; Alkohol und Drogen hatten ihm das Resthirn wohl endgültig ins Jenseits getrieben. Wahrscheinlich hatte es auf der Königstraße Streß zwischen einem Passanten und einem schnorrenden Punk gegeben, und der Punk war, bevor die Polizei aufkreuzen konnte, verschwunden.

Also nutzte man von Staats wegen die Gelegenheit: Ein Punk war negativ aufgefallen, einer mußte ein »Täter« sein, in der Folge konnte man alle mal fürsorglich einsperren, eine ID-Behandlung vornehmen und die Fingerabdrücke nehmen. Hätten sie mich erwischt, wäre mir nicht viel passiert; sie hätten mich am Montag wieder laufen gelassen. Länger als 24 Stunden behielten sie einen normalerweise nicht im Bau, dazu hatten sie keine Lust. Aber ich wäre in der Stuttgarter Kartei gespeichert gewesen, und das hatte ich in den letzten fünf Jahren immer erfolgreich vermieden; allem Ärger mit Bullen zum Trotz.

»Sag mal, Peter«, nuschelte Rotze wieder, »hast du was zum Saufen dabei?« Ich schüttelte den Kopf. Auch wenn ich eine Flasche oder eine Dose Bier gehabt hätte – von mir bekam Rotze nichts, der Kerl war mir zu assig. »Und zu rauchen haste auch nix?« bohrte er nach, während er nervös an den Schrauben herumfingerte, die aus der rechten Schulter seiner Lederjacke ragten. Erneutes Kopfschütteln von mir. Nach härteren Sachen oder Tabletten fragte Rotze nicht; ein Rest von Intelligenz mußte ihm sagen, daß mir harte Drogen schon immer als widerwärtiges Übel erschienen waren.

»Sag mal«, versuchte ich wieder, so etwas wie eine Konversation in Gang zu bringen, »wo sind denn die anderen? Haben die sich alle verpißt, oder sind die alle im Bau?«

»Gestern war voll der Streß«, sagte Rotze, »ein paar sin' eingefahrn, der Rest hat sich versteckt; sin' wohl alle daheim.« Er hob die Hände seitlich an und zog deutlich hörbar eine Portion Flüssigkeit die Nase hoch; mir wurde erneut klar, woher er seinen Namen hatte. »Keine Ahnung, weißte, keine Ahnung, ich lieg' hier seit gestern nacht rum. Hier sind' wir sicher, kannst hierbleiben!«

Das fehlte mir gerade noch! Ich brauchte nicht lange zu überlegen, mein Entschluß war schnell gefaßt. »Weißt du was, ich verpiß' mich auch«, sagte ich, stand auf und packte meine Gepäckstücke. »Liebe versaure ich in meinem Kaff als in einer Bullenzelle.«

Rotze ließ sich nach hinten fallen, blieb auf dem Rücken liegen. »Schade eigentlich«, meinte er, »wäre bestimmt lustig geworden.« Dann huschte ein listiges Grinsen über sein Gesicht. »Sag mal, haste mal 'ne Mark?«

Fast hatte ich auf diesen Satz gewartet. Ich wühlte seufzend in meinen Taschen, förderte ein glänzendes Markstück zutage und warf es ihm zu. Geschickt fing Rotze das Geldstück auf – dazu reichte es immer noch –, dann legte er sich zur Seite. Das mit weißem Fettstift erstellte Spinnennetz auf der linken Schulter seiner Lederjacke war vom Regenwasser und Schmutz total unkenntlich, an einer Ecke schienen Reste von Erbrochenem zu kleben. Ich hob die Schultern an und ging.

Es hatte keinen Sinn mehr, sich erneut auf die Königstraße oder in den Bereich des Hauptbahnhofs zu wagen. Wenn sich alle Punks verzogen hatten und die Gegend durch die Polizei kontrolliert wurde, dann barg eine solche Expedition gleich die Gefahr in sich, wieder mal in die Falle zu laufen. *Also tramp' ich halt heim,* beschloß ich fatalistisch, *das hätte ich aber auch einfacher haben können.*

Kurz überlegte ich, ob ich nicht in die andere Richtung gehen könnte; Richtung Villa Berg. Dort, im direkten Umfeld des Süddeutschen Rundfunks, auf der teilweise recht steil abfallenden Wiese, hatten wir früher häufig Frisbee gespielt, und dort fanden sich im Sommer immer noch irgendwelche Leute ein, oft auch kleine Gruppen von Punks und Wavern. Chancen, dort jemanden zu treffen, den ich kannte, bestanden durchaus.

Aber ich hatte mittlerweile die Lust verloren. *Nix wie heim!*, hieß meine Devise; dort konnte ich auch noch in aller Gemütsruhe ein Bier trinken.

Da ich vom vielen Rennen leicht außer Atem war, ging ich gemütlich durch den Schloßgarten, immer parallel zur Königsstraße. Ich umging Stellen, an denen viele Leute unterwegs waren, ebenso Plätze, an denen sich sonst bei besserem Wetter Punks aufhalten könnten. Ich schaute mich immer wieder um, ob nicht irgendwelche Uniformen in meiner Nähe auftauchten, und näherte mich dem Landtagsgebäude, passierte den hinteren Teil des Neuen Schlosses.

Von einer Ecke des Schlosses aus sah ich – sie. Vielleicht 17 Jahre alt mochte sie sein; auf die Entfernung sah sie ausgesprochen hübsch und schlank aus. Die struppigen grünen Haare, nur mühsam von einem feuerroten Stirnband gebändigt, leuchteten garantiert über Hunderte von Metern hinweg, und das freche Grinsen, mit dem sie die zwei Typen bedachte, die sich vor ihr aufgebaut hatten, faszinierte mich sofort.

Das einzige, was mich an ihrem Anblick störte, waren ausgerechnet die zwei Typen.

Ich wurde schlagartig nüchtern. *Uniformen! Polizisten!* Für eine Sekunde erwachten in mir Beschützer-Instinkt und Heldenmut auf einmal, und ich überlegte mir schon in wilden Fantasien, wie ich über die Straße rennen und sie mit einem wuchtigen Befreiungsschlag aus den gierigen Greifarmen der beiden Polizisten befreien würde. Glücklicherweise hielten solche Anwandlungen bei mir nie allzu lange an; ich blieb stehen und starrte über die Straße hinweg auf die Szene. Die zwei Beamten waren nicht die, mit denen ich vor einer Stunde etwas »gespielt« hatte; anscheinend liefen tatsächlich mehrere Gruppen Streife. Hatten die am Sonntagmorgen wirklich nichts anderes zu tun?

Die Grünhaarige zwischen sich, zogen die Beamten ab Richtung Schloßplatz. Das Mädchen wehrte sich nicht; entweder war sie naiv, oder die beiden hatten ihr Unsinn erzählt. Oder, und das würde für sie sprechen, die Punkette schätzte ihre Chancen realistisch ein. Sie schaute sich um, und als sie über die Straße blickte, registrierte sie mich anscheinend. Ich winkte kurz und hob den Daumen der rechten Hand; dann verzog ich mich.

Eilenden Schrittes überquerte ich die Straße, dann huschte ich durch das Gewirr der kleineren Straßen und Gassen. Ich konnte davon ausgehen, daß die Situation hier völlig ungefährlich war, die Cops hatten es garantiert nur auf die Innenstadt abgesehen, und hier würde ich meine Ruhe haben. *Über die Hauptstraße, dann an der Shell-Tanke den Daumen raus; auf die Methode schaff' ich's locker bis zum Schattenring,* überlegte ich. *Und wenn ich dort nicht ganz blöd rumstehe, komme ich auch rasch übers Kreuz weg Richtung Böblingen.*

Nach einiger Zeit erreichte ich, sozusagen von der hinteren Seite her, den Marienplatz. Hinter dem öffentlichen Klo und einigen Büschen, von meiner Position aus nicht zu sehen, lag das »Exil«, wie ich gut genug wußte. Manches Mal hatte ich dort einige Bier zuviel getrunken, oft genug hatte ich in dem Laden oder davor Ärger eingefangen. Dann fiel es mir wieder ein: Genau an der Stelle war es gewesen, ziemlich genau fünf Jahre war die Situation her.

Es war relativ warm an diesem Abend im Herbst 1981; das schien auch der große Kerl mit den langen Haaren und der teuren schwarzen Lederjacke zu meinen, der sich uns direkt vor dem Klo in den Weg stellte: Seine Jacke stand offen, er trug darunter nur ein T-Shirt, und das ging maximal bis zum Bauchnabel. Unter dem Saum des Shirts kräuselten sich schwarze Haare, darunter glänzte im Schein der Lampen eine silberne Gürtelschnalle, deren Symbol ich nicht erkennen konnte. »Seid ihr schwul, ihr beiden, oder warum seht ihr so scheiße aus?« fragte er aggressiv; ein strenger Geruch nach Schnaps und Nikotin ging von ihm aus.

»Schwul, wir beiden?« Vik winkte ab. »Warum das? Weil wir vor dem Klo stehen?« Ein warnender Blick traf mich. *Sag jetzt keinen Scheiß, halt lieber's Maul,* hieß das.

Das fiel mir durchaus schwer; mein Kopf war schwer angekifft, die verheerende Mischung aus Alkohol, Haschisch und zwei merkwürdigen Tabletten trieb mich seit Stunden zu einem unaufhörlichen Schwall von Unsinn an. Aber der drängende Blick, den mir Vik rüberschickte, belehrte mich, die Klappe zu halten. Wenigstens einmal, wenigstens für fünf Minuten.

»Du willst mich wohl verscheißern, Kleiner?« fragte der Kerl mit der Lederjacke. Er war gut einen Kopf größer als Vik und ich, und natürlich war er deutlich breiter. Ich schätzte ihn auf Mitte zwanzig; wir beide waren gerade mal sechzehn und siebzehn Jahre alt und ganz schön feucht hinter den Ohren. Der Kerl packte Vik am Kragen seines zerschlissenen Wehrmachtsmantels, den mein Kumpel vor einem halben Jahr im Sperrmüll gefunden und sofort konfisziert hatte. »Ich sag' dir, was ich glaub', Kleiner«, brummte er unwillig, »ich glaub', ihr seid zwei Punker-Schwuchteln.«

Die meisten Reaktionen der Leute, denen wir begegneten, irritierten mich nicht so sehr. Viks langer Mantel, seine Leopardenhose, sein struppiger Haarschnitt, seine verschiedenfarbigen

Turnschuhe und seine wilde Reihe total schräger Buttons am Revers seines Mantels – natürlich selbstgebastelt! – sorgten immer wieder für Aufsehen. Ich wirkte unauffälliger: Meine alte Jeansjacke war mehrfach zerrissen, am linken Oberarm prunkte ein »A« mit Kreis, am rechten Oberarm war das Hausbesetzer-Zeichen mit Edding aufgetragen, und am rechten Unterarm hatte ich mir »Punk« hingeschmiert; darunter trug ich einen völlig langweiligen schwarzen Pullover, der mir gut zwanzig Zentimeter zu lang war. Dazu kamen ausgelatschte Turnschuhe, der linke davon mehrfach mit Klebeband umwickelt, damit er nicht ganz auseinanderfiel. Daß uns die Leute auf offener Straße anschnauzten, angriffen oder gleich zusammenschlagen wollten, war nichts neues; als »schwul« bezeichnet zu werden, das fand ich zumindest originell.

»Ganz ruhig, Kumpel«, sagte Vik, während er im Griff des Lederjackentyps zappelte, »wir wollen ja nichts von dir. Wir wollen nur in aller Gemütsruhe da vorne die Treppen hoch und eine Freundin besuchen.« Er grinste schäbig. »Eine Freundin, verstehst du, ha ha, eine Freundin.« Mit der linken Hand machte er eine obszöne Geste. »Du verstehst?«

Er lachte laut und falsch; ich merkte es, und ich registrierte auch seine Blicke zu dem kleinen Rucksack, den er auf den Rücken geschnallt hatte. *Hoffentlich greift der Kerl nicht danach*, dachte ich.

»Ich glaub' euch nicht, ihr seid nur irgendwelche Schwuchteln, und Schwuchteln kann ich nicht leiden«, brummte der Typ, »und Leute, die mir widersprechen, kann ich schon gar nicht ausstehen.« Es ging so schnell, ich registrierte es gar nicht: Während der Kerl Vik noch mit der einen Hand hielt, klatschte er ihm eine Ohrfeige ins Gesicht. Nicht stark, aber es gab ein heftiges Geräusch, und Viks Kopf ruckte zur Seite.

»He, Mann, hört auf, wir kennen Leute von den Angels«, fing ich an, ich konnte die Fresse doch nicht halten. Vik stierte mich

»Schwarz - der Himmel unserer Zukunft / Rot - die Erde der Vergangenheit / Gold - die Zähne unserer Väter.«
(Mittagspause, 1979)

an, er hatte keine Angst, er war nur stinkig auf den großen Lederjackentypen, und er fürchtete nicht zu Unrecht, daß der ernsthafte Ärger jetzt gleich losgehen konnte.

Der Typ schien immerhin irritiert zu sein. Er stellte Vik wieder hin, ließ ihn aber nicht los. »Was soll das für 'ne Scheiße sein?« fragte er argwöhnisch.

Treffer! Ich war erleichtert. Der Kerl grinste überheblich, aber er schien nicht recht zu wissen, was Sache war.

»Und wir kennen einige von den Angels saugut«, behauptete da Vik hektisch. »Ich wohn' in der Reuchlinstraße, drüben auf der anderen Seite vom Schwabtunnel, kennst die Ecke bestimmt auch, ist ja berüchtigt, und wir gehen morgens oft zum Frühstück ins ›Soho‹, kennst du ja bestimmt, und da sind morgens immer einige von den Angels, weißt du ja sicher auch.«

Wußte der Kerl garantiert nicht. Aber die korrekten Ortsbezeichnungen und die Erwähnung der Hell's Angels schien auszureichen. Dabei war die Story nicht einmal völlig gelogen: Zumindest stolperten wir morgens nach durchzechten Nächten oft ins »Soho«, um uns dort ein Frühstück einzufahren; es war preiswert und erträglich, und der Kaffee war stark genug, um uns aus der Lethargie versoffener, verkiffter und verdrogter Nächte zu reißen.

Gelegentlich tauchten um dieselbe Zeit auch einige Hell's Angels mit ihren schweren Motorrädern auf, wohl von der »Nachtschicht« mit den Nutten. Sie hatten sich uns gegenüber immer normal verhalten, den Umständen entsprechend völlig harmlos: Als ich einmal gewagt hatte, mich auf einen Stuhl zu setzen, über dem die Jacke – mit Colours! – eines Angels hing, hatte der mir nicht die Fresse eingeschlagen, sondern mich nur locker grinsend in die Ecke geschubst. Wir waren in ihren Augen völlig unwichtig, harmlose kleine Punks, nicht einmal wert, daß man ihnen auf die Nase haute. Mir sollte es in solchen Fällen nur recht sein.

Der Kerl mit Lederjacke, der sich uns gegenüber aufgebaut hatte, konnte das alles natürlich nicht zu wissen. Aber obwohl der Kerl langsam zu denken schien, würde er irgendwann kapieren, daß wir ihn nur anlogen.

»Und außerdem kommen da jetzt die Bullen!« schrie ich und wies über seine Schulter. *Der älteste Trick der Welt!* Er drehte sich tatsächlich um, hinten in der Straße kurvte gerade ein Polizeiwagen heran, der Langhaarige ließ Vik für einen Moment los, der trat ihm gegen das Schienbein, und wir flitzten los. »Paß auf die Bullen auf, du Wixfrosch!« brüllte ich noch, bevor ich in der Unterführung zur Bahnstation verschwand.

Vik lachte japsend los, rannte aber wie ein Irrer; der Typ brauchte einige Zeit, wir hörten ihn fluchen, und dann erst kam er hinter uns her. Und wie! Nicht so langsam, wie wir gedacht hatten, sondern mit ausgreifenden Schritten. Wir hatten gerade mal erst die Hälfte der Unterführung geschafft, da kam er schon auf der Treppe hinter uns her; und während wir die andere Treppe der Unterführung hochhetzten, flitzte er durch den kahlen, mit Graffiti verzierten Gang auf uns zu.

Das wurde noch knapp! Wir rannten aus der Unterführung, nahmen die Treppe direkt am »Exil«. Unser Verfolger kam nicht so gut mit. Wir hatten nach dem zweiten Absatz bereits einen guten Vorsprung auf den »Schdäpfele« gewonnen.

Vik grinste mich an. »Mach schnell!« forderte er mich auf. »Die Dinger sind in der Tasche vorne.« Während er noch sprach, fingerte er bereits ein Feuerzeug aus der Hosentasche, ließ es kurz aufschnippen.

Ich fummelte an seinem Rucksack herum. Tatsächlich, da waren sie! Hektisch fischte ich einige Knallkörper aus der vorderen Tasche des Rucksacks: Es waren die langen, dicken, roten, die besonders gut krachten. Sowohl Vik als auch ich holten uns von der Sorte immer einen Berg, wenn es sie im Angebot gab. Die Dinger konnte man das ganze Jahr über sinnvoll einsetzen; Viks Lager waren im Herbst noch prall gefüllt.

Da unser Verfolger nähergekommen war, flitzten wir erst einen weiteren Treppenabsatz hoch. Dann blieben wir stehen, jeder zündete einen der großen Kracher an, und wir warfen die Dinger in Richtung des Lederjackentyps. Ich traf nicht gut, mein Kracher detonierte hinter dem Kerl. Vik war besser, sein Kracher rollte dem Typ vor die Füße und explodierte direkt vor den spitzen schwarzen Stiefeln.

Das war zuviel! Der Lederjackentyp sprang einen Schritt zurück, fast wäre er die Treppe hinunterfallen, blieb dann aber stehen und stierte zu uns hoch. »He, ihr dreckigen Punker, was soll das?« fragte er mit einem irritierten Unterton in der Stimme. *Ein Depp!*, ich hatte es doch gleich gewußt.

»1977 - in unserer Straße /
1977 - in unserer Stadt /
1977 - es gab nicht viel zu tun /
1977 - wir hatten trotzde-Spaß.«

(Hermanns Orgie, 1979)

Ungerührt warf Vik einen weiteren roten Kracher, wieder vor die Füße des Kerls. Erneut sprang der in die Luft; er hatte Respekt vor uns, das konnte ich sehen, und langsam ging er zwei, drei Schritte auf der Treppe zurück. Ich vermutete, daß er am liebsten abgehauen wäre, aber das ließ sein Stolz nicht zu.

Während ich meinen zweiten Böller anzündete, fingerte Vik die nächsten aus seinem Rucksack. Ich warf meinen Böller, er prallte – ungeschickt wie ich war! – gegen die Hauswand, berührte den Rücken des Lederjackentyps, fiel auf die Treppe, kullerte einige Stufen abwärts, bevor er in die Luft flog.

»Kerl, paß besser auf!« drohte Vik und hielt die nächste Ladung hoch. »Es treffen nicht alle so mies wie mein Kumpel. Den nächsten schmeiß' ich dir in deine blöde Fresse, direkt zentriert, du verstehst?« Vik hielt das Feuerzeug an die Lunte, zündete aber noch nicht, grinste diabolisch zu dem Typ hinunter. »Was meinst du, wie du aussiehst, wenn du so ein Ding in der Fresse hast? So scheiße kann nicht mal dein Arsch aussehen, und das wird wohl was heißen.«

Im Schein der Lampen, die seit einer Stunde brannten, konnte ich erkennen, daß der Langhaarige das Gesicht verzog. Langsam ging er einen Schritt zurück, er hielt kurz inne.

»Meint nur nicht, daß ihr so ungeschoren davonkommt, ihr Punker-Schwuchteln«, drohte er und hob die Faust. »Irgendwann erwisch' ich euch, und dann habt ihr keine Kracher und keine Waffen dabei.«

»Sicher«, spottete Vik, »und meine Mutter kommt dann mit dem Beil vorbei und prügelt dir die Scheiße aus dem Hirn.« Er lachte schäbig, und ich schaute ihn kurz von der Seite an. Ich wußte, daß er Probleme mit seiner Mutter hatte, ich wußte auch, daß sie einmal die Tür zu seinem Zimmer mit dem Beil bearbeitet hatte, weil er gewagt hatte, sich darin einzuschließen, und ich wußte vor allem, daß Vik dann labil war, wenn er seine Mutter in einem solchen Zusammenhang erwähnte. Seine coole Ausstrahlung war nur gespielt; in Wirklichkeit war er genauso nervös wie ich.

Auf jeden Fall hatten wir Glück. Der Kerl mit der Lederjacke ging langsam die Treppe hinunter, zog nach links ab, verschwand an der Front des »Exils«. Wir trauten dem Frieden nicht, stiegen erst die Treppe hoch, hockten uns dort in den Schatten einiger Bäume und warteten ab.

Ich griff erneut in Viks Rucksack und förderte eine Doppelliterflasche Lambrusco zutage: 2,19 Mark im Aldi, die beste Möglichkeit, sich gut zuzusaufen. Wir hatten die Flasche schon am Nachmittag geöffnet und bereits die Hälfte geschafft. Mit breitem Grinsen zu Vik öffnete ich die Flasche, setzte sie an und trank einige kräftige Schlucke. »Gut waren wir«, sagte ich und rülpste kräftig.

»Stimmt«, feixte er zurück, nahm mir die Flasche ab und nahm auch einen Schluck. Trotzdem vernachlässigten wir zu keiner Sekunde unsere Sicherheit, starrten die ganze Zeit auf die Treppe. Während wir mehrmals aus der Flasche tranken, geschah nichts, der Typ kam nicht.

Nach etwa einer Stunde, in der nichts passiert war, standen wir beide auf. »Der taucht nicht mehr auf«, vermutete ich laut, »der hat sich verpißt.« Breit grinsend hieb ich die rechte Faust gegen Viks Brust.

»Stimmt, der hat sich verpißt«, sagte Vik. Gemeinsam gingen wir zu der Treppe hinüber, spähten hinab. Kein Mensch war zu sehen, gelegentlich fuhr ein Auto vorbei, vor dem »Exil« standen noch keine Menschen, und Passanten registrierten wir erst weiter hinten, im Bereich des Marienplatzes.

»Dann sollten wir ja langsam loslegen.« Ich klopfte gegen seinen Rucksack. Er lachte nur kurz und hob den Daumen. Dann gingen wir beide die Treppe wieder hinunter.

Sicherheitshalber spähten wir um die Ecke, aber der Lederjackentyp hatte sich verzogen. Wahrscheinlich war es ihm zu blöde gewesen, uns aufzulauern oder nachzulaufen. »Glück für

»Hier kostet alles Geld / dies ist nicht meine Welt / doch ich lebe in ihr / doch ich lebe hier.«
(Wutstock, 1981)

uns«, meinte Vik feixend, während er seinen kleinen Rucksack abschnallte. Gemeinsam gingen wir die Treppe zur Unterführung zum Marienplatz hinunter.

Die eigentlich weißen Kacheln der Unterführung waren mit Schmierereien aller Art – von »Punk in Stuttgart« bis hin zu »Blöde Fotze« – übersät, dazwischen hatte jemand ein überdimensionales Hakenkreuz geschmiert, ein anderer hatte es notdürftig übersprüht. Wir kannten die Fotos von den U-Bahnen in New York, wir hatten Gang-Filme wie »Die Warriors« angeschaut, wir wußten also, was gute Graffiti waren; auf so etwas mußten wir in Deutschland wohl noch einige Jahre warten. Allerdings hatten wir Geschichten aus der Schweiz gehört, anscheinend kamen hervorragende Sprayer aus der Hausbesetzer-Szene, die mit frechen Symbolen und hingeschmierten Männchen für Aufsehen sorgten.

»Da, schau mal, unsere Arbeit«, sagte ich und wies auf eine jener Leuchtstoffröhren, die hier in regelmäßigen Abständen in die Wand eingelassen waren. Die Röhre selbst war angekratzt und teilweise beschädigt, an einer Ecke war sie rauchgeschwärzt; aber im großen und ganzen war sie heilgeblieben und strahlte nach wie vor ihr unangenehm helles Neonlicht aus. »Das war eine Aktion!« lachte ich.

War es auch gewesen: Im Suff hatten wir nachts, kaum daß wir aus dem »Exil« gewankt waren, versucht, ebendiese Leuchtstoffröhre zu zerstören und in Brand zu setzen. Natürlich ohne Erfolg: Unsere Zerstörungswut hatte nicht ausgereicht, und der Alkohol hatte seinen beständigen Tribut gefordert. Wer sich mit einer Hand gegen die Wand lehnen muß, um nicht einfach umzufallen, hat seine Schwierigkeiten damit, eine Lampe einzuschlagen oder gar das Glas mit dem Feuerzeug in Brand zu setzen.

Die dafür nötige Erkenntnis war uns allerdings erst am nächsten Morgen gekommen, als wir – wieder einmal – mit verkatertem Kopf und völlig verwüsteten Haaren im »Soho« in der Ecke gehockt waren.

Vik hatte mittlerweile seinen Rucksack geöffnet. Mit schäbigem Grinsen förderte er zwei bauchige Flaschen zutage: wieder mal vom guten Lambrusco, selbstverständlich längst geleert. In beiden schwappte ein merkwürdiges Gemisch aus Öl, Benzin und Dreck, sicherheitshalber hatten wir in jede Flasche noch einen mit Öl und Benzin getränkten Lappen gestopft. Auf beiden Flaschen hatten wir einen der großen roten Kanonenschläge befestigt; es sah wirklich gefährlich aus.

Wir stellten die Flaschen ziemlich genau in der Mitte der Unterführung auf; dann packte Vik seinen Rucksack wieder dahin, wo er hingehörte. Jeder schnappte sich ein Feuerzeug, wir entzündeten die Lunte des Kanonenschlags, und dann rannten wir los. Am »Exil«-Ausgang der Unterführung flitzten wir die Treppe – schon wieder! – hoch, dort drehten wir uns um.

In diesem Moment explodierten die Kanonenschläge: Die Flaschen lösten sich in einen grellen Reigen kleinster Glassplitter auf, die durch die ganze Unterführung flogen, bis vor unsere Füße; in ihrem Gefolge spritzte das Öl-Benzin-Gemisch zwischen den weißen Kacheln herum und verteilte sich ebenfalls gleichmäßig; der Lappen entzündete sich, zwei riesige Stichflammen folgten auf die Detonation der Kracher, und dann raste eine Flammenwand durch die Unterführung, von einem Ende zum anderen, zwischen einem halben bis ganzen Meter hoch.

Es war ein absolut geiler Anblick. Laut lachend standen Vik und ich auf der Treppe und bewunderten unser Werk. Ich holte die Lambrusco-Flasche aus dem Rucksack, wir hockten uns auf die Treppe, jeder nahm einen kräftigen Schluck; so saßen wir da und beobachteten, wie die Flammen schnell kleiner wurden, wie es nur noch in einigen Ecken um einige Glasscherben züngelte, wie zuletzt ein schmieriges, schwarzes Scherbenmeer zurückblieb, und ein Geruch, der uns hundertprozentig zufriedenstellte.

»Gute Arbeit!« rief ich und lachte, bis mir die Tränen aus den Augen drangen. Auch Vik konnte nicht mehr; er hielt sich den Bauch, wälzte sich auf der schmutzigen, mit Kaugummi-Resten und Hundekot verschmierten Treppe, bis er fast in das Scherbenmeer gefallen wäre, kreischte, schlug hilflos um sich und brüllte immer wieder ein völlig durchgeknalltes »Nero! Nero!« durch die Unterführung.

»Bomben baun, Waffen klaun, den Bullen auffe Fresse haun.«

(Cotzbrocken, 1981)

In diesem Moment sah ich zwei Paar schwarze Schuhe auf der anderen Seite der Unterführung die Treppe herunterkommen; ihnen folgten zwei Paar beige-farbene Hosenbeine, dann häßliche grüne Uniformjacken. »War ja klar, daß die Bullen kommen und nach dem Krach schauen«, moserte ich. Mußten die ausgerechnet jetzt unsere ganz private Party stören?

Wir standen auf, immer noch lachend, schwankten vom Alkoholgenuß, blickten ein letztes Mal auf unser Werk, lachten über die zwei Polizisten, die gestikulierend auf uns zukamen, und verzogen uns – ein letztes Mal für diesen Abend – über die Treppen.

Ich grinste breit, während ich mich an diese Situation erinnerte. Fünf Jahre war das schon her? Wahnsinn! Damals war Punk für mich etwas völlig anderes gewesen als jetzt: Lederjacken, Nieten, Springerstiefel und Irokesenhaarschnitte hatten damals noch nicht jene Bedeutung erlangt, die sie schon ein Jahr später hatten. Der fundamentale Unterschied zwischen Punkrock und Neuer Deutscher Welle, zwischen Hardcore-Punk und Wave-Punk, das alles war uns völlig gleichgültig gewesen; es hatte niemanden interessiert, wenn nachts im »Tao« besoffene Punkrocker zu Doors-Stücken abhüpften, und es hatte auch keinem etwas ausgemacht, wenn Langhaarige mit ausgelatschten Lederschuhen bei Konzerten in der »Alten Mausefalle« aufgekreuzt waren.

> »Leck mich am Arsch, du kannst mic
> mal, ich will nicht so sein wie du; doc
> du versuchst mich ständig zu verän
> dern, bitte, bitte, laß mich in Ruh'!
>
> (Crowds, 1986

Aber wir schrieben mittlerweile 1986, nicht mehr 1981, und alles Lamentieren über die »guten, alten Zeiten« brachte nichts. Ich war auch keine 17 Jahre mehr und naiv bis in die Knochen; ich war jetzt immerhin schon 23 – das war Mitte der zwanzig, wie man so schön sagte –, und ich hatte manchmal das Gefühl, mein komplettes Leben läge schon hinter mir, versunken in einem immer grauer werdenden Nebel, aus dem sich eine immer grauere Zukunft schälen wollte.

Langsam ging ich die Treppen hinunter, durch die Unterführung. Jetzt hätte ich einen Schluck Lambrusco vertragen können, nur einen, nur zur Erinnerung an damals; seit Jahren hatte ich keinen Rotwein, keinen Fusel dieser Art mehr getrunken. Der Billig-Wein, zurecht als »Pennertrunk« bekannt geworden, war in unseren Szene-Kreisen irgendwann geächtet worden. Wer gut drauf sein wollte, trank lieber Dosenbier, bevorzugt Hansa, das einem in Billig-Discountern wie Aldi buchstäblich nachgeworfen wurde.

Ich ging davon aus, das Ende der 80er Jahre nicht mehr erleben zu können, und ich konnte mir nicht einmal im Traum vorstellen, jemals dreißig Jahre alt zu werden, geschweige denn älter. Mißmutig trat ich gegen eine leere Bierflasche, die auf dem Boden der Unterführung lag; sie flog quer über den Gang, zersplitterte in

Kniehöhe an den mit grellen Graffiti verzierten Fliesen. Der helle, klirrende Klang tat mir gut, ein Grinsen huschte über mein Gesicht. *Erst mal heim, dann sehen wir weiter,* dachte ich, während ich die Treppen der Unterführung hochstieg.

Wieder mal das »Exil«, nur jetzt eben fünf Jahre später. Punks hatten irgendwann Hausverbot erhalten; die letzte Band, die ich in dem Laden gesehen hatte, war Fräuleinwunder gewesen, eine Band der Neuen Deutschen Welle, die eine Mischung aus Trio und Deutsch-Amerikanischer Freundschaft boten, mit zwei ultrascharf aussehenden Sängerinnen; 1982 war das gewesen, wenn mich meine Erinnerung nicht trog. Später hatte es des Öfteren Ärger zwischen Punks und anderen Leuten gegeben, und irgendwann im Jahr 1983 hatte der Besitzer ein generelles Hausverbot für alle Punks und »ähnlich aussehende Personen« verkündet.

Während ich oben auf dem Gehweg an den Hauswänden entlangging, rollte schon wieder ein Polizeifahrzeug vorbei; keine Wanne, nur ein ganz normaler Streifenwagen, der mit zwei Beamten besetzt war. Die Polizisten reagierten überhaupt nicht auf meine Anwesenheit; der Beifahrer schaute zwar zu mir her, hatte aber einen völlig desorientierten Ausdruck im Blick. Wahrscheinlich hatten die beiden besseres zu tun, als einen allein durch die Gegend stolpernden Punkrocker zu verhaften. Oder sie wußten nichts von der Hatz in der Innenstadt, kamen vielleicht von einem anderen Revier und waren nicht informiert.

Es war mir gerade recht. Die Tankstelle wartete; dort gab es frisches Dosenbier, und von dort aus konnte ich hoffentlich rasch heimtrampen.

2.

»Gottverdammter Hurendreck!« Ich stand buchstäblich senkrecht im Bett; der Wecker schrillte mißtönend, und ich fühlte mich wie ausgekotzt. Schon wieder. Ein Blick auf die Uhr: kurz vor sechs Uhr morgens. *Montag! Arbeitstag!* Mir wurde prompt wieder schlecht. Warum mußte ich auch arbeiten, warum konnte ich nicht, wie jeder andere anständige Punk, von der Stütze leben und ansonsten im Stadtpark rumlungern?

Der Wecker schrillte weiter; ich wälzte mich halb aus dem Bett und haute auf den Wecker. Das Schrillen verstummte. Aber das half nichts: Ich mußte aufstehen, und das wußte ich. Eigentlich hätte ich schon um sechs Uhr morgens im Lager erscheinen müssen, aber montags hatte es sich schon eingebürgert, daß ich prinzipiell eine halbe Stunde zu spät kam. Darüber ärgerte sich schon niemand mehr.

Der Tag zuvor war zu einem guten Ende gekommen: Bereits nach einer halben Stunde hatte ich einen Fahrer erwischt, der mich bis an den Rasthof Schönbuch mitgenommen hatte. Von dort hatte ich einen weiteren Chauffeur bis zur Autobahnabfahrt gebraucht, und von dort aus war der Heimweg über die Käffer nicht sonderlich kompliziert gewesen.

»Zerschlag dein Spiegelbild / wenn du dich davor fürchtest.«
(Marionetz, 1981)

In der Heimatstadt war mein erstes Ziel, nachdem ich mir eine Dose Ravioli gekocht und in mich reingeschoben hatte, das Café Siff. In Wirklichkeit hieß der Laden natürlich anders; wir nannten ihn nur so. Einige Bekannten waren anwesend, nicht unbedingt meine besten Freunde, aber für die üblichen oberflächlichen Gespräche vor Wochenbeginn reichten sie locker aus. Ich trank sieben oder acht Bier; bis ich die richtige Bettschwere hatte, vorher schaffte ich es schon gar nicht mehr, richtig einzuschlafen.

Mühselig kroch ich aus dem Bett; meine Klamotten und meine Stiefel lagen über den ganzen Boden verstreut. Mit einem Griff erwischte ich das Cassettenteil meines Radios, drückte die START-Tasche. »Der Countdown läuft, unser Haß ist grenzenlos, dieser Staat geht unser, unser Sturm ist groß«, dröhnte es; Daily Terror aus Braunschweig, auch das mal wieder, immer noch eines meiner Lieblingsstücke.

In Unterhosen und mit einem T-Shirt bekleidet wankte ich aus meinem Zimmer, über den Flur, ins Bad. Mein Mitbewohner

Martin, ein Zimmermann etwa in meinem Alter, war ein ruhiger Zeitgenosse, der die Wochenenden meist bei irgendwelchen Hippie Feten verbrachte und auch unter der Woche häufig unterwegs war. So konnten wir uns nicht zu sehr auf die Nerven gehen. Wenn er in der Wohnung war, hielt ich mich in punkto Lautstärke zurück; und er vermied es, mir zu oft Genesis und Pink Floyd vorzuspielen.

Ich wusch mich hektisch, roch danach nicht mehr so streng, zog mir halbwegs ordentliche Klamotten an. Zu einem Frühstück reichte es wieder einmal nicht, wie so oft; nach einem Blick in den Kühlschrank wußte ich, daß ich an diesem Tag nicht mal die Chance hatte, einige Süßigkeiten in mich hineinzuwürgen. Kaffee oder Tee kamen aus zeitlichen Gründen nicht in Frage. Ich trank Leitungswasser, indem ich den Mund direkt in den Strahl hielt; danach ging es mir leicht besser, der üble Geschmack wich aus meinem Mund. Das Gefühl der Leere im Magen blieb.

Hungrig eilte ich in den Keller, holte mein Rad und fuhr mit Höchstgeschwindigkeit zu meinem Arbeitsplatz, einem Supermarkt am Stadtrand. Als ich an der neuen Kreissparkasse vorbeifuhr, konnte ich mir ein breites Grinsen nicht verkneifen: Noch immer war der schwarze, riesengroße Farbklecks über der Eingangstür ein echtes Fanal; einen Tag vor der offiziellen Einweihung hatten zwei Freunde und ich mit Farbbeuteln und einer mit Farbe gefüllten Bierflasche dafür gesorgt, daß man für die Offiziellen der Stadt am Morgen erst einmal einen speziellen Steg über die schwarze Soße hatte bauen müssen. Dieser Anblick freute mich stets aufs neue.

Es war kurz vor halb sieben Uhr morgens, als ich eintraf. An der Laderampe stand noch ein Lastwagen; zwei Paletten mit Milchprodukten waren bereits abgeladen, wahrscheinlich schon vor einer Viertelstunde – die Jungs waren immer unglaublich pünktlich. Wie die das schafften, war mir absolut schleierhaft.

»Mein Chef is'n alter Wichser - und ich bin fertig, alles Schicksal.«
(Zoff, 1981)

Mein Fahrrad stellte ich an der dafür vorgesehenen Stelle ab; dann holte ich meinen grauen Kittel aus dem Schließfach. Im Pausenraum saß noch niemand; am Automaten holte ich mir einen Becher Kakao, von dem ich mir gleich die ersten Schlucke nahm. Dann ging ich um das Gebäude herum, über den Parkplatz, an der Tankstelle vorbei, bis zum Lager. Als ich am Müllcontainer vorbeikam, war der Becher leer; ich warf ihn weg.

Gerade als ich einlief, bog der Marktleiter um die Ecke. Sein verkniffenes Gesicht und seine aschgrauen Haare verdarben mir oft genug den Tag; das aber war zu früh. Was machte Lehmann um diese Zeit hier? Normalerweise war der Aufbau des Marktes am frühen Morgen nicht seine Sache, sondern die des Food-Abteilungsleiters und der Lagertruppe.

Der Marktleiter schüttelte den Kopf, als er mich sah, und zupfte an seiner Krawatte. Dann wies er grinsend auf meine Frisur: »Sie sehen ja heute wieder aus wie ein aufgeplatztes Sofakissen, Herr Meißner«, sagte er und lachte; es war nicht einmal böse gemeint.

Das fing ja gut an! Ich stöhnte. »Na ja, jeder, wie er's kann«, wich ich aus und ging an ihm vorbei zum Lagerbüro. Wieder ein Arbeitstag! Wie ich Arbeitstage haßte! Unglaublich! Warum konnte ich nicht einfach in meiner Bude liegen bleiben und den ganzen Tag Daily Terror oder Dead Kennedys hören?

Im Lagerbüro hockte bereits Nagelschmied und telefonierte hektisch. An wenigen Sätzen erkannte ich bereits, was schief gelaufen war: Ein Lieferant hatte sich wieder einmal verfahren, brauchte jetzt eine exakte Wegbeschreibung – und dabei hätte er schon da sein müssen. Mit zackigem »Ja, Herr Kürschner, ich werde es schon schaffen, sobald Ihr Fahrer da ist«, beendete Nagelschmied sein Gespräch, dann knallte er den Hörer auf die Gabel, zerquetschte ein »Gottverdammter Wichser« zwischen den dünnen Lippen, bevor er mir unter seinen strähnigen schwarzen Haaren hervor einen kritischen Blick zuwarf.

»Arbeit macht dumm, dumm, dumm ...
Lieber arbeitslos und kreativ als
abgestumpft und primitiv.«
(FFF, 1986)

»Siehst ja wieder ganz schön scheiße aus, Meißner«, knurrte er und grinste, »war wohl wieder ein hartes Wochenende, was?« Als ich nur nickte, sprach er weiter. »Und zu spät bist du auch dran – wie immer montags.« Er seufzte theatralisch, dann notierte er sich meine Zeit auf einem Stundenzettel. »Wo soll das denn nur mal enden?« stellte er die übliche rhetorische Frage. »Wann wirst du jemals erwachsen?«

»Keine Lust drauf«, gab ich mißmutig zurück. Jeden Montag dieselben Dialoge! Und dabei war Nagelschmied einer der angenehmeren Gesprächspartner in dieser Firma: anfangs der 40 Jahre, verheiratet, eine Tochter, um die sechzehn; er wohnte in einem Nachbardorf, verdiente verdammt wenig Geld und hatte damit zu tun, mit harter Maloche im Lager einigermaßen mit seiner Familie über die Runden zu kommen.

Neben Nagelschmied lag eine angebrochene Tafel Schokolade; wahrscheinlich war sie von einer Palette »gefallen« und konnte deshalb von uns verspeist werden. Gierig griff ich danach und schob mir einen Riegel zwischen die Zähne, kaute hektisch. Dann holte ich mir eine Flasche Cola aus einem daneben stehenden Kasten, der natürlich auch schon als »Verlust« gemeldet worden war, schrieb groß und deutlich »Meißner« darauf, machte sie auf und nahm einen großen Schluck.

Nagelschmied gab mir die ersten Anweisungen; aber jetzt war ohnehin klar, was ich zu tun hatte. Während das Telefon klingelte und er sich fluchend wieder den Hörer krallte, holte ich mir einen Hubwagen aus der Ecke und düste zur ersten Palette ins Freie. Milchprodukte mußten immer als erstes in den Markt, das kannte ich. Ich schnappte mir die erste Palette; als ich den Hubwagen darunter schob, rollte bereits der nächste Lastwagen heran. Es wurde Zeit!

Rasch fuhr ich mit dem Hubwagen los, manövrierte die schwere Palette durch den Lagereingang neben der Obstabteilung in den Supermarkt hinein, begrüßte eine Obstverkäuferin, die bereits die ersten Kisten vom Samstag anhand neuer Verkaufslisten umbaute, rollte die Palette in die Abteilung für Milchprodukte, stellte sie dort ab. Kaum war ich zurück, war der Lastwagenfahrer von vorhin schon dabei, seinen Wagen hinten zu öffnen.

An der Rampe stand der Marktleiter, die Arme in die Seiten gestemmt, das Gesicht zu einer grimmigen Miene verzogen. »Wird ja Zeit, daß Sie kommen, Herr Meißner«, maulte er, »wenn Sie jetzt schnell die Palette wegräumen, kann die nächste Ware angeliefert werden.« Ich reagierte nicht, dachte mir meinen Teil, schnappte mir die nächste Palette. Aus dem Lagerbüro winkte mir Nagelschmied, dann tippte er sich theatralisch gegen die Stirn – als ob wir nicht genau wüßten, was wir zu tun hatten!

»Wird gemacht, Herr Lehmann«, sagte ich scheißfreundlich, als sich der Marktleiter umdrehte und über den Parkplatz davonging. Dann fragte ich Nagelschmied, »was hat der denn heute?«, was dieser grinsend mit einem »Nachtalarm« quittierte. Damit war einiges verständlicher geworden: Normalerweise tauchte Lehmann morgens erst gegen neun auf; wenn aber nachts die Sicherheitsschaltung des Supermarkts Alarm schlug, klingelte bei Lehmann das Telefon, und er mußte im Markt aufkreuzen – egal, wie spät oder wie früh es war.

»Ich will hier raus, will was anderes tun«
(Extrabreit, 1980)

Ein Scheiß-Job, den ich nicht geschenkt haben wollte – aber ich wollte ohnehin überhaupt keinen Job. Ich wollte meine Ruhe haben, mein bescheidenes kleines Geld, meine Freunde, mein Bier, einen kleinen Fick zwischendurch, meine Musik, die Szene, die Straße, das Leben, vielleicht eine Tramp-Tour nach Süden oder wieder mal nach Berlin. Aber regulär arbeiten, das wollte ich nicht, und ich hatte gar keine Lust auf einen Dienstwagen wie Lehmann, und noch weniger Lust hatte ich darauf, nachts von der Polizei aus dem Schlaf geholt zu werden, weil die Sicherheitsschaltung durch die Landschaft gepiepst hatte.

Ich stellte die zweite Palette in der Abteilung Milchprodukte ab. Langsam artete die Sache in echte Arbeit aus; der Lastwagen an der Rampe brachte Waren, die nicht so dringend waren. Da Nagelschmied schon wieder am Telefon sitzen mußte und kurz danach zu einem Gespräch mit dem Food-Abteilungsleiter abgerufen wurde, blieb mir nichts anderes übrig, als die nächsten drei Paletten in eine Ecke des Lagers zu stellen. Jeden Montag dasselbe Theater: Wenn es Mittag wurde, war unser Lager meist völlig chaotisch zugestellt; erst dann konnten wir langsam damit anfangen, Ordnung zu schaffen. Der Fahrer begutachtete meine Aufräumaktionen kritisch, brummelte etwas in seinen Vollbart, als ich seinen Lieferschein unterzeichnete, und machte rasch dem nächsten Lastwagen Platz.

Als der Fahrer dieses Wagens ausstieg, wäre ich fast zurückgesprungen. Den kannte ich! Ralf hieß er, das wußte ich noch, und ich kannte ihn aus gemeinsam erlebten Tagen im Jugendzentrum unserer Stadt – zu Ende der siebziger und anfangs der achtziger Jahre. Anfangs hatten wir zur selben Clique gehört, hatten wir an der großen Schlägerei im JuZ teilgenommen, die damals Schlagzeilen gemacht hatte: »Popper« und »Rocker«, sonst schwer untereinander verfeindet, hatten gemeinsam eine Türken-Gang aus dem Haus geprügelt. Die aufrechten Bürger hatten erschreckt »Zeter und Mordio!« gerufen und Mord und Totschlag über ihre kleine Stadt hereinbrechen sehen, während die Linksliberalen in unserem wüsten Haufen eine Truppe von Ausländerfeinden erblickt hatten.

Keine zwei Wochen später hatte Ralf bei einer Vollversammlung des Jugendzentrums die komplette Menschheit in drei Gruppen eingeteilt: »Die eine Gruppe sind wir«, hatte er angefangen, und damit hatte er sich und seine Freunde von der Disco-AG gemeint, die unten im alten Tanzsaal des ehemaligen Hotels immer die Disco-Veranstaltungen organisierten. »Die zweite Gruppe sind die Batschaken«, damit waren die Türken gemeint – den Ausdruck »Kanaken« benutzte man damals in unseren Kreisen nicht. »Und die letzten« – das war durchaus doppeldeutig gemeint, was man dem kleinen Hirn unter der flachen Stirn gar nicht zutrauen mochte – »des sind die Harlemmer.«

Keine Ahnung, woher er diesen Ausdruck hatte, aber »Harlemmer« waren eigentlich die Deppen. Hauser, einer aus Ralfs Clique, mit dem ich zu der Zeit gemeinsam auf dem Bau jobbte, hatte mir den Ausdruck erklärt: »Ein Harlemmer ist einer, der sich vor die

Bäckerei im Dorf stellt, keinen reinläßt und dann erwartet, daß die Leute im Dorf vor Hunger sterben.« Zwingende Logik, wirklich; mich hatte dieser Schwachsinn schon damals beeindruckt.

Für Ralf und seine Clique waren »Harlemmer« all die Leute, die nicht ins normale Schema paßten: Langhaarige mit Jesus-Latschen ebenso wie die jugendlichen Rocker, die gerade anfingen, im JuZ ihren eigenen Club aufzuziehen, die Handvoll angepunkter Kids mit abstehenden Haaren und zerlöcherten Hosen, die sich '79 immer im JuZ trafen, Arbeitslose, Junkies und Obdachlose. Und für ihn waren »Harlemmer« noch eine Stufe unter den Türken, und das sollte etwas heißen.

Kein Wunder, daß wir in der Folge Streit miteinander bekamen: Vor allem im Sommer 1980 prügelten sich eher die Disco-Kids und die »Harlemmer« als die Deutschen mit den Türken, da nützten Hausrat, Vollversammlung und sich allein abmühender Sozialarbeiter auch nichts mehr.

Später war Ralf in »kriminelle Kreise« abgerutscht, bei einem völlig dilettantischen Überfall auf eine Tankstelle geschnappt und noch später eingebuchtet worden. Danach hatte ich ihn aus den Augen verloren. Und jetzt war er wieder da! Wie immer hatte er das bekannte debile Grinsen im Gesicht, die strohblonden Haare hingen ihm halb über die Augen, und ich wartete nur darauf, daß er mir an die Gurgel springen würde – wie bei unserer letzten Begegnung.

»Du weißt, was ich mein' / laß mich allein /
ich scheiß auf dich / go and get fucked!«
(Targets, 1984)

Aber er schaute mich nur freundlich an, fragte höflich, wo er denn seine Palette abstellen sollte; er schien mich nach vier oder fünf Jahren nicht mehr zu erkennen. Auch recht! Ich half ihm, seine Waren zu verstauen; es mußte schnell gehen, weil die nächsten Lastwagen bereits Schlange standen, um bei uns ihren Kram loszuwerden. Mit einem freundlichen Gruß verschwand er wieder; ich sah den goldenen Ring an seinem Finger und wußte Bescheid.

In den nächsten zwei Stunden blieb nicht viel Zeit zum Reden und zum Rumstehen. Nagelschmied und ich holten an Paletten rein, was nur ging, stellten sie notfalls an völlig unpassenden Plätzen ins Lager. Ausnahmen waren die Kältefracht, die direkt ins Eisloch des Lagers kam, und die Obst- und Gemüse-Paletten, die wir sofort in den Markt hineinfuhren; es mußte jetzt schnell gehen.

Ich brachte die letzte Palette mit Mineralwasser an Ort und Stelle, löste das elastische Band, das um die oberste Reihe geschlungen war, und dann hörte ich auch schon das Murren bei den Leuten, die gerade den Rest der Obst- und Gemüse-Abteilung aufbauten. Was das hieß, wußte ich genau: Der Markt hatte geöffnet, die Türen hatten die ersten paar Dutzend Leute eingelassen, die jetzt – den Regeln in einem solchen Markt folgend – die erste Umrundung um die Regalreihen hinter sich hatten und in breiter

»Wenn wir entscheiden könnten, was Papis Arbeit wär' / das wär gar keine Frage, ein Getränkemarkt müßt' her.«

(Die Frohlix, 1986)

Front über den Gang auf die Obstabteilung zurollten.

Es war jeden Morgen dasselbe Bild. Stand man beim Obst, dann sah man die Menschen: unten am Gang, die ersten noch zögernd, die nächsten dann wesentlich schneller, als gelte es, möglichst schnell einzukaufen, bevor einem jemand anders die Bananen, den Käse oder die Roten Würste direkt vor der Nase wegschnappte. Anfangs hatte ich darüber noch den Kopf geschüttelt, mittlerweile hatte ich mich daran gewöhnt.

Für mich wurde es Zeit, daß ich mich wieder ins Lager verzog. Ich stellte mich auf den Hubwagen, gab Schwung und rollte kurz den Gang entlang, wich dem ersten Einkaufswagen aus – und war verschwunden, bevor die Welle über Obst und Gemüse hereinbrach. Im Lager trank ich einige Schluck Cola und futterte noch etwas Schokolade; dann begann ich damit, einige neu eingetroffene Paletten, die auf der Rampe herumstanden, ins Lager zu rollen: Platz für die nächsten Fuhren. Montags war immer die Hölle; mir taten vor allem die Fahrer leid, die nachts bereits von irgendwelchen Großlagern aufgebrochen – zu einer Zeit, in der ich wahrscheinlich noch mit dem Bier in der Hand in der Kneipe gesessen hatte – und den ganzen Tag mit ihrem schweren Lastwagen auf den Straßen unterwegs waren.

Auf einmal tauchte der Marktleiter im Lager auf: Nagelschmied war für einige Minuten mit dem Hubstapler unterwegs und fuhr Paletten mit Leergut zu einem Lastwagen, ich hatte allein genug zu tun. »Sagen Sie mal, Herr Meißner«, kam Lehmann ohne viel Umschweife zur Sache, »Sie sind doch eigentlich ein ganz guter Mann.«

Ich blickte irritiert auf. So etwas hatte ich von ihm nie zu hören bekommen. Normalerweise hatte ich stets das Gefühl gehabt, er könne mich auf den Tod nicht ausstehen und toleriere mich nur deshalb, weil ich ganz ordentlich arbeitete. Anschisse hatte ich genug kassiert, sie machten mir gar nichts aus, und an diesem Montag schien mir Lehmann aufgrund des Nachtalarms eher ein noch größeres Arschloch als sonst zu sein. »Um was geht's?« fragte ich ihn reserviert.

»Na ja«, entgegnete er etwas umständlich, »wissen Sie, ich sehe eben, daß Sie hier bei uns immer gut arbeiten und eigentlich schon richtig zur Firma gehören; dabei haben Sie keine Ausbildung und sind doch längst in dem Alter, in dem man einen guten Beruf mit allen Chancen für die Zukunft haben wollte. Ich könnte mir durchaus vorstellen, daß Sie im Markt selbst sehr gut arbeiten können.« Er lächelte gewinnend. »Aushilfsweise haben Sie ja auch schon Regale auf- und abgebaut, die Getränkebestellungen geordert oder mit Vertretern über Waschmittel-Bestellungen gesprochen; das können Sie also prima.«

Mittlerweile war ich nicht nur irritiert, sondern auch überrascht. Gerade wenn ich irgendwelche Bestellungen geordert hatte, dann war immer der Grund gewesen, daß die dafür verantwortlichen Personen dafür schlicht zu blöde gewesen waren und deshalb lieber mich hatten arbeiten lassen – was mir stets recht gewesen war. Übermäßig hohe geistige Anforderungen stellte das Nachbestellen bereits vorgegebener Waren ja nicht.

»Haben Sie sich nicht einmal überlegt, regelmäßiger für uns zu arbeiten«, redete Lehmann weiter, »vielleicht jeden Tag in der Woche, immer acht Stunden lang, nicht mal nur vier, dann wieder zwölf, je nach Bedarf? Sie würden nicht mehr einen Stundenlohn bekommen, sondern ein richtiges Gehalt. Und wenn Sie Interesse daran haben, könnten Sie eine Lehre beginnen. Sie wissen ja, daß unser Haus« – damit meinte er die Kette, zu der der Supermarkt gehörte – »immer wieder gute neue Leute sucht.«

»Sie werden doch wohl nicht ernsthaft behaupten wollen, daß ich mit meinem Aussehen ganz normal und dauernd im Markt arbeiten kann«, versetzte ich grinsend; die Falle erkannte ich nun schon.

»Ach, wissen Sie, Herr Meißner, wir sind da tolerant«, meinte der Marktleiter großzügig, »Sie können sich ja im Markt eine Mütze aufsetzen. Verstehen Sie, so eine Baseball-Kappe, haben Sie bestimmt schon gesehen, in Amerika trägt man das neuerdings, habe ich bei meinem letzten Urlaub oft genug bemerkt.«

Ich holte tief Luft. Eine Baseball-Kappe! So ein Unfug! Ein Punk mit einer Baseball-Mütze auf dem Kopf! Das gab's nicht, das konnte es nie geben! Ich war ernsthaft stinkig, als ich mir vorstellte, wie ich mit einer solch albernen Mütze auf dem Schädel aussehen würde. Bestimmt völlig lächerlich!

Natürlich hatte ich schon von den sogenannten Skate-Punks gehört, die es vor allem in Kalifornien geben sollte; diese Mode kam ja langsam auch nach Deutschland. Aber lange gut gehen konnte das nicht – ein Punk hatte eine Lederjacke anzuhaben und Springerstiefel, eine Baseball-Kappe kam dafür überhaupt nicht in Frage. Nur: Wie erklärte ich das Marktleiter Lehmann?

»Damit überrollen Sie mich jetzt ein bißchen, Herr Lehmann«, versuchte ich dem direkten Gespräch auszuweichen. »Darüber habe ich mir noch gar keine Gedanken gemacht. Bisher kam ich mit der bisherigen Situation ganz gut zurecht.«

Bevor der Marktleiter weiter auf mich einreden konnte, bewahrte mich der nächste Lastwagen vor diesem Schicksal: Es war ein Biertransporter, der mehrere Paletten Alpirsbacher Klosterbräu anschleppte. Die Biersorte war in dieser Woche im Sonderangebot, was sich sofort in höheren Verkaufszahlen bemerkbar machen würde; deshalb kam der Transport bereits am Montag, nicht erst am Dienstag, wie sonst üblich. Lehmann verzog sich, ich machte mich erneut an die Arbeit.

Eine halbe Stunde später konnte ich endlich eine Pause einlegen. Nagelschmied verabschiedete mich mit einem breiten Grinsen, ich ging quer durch den Supermarkt, fädelte mich zwischen den Kassen hindurch – mein grauer Kittel zeigte, daß ich zum Lagerpersonal gehörte –, ging neben der Informationstheke die Treppe zum Pausenraum hoch. Dort holte ich mir einen frischen

»Ich brauch meinen Suff / wie der Spießer den Puff!«
(Straßenjungs, 1979)

Kakao aus der Maschine, hockte mich an einen der Tische, nahm die aktuelle BILD-Zeitung und fing an zu lesen. Hunger hatte ich keinen; ich hatte während der Arbeit zuviel Schokolade in mich reingestopft. Es war niemand im Pausenraum, was mir recht war: Manche der Kassiererinnen und Verkäuferinnen waren mir zwar durchaus sympathisch, das dauernde Getratsche ging mir aber meist sehr schnell auf die Nerven.

Die BILD-Zeitung war wie immer ein Heidenspaß; Berichte von Mord und Totschlag in den unglaublichsten Ausprägungen, das Horoskop der Woche, politische Kommentare, die mir immer wieder schallendes Gelächter entlockten, frauenfeindliche Witze, rassistische Leserbriefe – das ganze Blatt war für mich ein Quell unausgesetzter Freude, und ich las die Zeitung jeden Tag, wenn ich sie in die Finger kriegen konnte. Gekauft hatte ich sie mir allerdings nur einmal in meinem Leben: nach den Chaostagen 1983 in Hannover, als ich unbedingt wissen wollte, was sich die Schmierfinken des Springer-Konzerns über diese Veranstaltung aus den Fingern ziehen würden.

Ich war bis zu den Sportmeldungen vorgestoßen und studierte die Bundesliga-Berichterstattung, als ein schnauzbärtiger Mann Mitte der dreißig in den Pausenraum kam: Armin Stocker, der Hausdetektiv, der in unregelmäßigen Abständen für einige Tage im Supermarkt tätig wurde und stets unglaubliche Erfolge erzielte. In seiner Begleitung war eine schwarzhaarige junge Frau, vielleicht 19 oder 20 Jahre alt; sie war schmächtig, und die schwarze Lederjacke schien ihr gut zwei oder drei Nummern zu groß zu sein. Sie hielt den Kopf gesenkt; ich konnte nur sehen, daß sie ein extrem bleiches Gesicht hatte. Ihre Jeans saßen absolut eng, und sie zeigten, daß der guten Frau einige Pfund mehr auch nicht geschadet hätten.

Stocker blickte sich kurz im Raum um und kam dann auf mich zu. »Sag mal, Meißner«, fing er jovial an, »kannst du mal mitkommen, in den Nebenraum, meine ich?« Ich schaute ihn irritiert an. »Ich brauch' dich als Zeugen«, fügte er hinzu und machte eine hilflose Geste, »ich erklär's dir nachher, wenn du's jetzt nicht kapierst.« Da ich anscheinend weiterhin recht begriffsstutzig dasaß, knurrte er: »Eine Frau als Zeugin wäre natürlich besser als du, es ist aber keine da.«

Jetzt kapierte ich: Stocker hatte mir vor einigen Wochen erzählt, daß er einmal nach dem Verhör einer Ladendiebin eine Anzeige wegen versuchter Vergewaltigung erhalten habe; »und ich war natürlich unschuldig«, hatte er immer wieder beteuert, was ich ihm nicht ganz so unbesehen glauben wollte. Seither hatte er immer Zeuginnen oder – notfalls – Zeugen dabei, damit es nicht zu einer solchen Anzeige kommen konnte.

Den Kakao und die BILD-Zeitung nahm ich mit, als ich den beiden ins Nebenzimmer folgte, wo sich Stocker an den improvisierten Schreibtisch setzte. Selbst hatte ich in den letzten Jahren und in allen möglichen Geschäften oft genug geklaut: Essen und Trinken ebenso wie Klamotten, Bücher, Comics, Heftromane oder Schallplatten, und ich hatte immer Glück gehabt. Mir tat die junge Frau leid, und Stocker konnte ich ohnehin nicht leiden; am liebsten hätte ich ihr geholfen.

> **»Stehst du auch auf Perversion / dann greif gleich zum Telefon ...«**
> (Hemmungslose Erotik, 1985)

Die Beute des Detektivs in den Taschen der jungen Frau – sie hieß, wie sie sagte, Anja und war vor vier Wochen erst zwanzig Jahre alt geworden – war kärglich: ein Haarspray für 3,59 Mark und einige Schoko-Riegel, die sie wohl mehr aus Lust am Naschen mitgenommen hatte. Es lohnte sich nicht, für den Supermarkt entstand dadurch so gut wie kein Schaden; Polizei und Staatsanwalt würden sich freuen, wenn sie wegen einer solchen Lappalie eine Anzeige erhalten würden. Allein dafür hätte man Stocker schon eine ins Gesicht schlagen müssen.

Spätestens beim Verhör merkte ich den anderen Grund. Ich stierte mit gewollt abwesendem Blick in die BILD-Zeitung und nahm gelegentlich einen kleinen Schluck von meinem Kakao, hörte aber gut zu. »Schöne Frau«, mit diesen zwei Worten fing Stocker so gut wie jeden Satz an, den er an die Ertappte richtete, »Sie wissen ja wohl, was das für Sie bedeutet, daß ich Sie geschnappt habe.« Sie antwortete so gut wie nicht, hielt andauernd den Kopf gesenkt, gab nur zu den wichtigsten Punkten Auskunft.

»Warum wollten Sie uns denn bestehlen?« fragte Stocker hartnäckig. »Schöne Frau, so wie Sie aussehen, haben Sie doch bestimmt einen Mann, und der kann Ihnen ein Haarspray bezahlen.« Ihr Kopf ruckte hoch, sie starrte ihn einige Sekundenbruchteile lang intensiv an, dann senkte sie wieder den Kopf; eine Haarsträhne fiel ihr ins Gesicht, unter dem Tisch verknotete sie ihre Hände. Stocker konnte es nicht sehen, er saß ihr gegenüber.

Der Detektiv war tüchtig, keine Frage, aber er war gleichzeitig ein Arschloch ersten Ranges. Er hatte Ladendiebe schon verfolgt und sich mit ihnen geprügelt, wenn sie es gewagt hatten, Widerstand gegen das erlaubte »Festhalten« zu leisten, und stets hatte er stärker zugeschlagen, als es unbedingt nötig gewesen wäre.

Eine Szene war mir besonders lebhaft in Erinnerung geblieben: Ein Ladendieb, einer derjenigen, die wegen ein paar Mark geschnappt worden waren, hatte sich aus Stockers Umklammerung gelöst und war losgerannt, in Richtung Ausgang. Stocker flitzte hinterher, aber er verlor rasch an Boden. Dann aber reagierte die Angestellte am Informationsschalter rasch: Durch die erste der Automatiktüren schaffte es der Flüchtige noch, die zweite öffnete sich aber nicht, als er dagegen rannte; und er krachte mit der Nase voran gegen die Glasfront. Die Blutspritzer hatte hinterher ich abwischen dürfen, und in jenem Moment hatte ich die Geschichte sogar ausgesprochen witzig gefunden.

Dabei war Stocker gar nicht so fit, wie er selbst glaubte. Sicher hatte er schon Angestellte und Jobber beim Klauen erwischt, einmal sogar einen Abteilungsleiter. Wer aber trickreich genug vorging, konnte ihm locker ein Schnippchen schlagen: Wenn ich beispielsweise meine Weinvorräte auffüllte, nahm ich einen möglichst schmuddelig aussehenden Karton, packte in diesen die von mir ausgesuchten Flaschen, warf einen Berg Müll darauf und fuhr hinaus zum Müllcontainer. Dort versteckte ich die Flaschen zwischen allerlei Gerümpel, warf den Müll in den Container – und holte abends, lange nach Feierabend, den Wein mit dem Rad ab. Ebenso verfuhr ich mit Whisky oder anderen Alkoholika, Zeitschriften und Büchern.

Aber das hier? Stockers Verhör war überflüssig, vor allem in dieser Länge. Ich überlegte, ob ich etwas sagen oder eingreifen sollte. Natürlich würde er die Frau nicht massiv anmachen oder gar begrabschen, aber er nützte seine Macht aus, um sie mehr als nötig unter Druck zu setzen. Wie ich von anderen wußte, genoß er es, wenn die Geschnappten bei seinen Verhören ins Weinen kamen; dann konnte er – sich gegenüber – einen doppelten Erfolg vorweisen, wenn er den »Fall« ordnungsgemäß an die Polizei weitermeldete. Ein widerliches Spiel.

Glücklicherweise war es bald vorbei. Stocker und sein Opfer verließen den Raum, ich trottete hinter ihnen her. Meine Pause war fast vorüber, und er begleitete die junge Frau zum Ausgang. Den Rest der Angelegenheit würde die Polizei regeln; das Hausverbot hatte ihr bereits der Detektiv ausgesprochen. »Ich dank' dir noch mal, Meißner«, sagte Stocker und ging die Treppe hinunter.

Ich setzte mich in den Pausenraum, wieder an einen Tisch. Einige Frauen von den Kassen und der Obstabteilung hatten ihre Pause erhalten und saßen jetzt im Pausenraum. Der große Sturm des frühen Morgens war vorüber, bis zum Ansturm in der Mittagspause konnten sie etwas Luft holen. Die meist schon etwas älteren Frauen, die im Supermarkt als schlecht bezahlte Aushilfen unter miserablen Arbeitsbedingungen ihr Geld verdienten, hielten Becher mit dampfendem Kaffee in den Händen und unterhielten sich über das Wochenende, ihre Männer und Kinder oder über den bisher gelaufenen Arbeitstag.

Einige fragten mich nach dem, was eben »vorgefallen« sei, und ich gab ihnen einsilbig Antwort. Ich hatte nichts gegen die Frauen, solange sie mich in Ruhe ließen, und meist taten sie das auch. In der Regel fielen meine Pausen ohnehin nicht mit den ihren zusammen, so daß es kaum zu Gesprächen kam.

»Sagen Sie mal, Herr Meißner«, eine beugte sich quer über den Tisch zu mir herüber, »darf ich Sie mal was Persönliches fragen?« Ich schaute sie irritiert an, einige Gespräche verstummten, und ein halbes Dutzend Frauen blickte plötzlich zu meinem Platz. »Der Herr Nagelschmied hat mir gesagt, Sie seien ein Punker«, redete die Frau weiter, »ich weiß ja nicht so genau Bescheid über das, was ihr jungen Leute heut' so treibt – aber Sie sind doch kein Nazi, oder?«

Ich starrte die Frau an, mir fiel – das war selten genug! – nichts ein. In diesem Moment mußte sich mein ohnehin nicht sehr intelligenter Durchschnitts-Gesichtsausdruck in etwas völlig dämliches verwandelt haben. »Bitte?« stotterte ich verblüfft. »Bitte ... was soll ich sein? Ein Nazi?«

»Nein, nein«, beruhigte mich die Frau und lächelte verlegen. »Es ist nur so, der Herr Nagelschmied hat gesagt, Sie seien ein Punker, und das sind doch alles Nazis, das hat doch schon in der Zeitung gestanden.« Sie schaute in ihre Kaffeetasse. »Wissen Sie, Sie sehen eben doch ein bißchen anders aus als die anderen jungen Leute, die ich so kenne, und man hört ja immer solche Geschichten, was in den großen Städten abgeht.«

Das übliche Geschwätz! Ich wußte Bescheid. Anscheinend brauchten die dümmsten Geschichten über Punks ein paar Jahre länger, bis sie aufs Dorf und in die Kleinstadt drangen. Gelegentlich brachte mein Supermarkt-Lieblingsblatt, die BILD-Zeitung, herz- und zwerchfellerschütternde Geschichten über den »Punker-Terror« in den besetzten Häusern von Berlin, Hamburg oder Frankfurt, wurden immer noch einmal im Jahr schockierende Bilder von Chaostagen in den Lokalzeitungen veröffentlicht, das ganze garniert mit einem Hauch von Schrecken für die anständige durchschnittsdeutsche Familie.

»Nein, nein«, wehrte ich höflich ab; ich hatte keine Lust auf Streit, »ich bin ja so was wie ein Punk, aber das hat ja nichts mit Nazi zu tun.« *Greif zu einfachen Lösungen und Erklärungen!*, war jetzt die Devise, und meist funktionierte das. »Die Nazis, das sind die Skinheads, wissen Sie, die mit ganz wenigen Haaren auf dem Kopf oder eben mit einer Glatze, das sind Nazis.« Differenzierungen nach Redskins und unpolitische Glatzen waren jetzt nicht gefragt, das war mir klar. »Und Punks, die sind eher unpolitisch; die haben meistens bunte oder abstehende Haare, die tun aber

»wir sind alle panzerknacker / und tun was uns gefällt / wir brauchen keine gesetze / aber spaß für die ganze welt.«
(Panzerknacker AG, 1981)

niemand etwas, die trinken eben gerne Bier und hören laute Musik.«

Die Frau schien mir nicht recht zu glauben, sie blickte skeptisch auf meine Haare, die trotz aller morgendlichen Bemühungen immer noch in alle Richtungen standen. Dann nickte sie und machte »Hm»; für sie war der Fall erledigt.

Nicht aber für eine andere Frau, ebenfalls um die vierzig Jahre alt, die neben ihr saß. »Aber Sie, Herr Meißner, jetzt muß ich doch was anderes fragen, wenn ich darf.« Ich kannte die Frau, sie galt als Tratschtante, und man tat gut daran, in ihrer Gegenwart nicht zu laut über Vorgesetzte oder andere Menschen zu lästern; üblicherweise wußten es die dann innerhalb eines Tages.

»Sie dürfen mich alles fragen, Frau Petermann«, versetzte ich heiter, »solange ich eben Zeit habe. Ich muß nämlich bald wieder an die Arbeit zurück.« Ich wies auf die Uhr an der Wand; es war nicht einmal gelogen, in etwa zwei oder drei Minuten spätestens sollte ich wieder im Lager antanzen und mich um die Getränke kümmern.

»Gehen Sie eigentlich ins Jugendzentrum, Herr Meißner?« fragte sie weiter. Innerlich grinste ich; normalerweise erkundigten sich die Leute eher danach, ob ich denn »immer noch« in den Laden ginge. Aber ich nickte einfach. »Ich frag' Sie deshalb, Herr

Meißner, weil mein Sohn jetzt auch in das Alter kommt, und da habe ich Angst um ihn, wissen Sie.«

»Welches Alter denn bitte?«

»Na ja, wissen Sie, er wird jetzt dann sechzehn Jahre alt, und er meinte schon, er will abends länger weggehen, und ins Jugendzentrum will er auch; dabei weiß doch jeder, daß es dort Drogen und noch viel Schlimmeres gibt!« Sie schien ehrlich empört zu sein, als sie diesen Satz von sich gab; einige der anderen Frauen am Tisch nickten beipflichtend.

Ich versuchte mir erst gar nicht vorzustellen, was Frau Petermann unter etwas »noch viel Schlimmerem« verstehen mochte, und blieb weiterhin höflich. »Im Jugendzentrum gibt es aber keine Drogen«, versicherte ich ihr, »wer in dem Haus illegale Drogen konsumiert, der fliegt raus.« Einen mußte ich draufsetzen! »Sie müssen es so sehen: Wenn Ihr Sohn in entsprechende Kreise in der Schule kommt, dann kann er auch so an Drogen herankommen. Es gibt hier mittlerweile alles.«

»Mein Sohn verkehrt nicht in ›irgendwelchen Kreisen‹!« empörte sich die Frau. »Ich finde es unverschämt von Ihnen, so etwas zu behaupten.«

Beruhigend hob ich die Hände und stand auf, faltete die Zeitung zusammen und warf den leeren Becher in den Müll. »Wir können gerne zu einer anderen Zeit weiterdiskutieren«, tat ich furchtbar bedauernd, »aber ich muß wieder ins Lager zurück.« Als ich den Pausenraum durch den Hinterausgang verließ, hatte ich das Gefühl, kleine Dolche würden in meinen Rücken gerammt.

Den Rest des Vormittags verbrachte ich damit, das Getränkelager aufzuräumen; das war außerhalb des Supermarkts, neben der Tankstelle und von einem Maschendrahtzaun umgeben. Mit dem Hubstapler fuhr ich leere Bier- und Sprudel-Paletten aus dem Getränkelager, stellte sie auf den Hof, so daß sie rasch auf die Lastwagen geladen werden konnten; dann schaffte ich Platz für neue Ware.

Das ging schnell, diesen Job machte ich recht gern. Das Wetter spielte mit, es goß nicht, es ging kein starker Wind; zwar schien gerade nicht die Sonne, aber so konnte man es aushalten. Bei dieser Arbeit störte mich niemand, ich konnte über allerlei Dinge nachdenken, ohne daß mich jemand blöde Sachen fragte. Vor allem konnte ich während dieser Arbeit Bier trinken; ich holte mir immer aus einem vollen Kasten, meist unten in der Palette, eine Flasche Alpirsbacher und stellte sie so ab, daß sie keiner sehen konnte. Auf diese Methode konnte ich locker zwei bis drei Flaschen während der Arbeitszeit leeren – damit ließ sich einiges besser ertragen.

Als ich wieder ins Lager kam, hatte Nagelschmied vollends den Überblick verloren. Überall standen Paletten, der Food- und der Nonfood-Abteilungsleiter schrien abwechselnd sich und Nagelschmied an, und an der Rampe wartete ein Lastwagen mit Eisfracht; der Fahrer hatte bereits den zweiten Rollcontainer von seinem Wagen geschoben und stellte jetzt eine Palette mit tiefgefrorenen Pommes frites ab. Ich wußte, was das hieß: *ab ins Eisloch!*

In Nagelschmieds Büro genehmigte ich mir zuerst wieder einige Stücke Schokolade – dieses Mal von einer anderen Sorte, wir waren nicht auf eine fixiert –, dann zog ich mir einen dicken Parka an. Im sogenannten Eisloch, einer großen Tiefkühlkammer, war es immer barbarisch kalt. Das hielt man ohne Parka vielleicht eine Viertelstunde aus, aber dann holte man sich garantiert eine Erkältung.

Dem Fahrer schob ich zwei leere Rollcontainer in seinen Wagen, dann rollte ich den ersten durch das Labyrinth herumstehender Paletten ins Eisloch, öffnete die Verriegelung und stellte den Container an seinen Platz. Mit dem zweiten verfuhr ich ebenso, und als ich gerade die Palette an ihren Platz räumte, hörte ich plötzlich hinter mir zwei Stimmen.

»Was wollt denn ihr hier?« fragte ich mürrisch, drehte mich um und musterte die zwei Personen, die vor mir standen: Volker, Auszubildender im dritten Jahr, ein Schnösel mit schmalem Schnauzbart und kleinen Löckchen, die ihm am Hinterkopf bis in den Nacken fielen; daneben Elke, Auszubildende im zweiten Lehr-

»Wir sind der Aussatz einer Generation, dem Mutterleib entsprungen, verloren haben wir schon ...«

(Schließmuskel, 1986)

jahr, mit blonden Dauerwellen, eine Spur zu schmal gebaut und zwei Spuren zu stark geschminkt für meinen Geschmack; beide nicht mit allzuviel Kreativität und Intelligenz gesegnet. Immerhin waren sie so schlau gewesen, sich dicke Pullover anzuziehen, bevor sie ins Eisloch gekommen waren.

»Da staunst du, was?« fragte Volker und grinste breit. »Mit uns hast du nicht gerechnet.«

»Wir aber auch nicht mit dir«, fügte Elke hinzu und lachte auf; diese Lache hatte sie sich erst seit einem Vierteljahr angeeignet, seit eine Schauspielerin in irgendeiner Soap-Opera mit einem »glockenhellen« Lachen genervt hatte.

Ich deutete auf die Palette mit den tiefgefrorenen Pommes Frites. »Ihr seht doch, daß ich zu tun hab'«, maulte ich, »was wollt ihr denn?«

Beide lachten. »'ne Nummer schieben, was denn sonst?« sagte Volker und stellte sich hinter Elke, umarmte sie und rieb mit beiden Händen eifrig über ihre Brüste. Sie zog erneut das Register mit der Bezeichnung »glockenhell« aus der Lachschublade und lehnte sich gegen ihn.

»Was habt ihr vor?« fragte ich ungläubig nach und schüttelte den Kopf.

»Ficken, Peter, kapierst du nicht?« Volker machte eine eindeutige Geste. »Liebe machen. Bumsen. Eine Nummer schieben. Kapiert?«

»Ihr seid völlig bescheuert«, knurrte ich, »im Lager rumficken zu wollen – das bringt euch beiden höchstens 'ne Erkältung.« Da die beiden nur albern lachten und dann damit anfingen, demonstrativ vor mir rumzuknutschen, stellte ich die Palette mit den tiefgefrorenen Pommes kurzerhand an einen provisorischen Platz, schnappte mir den Hubwagen und trollte mich.

Verstehen konnte ich die beiden beim besten Willen nicht; Geilheit hin, Geilheit her. Ich für meinen Teil war immer froh, wenn ich aus dem Eisloch rauskam.

Rasch ging ich ins Lagerbüro, warf meinen Parka in die Ecke, futterte wieder einige Stücke Schokolade, zwinkerte Nagelschmied zu, der immer noch mit dem Nonfood-Abteilungsleiter diskutierte, und ging zur Rampe. Food war, wie der Name es schon vermuten ließ, der Bereich der Nahrungsmittel innerhalb des Supermarkts; sinnvollerweise gehörten aber auch Waschmittel und Putzlappen zu Food. Nonfood war dann der ganze Rest, angefangen vom Salzstreuer über die Stichsäge bis hin zu billigen Schallplatten und Büchern. Die beiden Abteilungsleiter stritten sich ständig um Nichtigkeiten, um Mitarbeiter, um Regalflächen oder um Lagerraum, der Marktleiter hatte es längst aufgegeben, schlichten zu wollen, also durfte Nagelschmied einen gewichtigen Teil der dauernden Streitereien ausbaden.

Dieser Mann hatte auch eine Position, die ich nie im Traum erreichen wollte: Leiter in einem Lager eines Supermarkts – das war mit das letzte. Unter seiner Position war wirklich nur noch ich eingestuft; sogar die dümmste Kassiererin kam sich bessergestellt vor als wir beide.

Der Grund war so primitiv wie einleuchtend: Nagelschmied und ich trugen graue Kittel, alle anderen hatten weiße Kittel an, und damit kamen sich einige der Angestellten bedeutender vor.

Bescheuerte Logik!, überlegte ich. *Und da soll ich, ausgerechnet ich, mitmischen – nur, weil Lehmann es will?* Dazu hatte ich nicht die geringste Lust. Ich mußte mir nur überlegen, wie ich meinen Hals am schnellsten aus der seidenen Schlinge bekam. Arbeit war mir ohnehin zuwider, aber ich bekam zumindest Geld dafür, und ich ersparte mir die lästige Schnorrerei oder den für mich stets peinlichen Gang zum Arbeitsamt. Nur: Auf einen »Aufstieg« egal in welcher Form hatte ich erst recht keine Lust.

Mißmutig räumte ich zwei im Weg stehende Paletten zur Seite, ging dann mit meinem Hubwagen hinüber zur Durchgangstür in Richtung Supermarkt. Dort hatten einige Verkäuferinnen bereits eine Müllpalette und anderen Kram abgestellt; das liebte ich besonders. Meine Laune wurde etwas schlechter; ich fuhr den Müll zum Container, warf ihn hinein, betätigte die Automatik und sah zu, wie der Schieber den Müll nach hinten drückte, wie faulige Eier und angeschimmelte Salatköpfe, Kunststoffverpackungen und zerbrochene Marmeladengläser unter gräßlichen Geräuschen zermalmt wurden. Reizend, wirklich.

Als ich wieder ins Lager kam, sah ich gerade noch Elke, die an mir vorbeiflitzte und dann im Supermarkt verschwand; sonderlich fröhlich wirkte sie nicht. Nicht mal eine Minute später folgte Volker, allerdings deutlich langsamer.

»Na, war wohl nichts mit rumficken?« lästerte ich, als er an mir vorübergehen wollte.

»Zu kalt«, knurrte er einsilbig. »Hat am Arsch gefroren, das Gör, wurde dann zickig.« Er machte eine wegwerfende Handbewegung und ging an seine Arbeit; es war ihm sichtlich peinlich. Dabei hatte er Glück: Nagelschmied und der Abteilungsleiter hatten ihren Disput beendet, also wurde Volker von seinem Vorgesetzten nicht gesehen. Ich grinste mir eins, ging weiter. So brachte ich den Vormittag ohne weiteren Streß herum: Gegen zwei Uhr mittags hatten Nagelschmied und ich das Lager unter Kontrolle; die meisten Paletten standen da, wo sie auch hingehörten. Ich kümmerte mich um die Getränke, die im Hof standen, fuhr sie an ihren Platz, und sorgte dann dafür, daß im Supermarkt selbst immer genügend Lenor-Flaschen, Alpirsbacher-Kisten, Bananen oder Südmilch-Tetrapaks an ihrem Platz standen und von den Kunden gekauft werden konnten.

Die Mittagspause verbrachte ich – wie so oft – in der Kneipe innerhalb des Supermarkts. Es gab ein Tagesessen, zwar nicht besonders gut, aber genießbar und vor allem preiswert; ich schaufelte das Schnitzel, die Spätzle und den Salat in mich rein, trank zwei Bier und spielte hinterher noch eine Viertelstunde lang am Flipper. Keiner sprach mich an, alle ließen mich in Ruhe, nur die Kids an den anderen Automaten nervten mich ein bißchen. *Die werden auch noch erwachsen,* dachte ich, *dann werden sie so langweilig und so normal wie alle anderen.* Fragte sich nur, wie ich in einigen Jahren sein würde.

Nach meiner Pause nutzte ich Nagelschmieds Pause, in der er mir das Lager quasi selbständig überließ, und ging an sein Telefon, wählte eine Nummer, die mit Null-Zwei-Zwei-Acht begann und danach sechs weitere Stellen aufwies. Ich ließ es sechs- oder siebenmal klingeln und wollte schon auflegen, als ich eine verschlafene weibliche Stimme hörte: »Ja?«

Falsche Höflichkeit war jetzt völlig fehl am Platz; ich hatte nicht viel Zeit. »Hier Peter Pank. Ist der Bobbel da? Kann ich den sprechen?« Keine Reaktion. »He!« rief ich in den Hörer. »Schläfst du schon wieder ein?«

»Ich schau mal«, hörte ich die Frauenstimme, dann vernahm ich, wie der Hörer auf irgend etwas gelegt wurde. Schritte im Hintergrund, ein dumpfes lautes Stöhnen, dann wieder Schritte, die näherkamen. »Er kommt gleich«, sagte die Frau langsam und legte den Hörer erneut zur Seite.

Ich kannte sie nicht, hatte ihre Stimme nie zuvor bewußt wahrgenommen – aber das war nicht so wichtig: Der Frauenverbrauch, den Bobbel gelegentlich an den Tag legte, wurde nur von seinem Bier- und Haschisch-Konsum übertroffen. Mir war völlig schleierhaft, wie der Kerl das schaffte. Besorgte ein knallroter Irokesenhaarschnitt solch einem häßlichen Kerl wirklich eine so erotische Ausstrahlung? Vielleicht sollte ich das auch einmal versuchen.

Ein tiefes Seufzen riß mich aus meinen Gedanken. Jemand war in der Leitung. Ein zweites Seufzen, dann erkannte ich Bobbels Stimme. Als stünde er kurz vor dem Exitus, sprach er mit ersterbendem Stimmchen: »Wasn los? Ist schon Sommer?« Es war so typisch, daß ich mich nicht einmal mehr aufregen konnte.

»Bobbel, du Idiot!« brüllte ich in den Hörer, ohne mich darum zu kümmern, daß mich eventuell andere Leute hören konnten. »Ich bin's, Peter Pank! Wach auf, verdammt noch mal!«

»Ach, du bist's, dann ist ja gut.« Langsam nahm die Stimme einen normalen menschlichen Klang an: dumpf und langsam wie eine Single, die versehentlich auf 33 statt auf 45 abgespielt wurde, aber immerhin verständlich. »Was willsten du um diese frühe Zeit?«

»Ich hab' nur 'ne Frage, Bobbel«, begann ich vorsichtig, musterte den Riß auf meinem Handrücken, griff dann behutsam nach der Bierflasche neben mir und nahm einen tiefen Schluck. »Ich hoffe, du kannst sie mir beantworten.«

»Schlag an die Türen / alle soll'n uns hören / schon bald gibt es den großen Knall.«
(Die Krupps, 1982)

»Na, dann schieß schon los; ich bin voll fit.«

»Es geht ums Wochenende. Du weißt noch, die Nacht von Samstag auf Sonntag; Bonn, Kaiserplatz. Du erinnerst dich? Ich war auch da, mal wieder, und es war eigentlich saumäßig lustig. Bis dieser Idiot kam, dem ich dann in die Fresse gehauen hab'.«

»Ach ja, stimmt ja.« Bobbel kicherte albern. »Sah lustig aus, wie der plötzlich umfiel und du dann die Panik gekriegt hast und so.«

»Was war dann noch los?«

»Nicht so viel. Der Typ stand wieder auf, blutete ein bißchen aus der Fresse, ein Zahn war wohl locker; dann krakeelte er rum, er würde die Bullen rufen und so, war aber nichts, traute sich wohl nicht. Wir haben ihm sogar noch ein Taxi gerufen; der Kerl war voll wie tausend Russen, nichts mehr zu retten.«

Ich war erleichtert. »Dann ist ja alles gut«, sagte ich, »sei mir nicht böse, wenn ich dich gestört habe.«

»Schon recht.« Bobbel lachte erneut. »Du solltest trotzdem aufpassen, wenn du mal wieder in unsere Gegend kommst. Vielleicht Bonn in nächster Zeit meiden oder so. Chico ist gar nicht gut auf dich zu sprechen.«

»Warum das denn?«

»Sag bloß, das weißt du nicht mehr? Du hast seine Freundin ultrapeinlich angebaggert, war schon nicht mehr schön.«

Mir wurde schlecht.

»Und was ist dann, ähm, ja was ist dann passiert?« stammelte ich unbeholfen. Wenn es stimmte, was Bobbel mir am Telefon erzählen wollte, dann hatte ich bei meinem nächsten Besuch in Bonn Ärger zu befürchten. Chico, ganz sicher keiner meiner guten Freunde, kam aus dem Umland, nicht direkt aus Bonn, war mit seinen langen schwarzen Haaren und dem Bartgestrüpp strenggenommen gar kein Punk, hielt sich aber oft mit den Bonnern am Kaiserplatz auf, und er hatte schon manche Schlägerei vom Zaun gebrochen.

Bobbel lachte kurz und abgehackt, dann hörte ich ihn aus einer Flasche trinken. Nach einem kurzen Rülpsen berichtete er: »Du hast die ganze Zeit wie ein Wilder auf die Frau eingeredet, schon am frühen Abend. Später habt ihr dummerweise so rumgeknutscht, daß es sogar Chico mitgekriegt hat, und da war der schon mindestens so voll wie du.«

»Au weia«, sagte ich nur; mehr fiel mir beim besten Willen nicht ein. Bonn als Sperrzone – mir grauste vor dieser Zukunftssicht. Dabei war ich gerne in der Stadt, liebte die Handvoll lustiger bis verrückter Punks, die sich dort regelmäßig am Kaiserplatz traf; der Kerl, der die Regenwürmer züchten wollte, war allerdings der Hammer schlechthin, auch wenn er aus einer Vorstadt kam.

»Na ja«, plapperte Bobbel weiter, »und als Chico das alles mitgekriegt hat, hat er sich gar nicht so sehr aufgeregt, war ja ohnehin alles zu hektisch. Aber am Sonntag dann hat die Elle mit ihm Streit gekriegt. Er meint, das liegt alles an dir, und deshalb hat er jetzt massiv was gegen dich. Will dich umbringen, hat er gesagt.«

Mir ging es mittlerweile richtig schlecht. Natürlich waren solche Morddrohungen nicht ernstzunehmen, aber man wußte nicht, was ein Durchgeknallter in Liebeskummer alles mit einem anstellen konnte. Zu meinem Glück und Trost war Chico, der stets in schwarzen Lederklamotten zu sehen war, auch in der größten Hitze, nicht sehr reisefreudig; so schnell würde er nicht auf die Idee kommen, mich einfach zuhause aufzuspüren.

Somit war zwar Bonn »tote Zone« für mich, zumindest für einige Zeit, aber es gab ja noch die Umgebung. Künftig würde ich wohl verstärkt nach Köln fahren müssen. *Stimmt, ich könnte Achmed mal wieder besuchen,* überlegte ich; den hatte ich schon lange nicht mehr gesehen.

Ich beendete das Gespräch mit Bobbel nach dem Austausch einiger kurzer Floskeln, dann legte ich nachdenklich auf. Mit einem kräftigen Zug leerte ich die Bierflasche, stellte sie anschließend in den Kasten.

Die Stunden am Nachmittag waren wesentlich lockerer; als »Springer« war ich zeitweise im Leergutlager beschäftigt, später druckte ich Schilder. Dazu benutzte ich ein Stempelkissen und Druckbuchstaben, die ich auf vorbereitete und vorgedruckte Kartons klebte: Die Plakate waren für die Sonderangebote am Donnerstag gedacht und mußten schon jetzt in Angriff genommen werden, sonst wurden sie nie fertig.

Als sich der Supermarkt langsam leerte und der Feierabend nahte, begann der letzte unangenehme Job des Tages: Ich suchte auf dem ganzen Gelände herumstehende Einkaufswagen zusammen, sortierte sie zu Karawanen, mit denen ich über den Parkplatz rollte. Zwar hatte ich im Lauf der Jahre bei solchen Jobs eine gewisse Routine erlangt und störte mich vor allem nicht an den merkwürdigen Blicken, mit denen mich manche Menschen musterten, trotzdem war es eine elende Plackerei.

Dabei gab es immer einige ganz spezielle Menschen, die mich nervten: die Frau beispielsweise, die mit einem breiten Zahnpasta-Lippenstift-Lächeln so rasch auf mich zueilte, daß ihre ganze Körperfülle in wackelnde Bewegungen geriet, die mich anstrahlte, als sei ich der Sekten-Guru persönlich, und die mir dann einen Einkaufswagen aus meiner Karawane zog – nur weil sie zu faul war, die letzten paar Meter zu gehen und sich selbst so einen Wagen zu besorgen.

»Sie bringt den Tod, doch ich fürchte ihn nicht«
(Organbank, 1981)

Oder der Mann, sicher erst anfangs der dreißig, der den Inhalt seines Wagens gerade ins Auto verladen hatte, der mich sah, wie ich mich gerade damit vergnügte, einzelne Wagen zusammenzusuchen, und der dann seine Karre in eine Richtung schob, die entgegengesetzt zu mir war; mit purer Absicht wahrscheinlich. In solchen Fällen verwandelte ich mich in eine Bestie: Ich griff solche Typen an, zerfetzte ihnen mit wenigen Prankenschlägen den

Bauch, riß ihnen den Kopf ab und wühlte anschließend mit dem Gebiß im Körper herum – bis der Haßanfall mit all meinen destruktiven Fantasien vorüber war, der Mann sein frisch geputztes Mittelklasse-Auto bestiegen hatte und ich wieder einigermaßen beruhigt an die Arbeit denken konnte.

Lehmann hatte schon ein paar mal davon erzählt, daß man derzeit in den Spitzen der Konzernzentrale über ein völlig neues Modell nachdenken würde: »Das gibt es schon in einigen Supermärkten, wissen Sie, und es ist eigentlich ganz primitiv. Wer seinen Einkaufswagen aus der Box holen will, muß eine Mark einstecken; wenn er ihn hinterher wieder zurückbringt, bekommt er die Mark zurück.«

Das System hörte sich bestechend einfach an, wobei mir allerdings die Schwachstelle sofort aufgefallen war: Was war, wenn der Kunde kein Markstück in der Tasche hatte? Dann mußte er wohl erst an die Kasse und wechseln lassen. »Kein Problem«, hatte mich Lehmann beruhigt, »dafür werden sicher bald Plastikmünzen produziert, extra für Supermärkte und deren Kunden.«

Ich bekam trotzdem eine Vision nicht aus dem Kopf: Auf den Parkplätzen von Supermärkten, immer in der Nähe von Bundesstraßen und am Stadtrand errichtet, standen Damen und Herren mittleren Alters, die Damen im feinen Jäckchen oder Kostüm, die Herren im Anzug, und schnorrten die Leute an: »Hätten Sie mir mal 'ne Mark? Ich möcht' mir einen Einkaufswagen besorgen.« Das hätte was, das wäre einmal etwas Neues.

Beim Gedanken an schnorrende Anzug-und-Krawatte-Typen mußte ich lachen; mitten auf dem Parkplatz. Einige Menschen drehten sich verwundert nach mir um; es war schon spät, nur noch ganz wenige Kunden waren auf dem Gelände. Die Blicke waren mir gleichgültig; die Biere, die ich den Nachmittag über getrunken hatte, machten sich bemerkbar. Zudem wußte ich nun, daß ich von der Bonner Polizei nichts zu befürchten hatte. Und den Ärger mit Chico – wer war eigentlich diese Elle? egal – würde ich auch irgendwie überstehen.

Es war kurz nach acht Uhr abends, als ich endlich heimkam; ich hatte leicht Schlagseite und konnte mein Rad nur mit Problemen manövrieren. Da das Radlicht nicht ging, war ich auf dem Heimweg eine rollende Selbstmordgefahr: Ich fuhr auf dem Gehweg, damit ich nicht von Autos überfahren wurde, störte statt dessen lieber irgendwelche Mütter, die ihre kläffenden kleinen Köter spazieren führten und sich an meinem Anblick ebenso störten wie an meinem wackelnden Fahrstil.

Wir hatten an der Information noch zwei Flaschen Wein getrunken: Volker und Elke hatten das ganze initiiert, und einige andere Angestellte waren dabei gewesen. Lehmann war bereits nach Hause gegangen, und für solche Situationen hatten sich die Feierabend-Saufereien schon gut eingebürgert. Das Spiel war einfach: Der Food-Abteilungsleiter oder Volker als sein Vertreter holten zwei Flaschen Wein oder Sekt aus dem Regal, meldeten sie am nächsten Tag als kaputt – was ja immer wieder vorkam –, und wir hatten abends kostenlos etwas zu trinken. Wein auf Bier, das ergab eine brisante Mischung, und so verwunderte mich mein Zustand nicht.

Ich stellte mein Rad vor dem Haus ab, direkt im Vorgarten. Lust, es in den Keller zu stellen, hatte ich nicht, und klauen würde es wohl kaum einer. Sicherheitshalber machte ich es mit dem Kettenschloß am Zaun fest; die Mühe, das Schloß zu knacken, würde sich bei dem alten Rad garantiert auch der abgerissenste Dieb nicht machen.

Im Flur brannte Licht, der Briefkasten war offenbar schon geleert, und in meiner kleinen Wohngemeinschaft war das Licht ebenfalls an. Mein Mitbewohner war im Moment nicht anwesend, aber er hatte mir einen Zettel an die Zimmertür gepinnt:

»Hey, Peter! Palle war da, heute Abend ist Fete im Siff, du sollst unbedingt kommen. Gruß, Martin. PS: Ach ja, noch was – wenn du das nächste mal morgens scheißen mußt, dann benutz hinterher die Klobürste. Drecksau!«

Das war mir ausgesprochen peinlich. Leider passierten mir solche Dinge in letzter Zeit zu häufig; wenn ich zuviel gesoffen hatte und nach einer durchzechten Nacht versuchte, wieder ins bürgerliche Leben aufzutauchen. Mein Mitbewohner entwickelte gegen solche Dummheiten eine wachsende Aversion, und ich konnte ihn sogar verstehen. Es waren wieder einmal eine Entschuldigung und die Einladung zu einem Bier fällig.

Freundlich, wie Martin trotz aller zwischenmenschlicher Probleme war, hatte er den Briefkasten geleert und meine Post gleich ins Zimmer gelegt. Ich hockte mich neben das Bett auf den Fußboden, entnahm dem Recorder die Daily-Terror-Cassette und wühlte in meinem Cassetten-Berg, bis ich fand, was ich wollte: Organbank, ein altes Tape von 1980, das ich schon ewig lange nicht mehr gehört hatte. Die Cassette kam in den Recorder, dann drückte ich den Start-Knopf; es kam nur undeutliches Genuschel und irgendwelche Geräusche, kurz darauf begann das Band zu zerren und zu ziehen, und dann war Stille.

Fluchend öffnete ich den Recorder, zog die Cassette aus dem Fach, löste mühsam das verknäulte Band aus den Innereien des Geräts und warf den ganzen Kram mit einer wüsten Verwünschung in den Mülleimer. »Drecksding!« beschimpfte ich den Recorder; wieder einmal war eine meiner alten Cassetten hinüber. Ich beherrschte mich gerade noch rechtzeitig, fast hätte ich den Recorder mit einem Stiefeltritt erledigt. Aber so viel Geld, mir sofort ein neues Gerät zu kaufen, hatte ich nun mal beim besten Willen nicht.

Wie einige andere Aufnahmen von ZK, KFC, Didaktische Einheit und Konzentrierte Ameisensäure hatte ich das Tape anfangs der 80er gekauft, von Gerhard, einem Punk aus der Nähe von Bremen, der zu jener Zeit die »Donald Punk«-Comix gezeichnet und in Umlauf gebracht hatte. Damals hatte ich nicht mal das Geld gehabt, mir Platten zu kaufen, hatte mir nur wenige, ausgewählte Stücke angeschafft: Singles von Razors und Buttocks und anderen Kram. Aus finanziellen Gründen fragte ich Freunde sehr oft danach, ob sie mir einige ihrer Platten auf Cassette ziehen konnten. Das kam billiger. Auf diese Weise hatte ich mir einige Dutzend Cassetten beschafft, mehr brauchte ich nicht zum Leben.

Zähneknirschend griff ich nach einer anderen Cassette; die sah ganz gut aus. Ich legte sie ein, drückte wieder auf START, und dann lief Hermanns Orgie; aus der Phase der Band zwar, als sie langsam ins normale Rock-Lager abgerutscht waren, aber immer noch gut genug. Während der Sound durch das Zimmer und die kleine Wohnung dröhnte, ging ich hinüber in die Küche; zu meiner großen Freude hatte Martin Brot eingekauft. Ich schmierte mir ein Mettwurstbrot und ging, eifrig kauend, zurück in meine Bude.

Die Post hatte ich schnell durchgeschaut, viel war es nicht. Zwei Werbesendungen warf ich gleich zur Seite; ich würde sie bei Gelegenheit auspacken, den ganzen Kram wegwerfen, aber das Antwort-Kuvert ordentlich verpackt wieder in den Briefkasten stopfen. »Die Wichser, die mir den Scheiß zuschicken, die sollen auch das Strafporto dafür bezahlen«, murrte ich zum x-ten mal vor mich hin.

Ein neues Heft war gekommen; Eric aus Freiburg hatte das zweite »Springerblatt« zusammengestellt, und ich nahm mir vor, es in den nächsten Tagen in aller Gemütsruhe zu lesen.

Zuletzt kam die Drucksache. Eine Einladung war es, wie ich verwundert feststellte. »Hallo, Peter«, ging es sehr kumpelhaft los, »wir haben uns überlegt, daß wir einmal ein Treffen unserer Jahrgangsstufe machen können.« Meine Jahrgangsstufe – damit war die zehnte Klasse auf dem Gymnasium gemeint, wie ich sehr schnell feststellte. Nach der zehnten Klasse – also 1980 – hatte ich die »Oberschule« verlassen, um dem drohenden Rausschmiß zuvorzukommen; Lust hatte ich ohnehin keine mehr gehabt.

Und meine Mitschüler von damals machten jetzt ein Klassentreffen? Interessant. Ich las weiter. Einen Termin hatten sie sich noch nicht ausgesucht, es ging im Moment darum, einen Ort und eine für alle halbwegs verträgliche Zeit zu finden. Vor allem wußten sie nicht mehr alle Adressen aller ehemaligen Mitschüler, deshalb diese Briefe: Wer mehr wußte, sollte sich melden. Woher sie dann ausgerechnet meine Adresse hatten, wurde mir nicht so recht bewußt; wahrscheinlich hatte ich es jemand einmal im Suff erzählt.

Unterschrieben war der Brief recht schlicht mit »Miri«; auch die Adresse begann mit »Miriam«. Mir fielen schlagartig alle möglichen Jugendsünden ein. Miriam, einer der Frauen, für die ich in während meiner Schulzeit ganz furchtbar geschwärmt hatte. Das letzte, was ich von ihr gehört hatte, war, daß sie als Studentin in Tübingen wohnte, Jura oder Philosophie wahrscheinlich; ihr Freund sei mit einem prächtigen Schnauzbart und einem tollen BMW gesegnet. Aber Miriam hatte schon früher verstanden, die für sie wichtigen Dinge im Leben rechtzeitig abzuklären. Ich wußte noch genau, wie ich sie kennen gelernt hatte ...

Vom Band lief »Y.M.C.A.« von Village People, einige Schüler tanzten auf dem Betonboden, von der Decke flackerten zwei rote und zwei blaue Lichter im Rhythmus der Bässe; eine Arbeit, auf die mein Klassenkumpel Katsche richtig stolz gewesen war. Ich hockte auf einem alten Stuhl, hielt mein drittes Bier in der Hand und fühlte mich schon ganz schön betrunken. Rechts und links von mir waren die Stühle frei; ich sah überhaupt nicht cool aus, trug eine billige blau-grüne Trainingsjacke, und mit mir wollte kaum jemand etwas zu tun haben.

Es war für mich immer noch unbegreiflich, wie sich die Schule im letzten halben Jahr verändert hatte. Das alte Gebäude, zum Ende des letzten Jahrhunderts errichtet, wurde Klasse um Klasse geräumt; wir würden im nächsten Jahr in das neue Schulzentrum umziehen, mit allen anderen Klassen. Wo früher chemische Präparate auf den Beginn des Unterrichts warteten, tobte sich mittlerweile die Rock-Band Sunrise aus; was früher der Raum gewesen war, in dem die Landkarten für den Erdkunde- und Geschichts-Unterricht hingen, diente an diesem Tag als unser Party-Keller.

Es war September 1978, ich ging in die neunte Klasse, und die Klassensprecher der neunten Klassen hatten eine große Jahrgangsfete geplant. Zu dieser Gelegenheit war der ehemalige Kartenraum in einen Partykeller verwandelt worden. Eine grandiose Idee! – das mußte ich ganz ehrlich zugeben. An den Wänden hingen Girlanden, einige Rock-Poster aus der BRAVO und aus ROCKY waren zusätzlich an einigen Wänden befestigt worden, und die Musik paßte natürlich.

Einige Lehrer saßen dazwischen und beobachteten mit Argusaugen die Party; es war ihnen nicht geheuer, denn es wurde Bier ausgeschenkt, und das war ursprünglich verboten worden. Ich ahnte auch, daß es mit dem geplanten Schluß der Veranstaltung, nämlich zehn Uhr, nicht klappen würde; wir hatten jetzt schon neun Uhr, und alle waren in bester Laune. Da die Klassensprecher schlauerweise solche Lehrer als Aufsicht ausgesucht hatten, die immer den Liberalen spielten und den Schülern möglichst viel Freiraum einräumen wollten, war jetzt schon abzusehen, daß die Lehrer bald in einen Zwiespalt geraten würden.

»Ihr Pech«, murmelte ich halblaut vor mich hin und nahm einen Schluck von meinem Bier, rülpste dann laut – und männlich, wie ich meinte. Eigentlich hatte ich das nicht mehr nötig: Seit dem Stadtfest in diesem Sommer, an dem ich drei Schnäpse hintereinander gekippt hatte, war mein Ruf als standhafter Säufer innerhalb der Jahrgangsstufe in aller Munde. Daß ich hinterher furchtbar gekotzt hatte, zählte in diesem Zusammenhang nicht.

Das Village-People-Stück ging zu Ende. Der Disk-Jockey hatte einige Probleme, es dauerte einige Zeit, aber dann lief das nächste Stück: »A Walk in the Park« von der Nick Straker Band. Ich mochte es nicht sonderlich, wie den Rest der Disco-Musik, aber man konnte es zumindest anhören, ohne daß es einem schlecht wurde. Und meine Ramones-Cassette, mühselig aus dem Radio aufgenommen, die ich dabeihatte, wollte der Disk-Jockey ohnehin nicht spielen.

Da tauchte dieses Mädchen aus dem fahlen Nebel hektisch gepaffter Zigaretten auf: dunkelblonde Haare, ein stark geschminktes Gesicht, die Augen mit Kajalstift zu Schlitzen verzogen. Ich wußte nicht, wie sie hieß, einige meiner Bekannten, zu denen sie in die Klasse ging, nannten sie nur »Uhu«, wohl wegen der Augen; und ich hatte gehört, daß sie schon eifrig mit Jungs aus der Oberstufe herumgeknutscht hatte. »Sag mal, willsch mit mir tanzen?« fragte sie mich.

Ich verstand die Welt nicht mehr. »Ob ich was will?« fragte ich verdattert nach.

»Ob du mit mir tanzen willst, hab' ich dich gefragt«, sagte die Blonde; sie wirkte angesichts meiner offenkundigen Begriffsstutzigkeit etwas gereizt.

Mein »Ja« kam total verdattert, wie ein Trottel stand ich auf und stellte mein Bier auf den Stuhl. Daß ein Mädchen mich fragte, ob ich mit ihm tanzen wollte, war eine völlig neue Erfahrung für mich; normalerweise war ich den meisten Mädchen nicht gut genug: Ich sah »falsch« aus, paßte selten zu den anderen und hörte Musik, die keiner außer mir und meiner Handvoll ebenso schräg angeschauter Freunde hören wollte.

Ich folgte der Blonden auf die Tanzfläche; rings um uns herum zuckten und zappelten einige andere Jugendliche, und ich machte es ihnen so gut wie möglich nach. Sie konnte richtig gut tanzen, wie ich schnell feststellte: Sie drehte sich im Kreis, wackelte hin und her, bewegte den Hintern, die Hüften, die Arme und den

Kopf; die langen dunkelblonden Haare wehten um den Kopf. Dagegen mußten meine Bemühungen, einigermaßen im Takt mitzuhalten, eher peinlich aussehen.

Scheiß drauf! dachte ich, als ich sah, wie die anderen im Umkreis sich zur Musik bewegten; die meisten wirkten genauso unbeholfen wie ich. Trotzdem nahm ich mir vor, irgendwann einen Tanzkurs zu besuchen; richtig tanzen können, das wollte ich schon.

Obwohl – in England tanzten die Punks ganz anders, wie ich aus der BRAVO sowie aus den Radioberichten im Deutschlandfunk und in Radio Beromünster wußte. Sie nannten es »Pogo«, sie sprangen auf und ab, und dabei gab es häufig Verletzungen, zudem endeten die harten Tänze oft in ausgedehnten Schlägereien. Ich konnte mir unter »Pogo« zwar bislang nichts konkretes vorstellen, aber irgendwann würde ich es noch herauskriegen.

Vielleicht würden sie es einmal im Radio bringen; im Südwestfunk spielten sie so gut wie keinen Punkrock mehr. Dafür hatten die Schweizer aufgeholt: Ich hatte einen Sender gefunden, bei dem ich zwar die Sprecher aufgrund des Dialekts so gut wie nie verstand, der aber immer wieder gute Musik brachte, meist nachts. Erstaunlicherweise brachte auch der Deutschlandfunk viel Punkrock, vor allem die Ramones wurden in den Wunschsendungen gerne gespielt. Anscheinend hatten viele Hörer in der DDR ihr Herz für diesen Stil entdeckt, denn viele Wünsche kamen aus Erfurt und Leipzig, Dresden und Rostock.

Aber jetzt war erst einmal Disco-Musik angesagt; ich bemühte mich um etwas mehr Bewegung, orientierte mich an der Blonden gegenüber. *Wie heißt die denn richtig?* zermarterte ich mein Gehirn. *Ich kann sie doch nicht »Uhu« nennen, das wäre ja total peinlich.* Gerade noch rechtzeitig fiel mir ein, daß sie garantiert auch meinen Namen nicht wußte; damit konnte ich die Peinlichkeit einbremsen.

Ich wußte ohnehin nicht »Bescheid«, hatte keine Ahnung, wie man Mädchen »anmachte«. Die BRAVO und das Beobachten meiner schon erfahrenen Klassenkameraden waren hier keine große Hilfe; ich mußte es wohl irgendwann einmal selbst herausbekommen.

Ich wußte aber, daß ein wichtiger Schritt dazu war, zuerst mit dem entsprechenden Mädchen in Blickkontakt zu geraten – und irgendwann würde man miteinander reden. Den Blickkontakt hatte ich schon, geredet hatten wir auch schon, der »Uhu« und ich, wenngleich nicht viel, aber jetzt ging es darum, ein richtiges Gespräch anzufangen.

Die Nick Straker Band hörte auf; der Disk-Jockey hatte wieder einige Probleme, etwas neues aufzulegen, dann aber kam ein ruhiges Stück. Einige Paare umarmten sich und begannen mit langsamem Steh-Blues. *Deine Chance!* brüllte irgendwer in mir, aber ich traute mich nicht. Die Blonde stand auch etwas unschlüssig da; ein dunkler Blick aus kajal-umrandeten Augen traf mich direkt, dann lächelte sie ganz flüchtig, etwas verloren, und ich drehte mich um und ging an meinen Platz zurück.

Daß sie mir folgte, hätte ich ganz zuletzt erwartet. Aber sie kam tatsächlich mit, setzte sich neben mich, schaute das Bier in meiner Hand an und fragte, ob sie einen Schluck haben könne.

»Klar doch«, tat ich großzügig und reichte ihr die Flasche. Sie wischte kurz mit der Hand über den Flaschenhals, setzte dann an und nahm einen kleinen Schluck.

»Kann man sogar trinken«, meinte sie und blickte in Richtung Boden; eine Strähne dunkelblonder Haare fiel ihr ins Gesicht, so daß ich ihre Augen nicht mehr sehen konnte. Ohne mich anzublicken, gab sie mir die Flasche zurück. »Danke«, sagte sie halblaut.

»Nichts zu danken«, gab ich zurück. *Muß ich sie jetzt zum Bier einladen?* überlegte ich fieberhaft. In den Filmen taten das die Helden in solchen Situationen. Die tranken allerdings meist kein Bier, sondern Baccardi, Martini und andere Dinge, die ich mir nicht leisten konnte. Es gab stets den kleinen Unterschied zu mir, daß diese Helden in diesen Filmen immer genügend Geld in der Tasche hatte. Meine Geldbörse war leer, mein letztes Geld hatte ich für die drei Flaschen Bier ausgegeben. Also war's Essig mit Einladen. *Du Idiot!* beschimpfte ich mich in Gedanken und nahm einen Schluck aus meiner Flasche.

Das Mädchen neben mir stupste mich an. »Sag mal«, fragte sie, »wie heißt denn du eigentlich?«

Nicht mal diese Methode, sie anzumachen, ließ sie mir! Ich war wirklich ein Trottel! »Ähm, ich bin der Peter, Peter Meißner heiß' ich, und ich geh' in die 9d«, gab ich stotternd zur Auskunft. Mehr fiel mir nicht ein; mir wurde unangenehm bewußt, wie meine Achselhöhlen feucht wurden.

Sie lächelte tatsächlich, wischte mit der rechten Hand die Strähne aus dem Gesicht. Sie hatte etwas längere Fingernägel als die anderen Mädchen in ihrem Alter, und an zwei Fingern trug sie Ringe. »Jetzt mußt du fragen, wie ich heiße«, riet sie mir und lachte kurz.

Das war gut! Ich mußte auch lachen, hielt dann aber inne und schaute sie direkt an. Diese Augen! Da konnte man ja glatt hineinfallen. »Ja«, begann ich und räusperte mich, »wie heißt denn du?«

Sie drehte sich wieder ein bißchen zur Seite, blickte auf den Boden. Ich folgte ihrem Blick, bemerkte die schlanken Beine in der knallengen Jeans und die schwarzen Halbschuhe. Über einem hellen T-Shirt trug sie eine verwaschene Jeansjacke. »Ich heiße Miriam Maindl, und jetzt lach' ja nicht!« Ihre Augen funkelten. »Meine Freunde sagen Miri zu mir.«

Namen wie »Miriam« oder »Charlotte« waren ziemlich mies, auch »Peter« war nicht besonders, aber ging gerade noch so. Wer konnte, sorgte durch einen originellen Spitznamen dafür, daß er nicht mit dem Geburtsnamen angesprochen wurde. Viele wurden ohnehin nur mit Nachnamen gerufen, das wirkte erwachsener und galt als cool.

»Gut. Also Miri.« Ich hob grüßend die Bierflasche. So ging das also mit dem »Anmachen»; man wartete ab, bis das Mädchen den ersten Schritt machte. Dann kannte man sich und konnte miteinander reden. Eigentlich schien das ganz einfach zu sein. Warum bekam ich es dann nie auf die Reihe?

»Sehr gesprächig bist du ja nicht«, sagte Miriam. »Von dir kommt ja kein Wort.«

»Ja, hm.« Wäre ich ehrlich, hätte ich sagen müssen, daß mir einfach nichts einfiel. »Ich red' ja sonst ziemlich gern und viel, aber hier ist's ja so laut.« *Gute Ausrede!*

Auf einmal stand Miriam auf. »Bleib mal da«, bat sie mich, »ich

»Du hast mich betrogen, nun zieh die Konsequenz!«

(Beton Combo, 1984)

komm' gleich wieder, muß nur kurz aufs Klo.« Rasch entfernte sie sich; zwischen den Rauchschwaden und in der düsteren Beleuchtung verschwand sie sehr schnell aus meinem Gesichtsfeld.

Kaum war sie weg, saß schon Katsche neben mir. »Da hast du dir aber 'ne tolle Tussi angelacht«, lobte er mit breitem Grinsen. »Die ist echt geil.«

»Woher willst du das wissen?« gab ich argwöhnisch zurück. Katsche hatte eine Art, einem den Spaß zu vermiesen, daß ich ihn manchmal nur hassen konnte. Seinem Vater gehörte ein Hotel am Stadtrand, und Katsche hatte stets genügend Geld, trieb sich deshalb mit Vorliebe mit anderen wohlhabenden Jugendlichen herum.

Er lachte laut auf. »Die ist schon von einigen gut getestet worden, ausgiebig sozusagen.« Er machte eine obszöne Geste. »Weißt ja schon, ha ha. Der Marek und der Preißler waren auf jeden Fall ganz begeistert von ihr.« Er lachte erneut, wünschte »viel Spaß mit dem Uhu« und ging wieder.

Gerüchte, nichts als Gerüchte! Außerdem war mir das egal. Endlich hatte ich ein Mädchen gefunden, daß sich neben mich setzte, das mit mir redete und mit mir tanzte. Spät genug war ich damit dran; Katsche hatte schon zwei oder drei Freundinnen gehabt, seine »Tschais« hatte er sie immer großkotzig und abfällig zugleich genannt.

Miriam kam wieder, setzte sich neben mich; sie hatte eine Cola mitgebracht. Wir stießen an, jeder trank einen Schluck. Und ich Idiot wußte immer noch nicht, was ich eigentlich machen sollte. Da half die ganze BRAVO-Lektüre nicht weiter.

Irgendwas mußte ich mir einfallen lassen: Da saß ich neben einem hübschen blonden Mädchen, das sogar mit mir redete – und mir fiel nicht ein, wie ich mit ihr richtig ins Gespräch kommen sollte. Das einzige, was mir durch den Kopf spuckte, waren Katsches Bemerkungen; von wegen »ausgiebig getestet« und so.

»In welche Klasse gehst du eigentlich, in die 9a?« fiel mir als einzige kluge Frage ein.

»Nee, in die 9b.« Das war die Latein-Klasse. »Wir haben den Schäfer als Klassenlehrer.«

»Aha.« In den nächsten fünf Minuten unterhielten wir uns ganz gut über die Klassenlehrer, unsere Mitschüler, unsere schulischen Probleme: Während sie anscheinend in Sprachen miserabel war, lagen meine Defizite bei Mathematik, Physik oder Bildender Kunst.

Im Laufe unseres Gesprächs kamen wir bald auf andere Themen, zuerst auf Fernsehfilme und dann auf Musik. »Welche Bands hast du denn gerne?« fragte sie; kurz nachdem sie erzählt hatte, sie würde vor allem alte Sachen von den Beatles mögen und sich ansonsten gerne Genesis und Yes anhören. Immerhin nicht Led Zeppelin! Die haßte ich inbrünstig.

»Ich steh' eher auf harte Musik«, gab ich ausweichend zur Antwort.

»Deep Purple, Led Zeppelin und so? So richtig harter Heavy Metal?«

»Eigentlich nicht so recht.« Ich entschied mich für die Wahrheit. »Ich steh' auf Punkrock, weißt du, Ramones, Sex Pistols, Clash und so.«

»Punkrock?« Miri wirkte völlig entsetzt und wich sogar ein bißchen zurück. »Dieser Krach?« Ich nickte kurz. »Dann müßten dir ja die zwei da gefallen«, schob sie nach und wies zum Eingang.

Dort standen zwei Mädchen, die ich nicht kannte; sie blickten sich immer wieder um. Vom ersten Eindruck her schätzte ich, daß sie mindestens in die elfte Klasse gehen mußten. Die eine hatte blaue, die andere grüne Haare; beide hatten die Haare hochgestellt und toupiert, wie es aussah. Es war der völlige Schock: Punks in unserer Stadt! In unserer Schule! Jeder starrte sie an; ich hatte für nichts anderes mehr Augen und Ohren.

Die zwei Mädchen blieben in der Nähe des Eingangs stehen, ein Lehrer verwickelte sie in ein Gespräch. Das Interesse der anderen flaute ab, während ich sie weiter beobachtete: Das Mädchen mit den blauen Haaren trug einen langen braunen Mantel, die Grünhaarige hatte eine schwarze Lederjacke an, auf die sie mit weißer Farbe Kleckse gespritzt hatte.

Beide trugen Hundehalsbänder um den Hals, hatten ihre jeweils rechten Augen mit Kajal so geschminkt, daß sie auf den ersten Blick so wirkten, als gingen sie bis an den Haaransatz an der Schläfe. Die Blauhaarige trug eine Sicherheitsnadel im Ohr, weitere Sicherheitsnadeln steckten im Revers des braunen Mantels; ihre Hose war über den Knie zerrissen, das Loch effektvoll mit weiteren Sicherheitsnadeln zusammengeheftet worden. Die Grünhaarige hatte sich einen abgerissenen Mercedes-Stern in ihren Ohrring gehängt, auf die linke Wange hatte sie sich ein Spinnennetz gemalt, wahrscheinlich mit Kajal; es sah sehr exotisch aus.

»Sag mal, hörst du mir überhaupt zu?« nölte von rechts eine Stimme. Miri hatte etwas gesagt, und ich hatte nicht reagiert. Auch jetzt gab ich keine Antwort; ich fand die zwei Punk-Mädchen viel aufregender als die Dunkelblonde

Sie unterhielten sich weiterhin mit dem Lehrer, der immer hektischer wurde. Beide blieben völlig ruhig, so schien es zumindest mir. Ich hatte keine Ahnung, um was es ging; vielleicht waren sie dem Lehrer zu alt, weshalb er sie loswerden wollte. Wahrscheinlich erschien mir aber, daß er sich über ihr Outfit ärgerte.

Ich bemerkte, daß Miri neben mir aufstand; sie sagte erneut etwas, was ich wegen der Lautstärke des jetzt einsetzenden Deep-Purple-Stückes – »Speed King« – nicht verstehen konnte. Im Moment war mir das auch gleichgültig; ich hörte die Musik vom Band nicht, ich hörte überhaupt nichts, ich hörte nur die Stimme von Johnny Rotten in meinem Ohr, der mit überschnappender Stimme »No Future« schrie.

Zwei Punkrocker! Und dann auch noch Mädchen! Ich war völlig begeistert. In meinem Hirn schaltete der unsichtbare Disk-Jockey, und »Sheena is a Punkrocker« spukte durch meinen Kopf. Es war wie ein Rausch, wie ein Traum – und ich fühlte mich wie auf Wolke sieben.

Keine fünf Minuten später gingen die zwei Mädchen; ohne weiteren Streit. Ich sah ihnen nach, bis sie verschwunden waren. Kurz überlegte ich mir, ob ich ihnen folgen sollte. Aber das erschien mir dann doch zu peinlich: Sie waren bestimmt schon 17 oder 18 Jahre alt, und sie würden einen vierzehnjährigen Schüler – *fast 15!* redete ich mir stets ein, aber das machte wohl nichts – mit Trainingsjacke keine Sekunde lang beachten.

Miri war tatsächlich gegangen, der Stuhl rechts von mir war leer; nur mein Bier stand noch auf dem Boden. Ich fühlte eine gewisse Leere in mir, blieb aber sitzen.

Als ich eine halbe Stunde später die Party verließ, »Rockywrok« von Ultravox! im Ohr, gesungen vom unvergleichlichen John Foxx, sah ich Miri noch einmal: Wild mit einem anderen Schüler rumknutschend, saß sie auf einem Tisch, der an die Wand geschoben worden war. Sie beachtete mich nicht einmal.

Das war meine erste Begegnung mit Miri gewesen, damals, 1978; ich mußte grinsen, als ich daran dachte. Später hatte sie sich durch die Jungs der höheren Klassen »gearbeitet«, was ihr einen absolut schlechten Ruf eingetragen hatte. Wir hatten uns zuletzt vor einigen Jahren gesehen: Ihre Haare hatten noch immer sehr gut ausgesehen, aber die ständige Schminke in ihrem Gesicht hatte sie nicht schöner gemacht. Als »Uhu« hatte ich sie da schon nicht mehr ansehen können, die Zeiten waren wohl endgültig vorüber.

Und die zwei Punk-Mädchen? Die sah ich zwei- oder dreimal in der Stadt, dann nie wieder. Wahrscheinlich hatten sie nach einer gewissen Phase, in der sie jeder blöd angemault hatte, einfach kapituliert und sich wieder in normale Jugendliche zurückverwandelt.

»You want the same old hit / and new stuff that's just shit!«
(Skeezicks, 1986)

Ob ich allerdings zu dem Klassentreffen gehen sollte, wußte ich beim besten Willen nicht. Wahrscheinlich würde ich mich in dem Haufen von Karriere-Typen, zu denen sich die Gleichaltrigen entwickelt hatten, überhaupt nicht wohl fühlen. Besser war es allemal, sich von solchen Treffen fernzuhalten – dann doch lieber zu einem Chaostag nach Ludwigshafen, Bonn oder vielleicht in ferner Zukunft mal wieder Hannover fahren; das war eher mein Ding.

Ich zerknüllte die Einladung ebenso wie die Werbung und warf alles in unseren Papier-Karton; Martin achtete streng darauf, daß wir den Müll trennten. Im Klo kackte ich in aller Gemütsruhe, wobei ich im »Springerblatt« blätterte und mich an Erics Schreibstil erfreute. Einige Fotos waren enthalten, sogar aus dem Stuttgarter Raum; allerdings konnte man etwa bei den Aufnahmen von Schlimme Kindheit aus dem KuKoZe in Esslingens Dieselstraße beim besten Willen nichts erkennen. Schade, ich hatte das Konzert gutgefunden.

Nachdem ich gründlich gekackt hatte, fühlte ich mich ausgesprochen gut. Im Bad warf ich einen kritischen Blick in den Spiegel: Die Haare sahen richtig mies aus, und auch mit einer kräftigen Handvoll Seife bekam ich sie nicht mehr ordentlich zum Stehen. Lust darauf, mit Eiweiß oder gar Kreidewasser rumzustressen, hatte ich keine.

Es wurde ohnehin Zeit, daß sie wieder Farbe abbekamen; ein grelles Hellblau hatte ich mir als nächste Haarfarbe vorgenommen. Ich zog mir meine mehrfach geflickte Jeans über den Hintern, schnürte meine alten Bundeswehrstiefel, holte die Jeansjacke aus der Ecke. Ein letzter Blick in den Spiegel, ein erfreuter Gedanke – *Siehst heute gut aus, Peter Pank!* – dann ging ich los.

Als ich die Tür zum Café Siff öffnete, haute mich der Gestank von Rauch und Bier fast um; nach dem knapp zehnminütigen Fußmarsch an der frischen, feuchten Herbstluft fühlte ich mich eigentlich richtig fit. Sogar der Alkohol schien sich aus meinem Hirn entfernt zu haben.

Ich schaute mich kurz um: Hinter der Theke hantierte Chief, so nannten alle den Besitzer des Siff; auf den Barhockern saßen einige Langhaarige mit Kutten, ihre Motorräder hatte ich vor der Tür stehen sehen; die meisten Tische waren dicht besetzt, ich kannte den Großteil der Besucher. Hinten in der Ecke, praktisch bei der Toilette um die Ecke, hatten sich Palle und einige andere Freunde aufgebaut; dort ging ich rasch hin.

»Was ist denn los?« fragte ich, nachdem ich alle begrüßt hatte und mich setzte. »Martin hat mir einen Zettel geschrieben, heut' Abend sei hier eine Party.«

Palle lachte laut; seine Augen unter dem rötlichen Pony funkelten vor Freude. »Chief hat eine Wette verloren, weißt du doch«, gab er zur Auskunft, »und die muß er heute abend einlösen. Freibier von zehn bis zwölf Uhr, nur für Stammgäste.«

Ich erinnerte mich. Es war um Fußball gegangen, die Details hatte ich längst vergessen; auf jeden Fall hatte Chief gegen eine Jugoslawen-Clique verloren, die sich – wie wir – fast jeden Abend im Siff einfand. Seine Wettschulden löste er ein, da war er konsequent, und in solchen Fällen störte mich sein schrecklicher Musikgeschmack, der bei Bon Jovi begann und bei Van Halen aufhörte, nicht sonderlich.

Da Tine, die schwarzhaarige Bedienung, im Moment in einer anderen Ecke der Kneipe beschäftigt war, stand ich auf, ging zur Theke und orderte dort »Halbe und Obstler.« Wie immer, so startete ich jeden Abend. Man hätte sich sonst wohl gewundert.

Chief grinste nur und meinte: »Das mußt du aber bezahlen, das ist noch nicht frei.« Ich zuckte nur mit den Achseln, und er schob mir die zwei Gläser hinüber; ich schaute zu, wie er »PP« und die Getränke auf einem Zettel notierte. Den Schnaps trank ich gleich an der Theke aus, dann nahm ich einen kräftigen Schluck vom Bier.

Die Langhaarigen auf den Barhockern schauten kurz zu mir her, ich hob grüßend die Hand. Sie waren nicht meine Freunde, beileibe nicht, und der eine war vor drei Jahren bei der Prügelaktion vor der Turn- und Festhalle dabei gewesen, in deren Verlauf ich nicht nur einen Tritt in die Fresse abbekommen hatte; aber im »Siff« hielten sich alle zurück. Lust darauf, den Kerlen bei einer

Dorf-Disco ausgerechnet dann über den Weg zu laufen, wenn sie besoffen und aggressiv waren, hatte ich allerdings nicht.

Chief räumte das Schnapsglas weg und stellte mir einen Teller hin. »Nimm den an euren Tisch mit«, sagte er, »damit's nachher nicht zu sehr birnt.« Auf dem Vesperteller hatte er einen Berg mit Käsestückchen aufgestapelt und mit Pfeffer bestreut, es waren mehrere Dutzend, und in einige von ihnen waren kleine Zahnstocher gespießt. »Käse schließt den Magen«, fügte Chief hinzu und ging an seine Arbeit zurück.

Ich stellte den Teller und das Bierglas auf dem Tisch ab, setzte mich. Der Käse war gut, wie ich nach einem ersten Probestück feststellte, und als Palle den ersten dreckigen Witz erzählte, ging ich schon fest davon aus, daß der Abend gut werden würde. Wir tranken die Gläser leer, recht gemütlich, und warteten, bis es zehn Uhr wurde.

Natürlich mußte ich schon wieder auf die Toilette. Als ich zurückkam, stand ein Bier an meinem Platz. Chief hatte gut geplant: Zusammen mit Tine und zwei guten Freunden hatte er es geschafft, jedem Gast im »Siff« ein Bier vor die Nase zu stellen. Bei uns hatte er noch ein Stück weitergedacht und eine Flasche Obstler sowie einige Schnapsgläser abgestellt.

Nach spätestens zehn Minuten hatte sich die Kneipe in ein herrliches Chaos verwandelt: Der Geräuschpegel stieg unaufhörlich an, überall wurde nach mehr Bier gerufen, die Musik wurde lauter gedreht, und ab und zu sang sogar jemand mit. Ich schüttete rasch zwei Schnäpse in mich hinein, merkte dann, daß der Alkoholkonsum des ganzen Tages seine Folgen mit sich brachte; mir wurde sehr schnell schummrig vor den Augen, und ich futterte zum Ausgleich zwei Käsestückchen.

Lachend beobachteten wir, wie sich zwei Jugoslawen in der Ecke balgten: Was anfangs mit harmlosen Frotzeleien begonnen hatte, wuchs sehr schnell zu einem ernsthaften Streit zwischen Serbe und Kroate an, und nur die Landsleute am Tisch konnten verhindern, daß die betrunkenen Streithähne richtig aufeinander losgingen. Es wirkte aber eher komisch als bedrohlich: Kaum einer hätte den anderen mit seinen Hieben treffen können, die beiden torkelten an ihren Plätzen und fuchtelten hilflos durch die Luft.

»Wie im Theater!« japste Palle und hielt sich den Bauch vor Lachen; mir liefen die Tränen übers Gesicht, Niki kicherte nur hysterisch vor sich hin und verschüttete die Hälfte ihres Bierglases über die Jeans. Ich zerfetzte einen Bierdeckel und warf die Einzelteile zu einer Gruppe von Gymnasiasten am Nachbartisch hinüber, die ich vom Sehen her kannte. Die ließen sich nicht lange bitten, machten mit, und im Nu war eine ausufernde Bierdeckelschlacht im Gange.

Eher nebenbei bestellten wir uns ein Bier nach dem anderen. Chief dachte sich eine neue Taktik aus: Er füllte einfach so viel Halbegläser wie nur möglich, stellte sie auf ein Tablett und ging damit herum. Während die Durstigen ihr Bier auf diese Weise selbst holen konnten, sammelte er die leeren Gläser ein. Die Methode war effektiv und sorgte vor allem dafür, daß unser Biernachschub ungebremst blieb.

Vom vielen Lachen und Trinken schmerzte mir irgendwann der Bauch, also schob ich weiteren Käse nach. Beim nächsten Gang zur Toilette merkte ich schon, wie schwer mir das Gehen fiel; ich taumelte fast und mußte mich am Türrahmen festhalten.

Mir wurde zum wiederholten Mal bewußt, daß ich gar nicht gerne im Siff war: Die Musik war meist nervtötend, viele Besucher ebenfalls, und Punks tauchten hier nur alle Schaltjahre auf. Ohne meine regelmäßigen Tramptouren in andere Städte hätte mich schon längst der Wahn gepackt. Als Ausgleich war das Siff auf jeden Fall nicht das dümmste, und an Abenden wie diesem war es sogar der beste Ort, an dem man sich in unserer Stadt treffen konnte. Die Zeiten, in denen wir uns als große Clique im Stadtpark oder auf dem Marktplatz getroffen hatten, waren so gut wie rum, und im Jugendzentrum gaben wuselbärtige Sozialarbeiter den Ton an.

Ich kam an den Tisch zurück, als Palle gerade wieder einen seiner blöden Witze zum besten gab. Besonders gut waren sie selten, aber die Pointen saßen dann, wenn er besoffen war; in solchen Fällen lachten wir alle gern mit. Als neues Opfer hatte er mich und meinen schwankenden Gang ausgesucht: »Bist du unter die Matrosen gegangen?« fragte er, und alles brüllte vor Lachen.

Mißmutig verzog ich das Gesicht und flippte ihm einen Bierdeckel an den Kopf. Zwei weitere Käsestückchen, dann ein Schnaps, und die Flasche war leer. Einige, die bei uns am Tisch saßen, gaben auf, standen auf und gingen; sie mußten am nächsten Tag arbeiten. Palle auch, er mußte aber erst um acht Uhr aufstehen und war auf Saufen trainiert; ich hatte frei.

Trotzdem bemerkte ich den Alkohol und seine Wirkung deutlicher. Nachdem ich noch ein Bier getrunken hatte, stand ich auf, ging langsam zur Toilette.

Richtig! Mein Gang war schwankend, ich brauchte den ganzen Raum zwischen den Tischen. Es dauerte einige Zeit, bis ich die wenigen Meter bis zur Toilette zurückgelegt hatte. Kurz verspürte ich einen Brechreiz in der Speiseröhre, aber ich schluckte den Kram, der hochkommen wollte, einfach wieder runter. Zuviel Bier, zuviel Käse, zuviel Schnaps – das konnte ja nicht gutgehen.

Du hast nur eine Chance, überlegte ich, *Finger in den Hals, und zwar schnell!* Ich ging nicht ans Pissoir, sondern in eine Kabine und schloß ab. Am Dreck auf dem Boden störte ich mich nicht; ich hockte mich neben die Schüssel.

In meinem Kopf rumorte es, ich fühlte mich ziemlich beschissen, *mal wieder!*, und dann steckte ich eben den verdammten Finger in den Rachen und hielt meine Birne über die Schüssel. Es roch ekelhaft.

Irgendwann klopfte es an die Tür. »Hey, Peter!« rief jemand. »Hey, Peter Pank, was ist denn los? Schläfst du?« Ich ruckte hoch; es war Palles Stimme. Tatsächlich! Ich war neben der Kloschüssel eingeschlafen.

Wieder klopfte er gegen die Tür, ich versuchte aufzustehen. »Bin da«, murmelte ich halblaut. Er schien mich tatsächlich gehört zu haben. »Dann mach mal!« rief er aufmunternd und trommelte mit den Fingern einen hektischen Rhythmus gegen die Klotür.

Ich stierte in die Schüssel; was ich darin sah, reichte aus, mir im selben Moment wieder einen Würganfall die Kehle hochzuschicken. Mühsam tastete ich nach oben, traf den Knopf für die Spülung, drückte kräftig. Wasser schoß herab, die ekelerregende Mischung in der Schüssel verschwand.

»Aber weil ich fühlen will, zerstöre ich alles und mach's tot
- ce soir! Weil ich leben will, zerstöre ich alles und mach's tot
- ce soir! Und kotze es aus und geb's an Euch zurück!«

(Neurotic Arseholes, 1985)

Mit beiden Händen stützte ich mich am Rand der Schüssel auf, zog mich langsam hoch. Es ging. In gebückter Haltung blieb ich einige Sekunden lang stehen, schüttelte mehrfach den Kopf, um die Benommenheit loszuwerden. Immerhin: Ich hatte nur die Schüssel getroffen, es war nichts daneben gegangen, und meine Klamotten sahen noch halbwegs sauber aus.

»Hast du Probleme?« kam von außen Palles Stimme. »Wohl zuviel gesoffen?«

»Kann man wohl sagen«, murrte ich nur und richtete mich auf. Ich hörte Palles Gelächter, dann krachte er, wie es sich anhörte, mit dem Rücken gegen die Tür und rutschte an ihr entlang nach unten. Da die Tür am unteren Rand zwanzig Zentimeter über dem Boden endete, konnte ich zusehen, wie Palles Lederjacke auf den weißen Kacheln landete.

Mit fahrigen Bewegungen griff ich nach dem Klopapier und wischte mir notdürftig das Gesicht ab, dann die Hände. Ich fühlte mich hundsmies, und ich hatte nicht die geringste Lust, in den Spiegel zu blicken.

Das Klopapier, beschmiert mit weißlichem Gesabber, warf ich ins Becken; ein weiterer Druck auf die Spülung, und der Dreck verschwand im Abfluß. Ich öffnete die Tür, Palle fiel mir fast schon entgegen. Er lag auf dem Boden, mit dem Rücken an die Wand gelehnt, und grinste mich mit einem völlig verblödeten Gesichtsausdruck an.

»Ich glaub', ich hab' auch zuviel«, nuschelte er, nur um sich sofort wieder in einem Lachanfall den Bauch zu halten. »Hilf mir hoch!« japste er.

Ich zog ihn an der Lederjacke hoch, wobei ich fast nach vorne umgekippt wäre; er hielt sich kurz an meinen Schultern fest, dann konnte er halbwegs stehen. Wir blickten uns an und fanden uns beide ziemlich scheiße. Es war wieder ein fast typischer Abend.

3.

Ich blinzelte, die ungewohnte Helligkeit machte mir zu schaffen; trotzdem ging ich mit großen Schritten über den Marktplatz zu dem kleinen Supermarkt an der Ecke. Es war kurz nach elf Uhr, ich hatte geduscht, mir sogar ein frisches T-Shirt angezogen und die Kotze von den Stiefeln gewischt. Und nachdem ich eine Flasche Mineralwasser getrunken hatte, war die Übelkeit deutlich zurückgegangen.

Mit freundlichen »Morgen« grüßte ich eine ältere Frau aus dem Nachbarhaus, die an mir vorbeischlurfte; sie blieb völlig irritiert stehen und stierte mich an. Grinsend ging ich weiter, wahrscheinlich bohrte sie mit ihren Blicken Löcher in die zerschlissene Lederjacke, und ebenso wahrscheinlich wünschte sie sich nichts weniger, als mir meine frisch gestellten Spikes mit einer Heckenschere schneiden zu können.

Ich betrat den Supermarkt, schnappte mir rechts vom Eingang einen Einkaufskorb, kümmerte mich nicht um den argwöhnischen Blick eines Rentners, sondern ging gleich zum Obst. Martin hatte kein Essen gekauft, das war mein Job, und ich hatte sogar noch Geld in der Tasche.

Kein Wunder – am Abend vorher hatte ich ja genug Freibier erhalten! Beim Gedanken daran mußte ich grinsen. Eine der Gymnasiastinnen, sie hieß Ulrike oder so und war in dieselbe Grundschulklasse wie meine Schwester gegangen, hatte mich heimgefahren und mich mit der Hilfe ihres Freundes, eines Poppers, der mich todsicher haßte, vor der Haustür abgestellt. Den Rest hatte ich dann allein geschafft.

Routiniert kaufte ich einige Äpfel und Orangen, dazu einen Sack Zwiebeln; wir hatten keine mehr in der Wohnung. Dann Milch, Käse, einige Brötchen, Zucker und Zahnpasta, ein Sechserpack Bier, alles schön gemischt. Kein Detektiv war im Laden, das hatte ich schon gemerkt, dafür hatte ich einen Blick. Zwei Flachmänner landeten in den Hosentaschen.

Eine Schachtel Zigaretten steckte ich, während ich die Schokolade betrachtete, vom Einkaufskorb in die Unterhose; in diesem Moment blickte ein Jugendlicher, der wohl gerade eine Freistunde hatte, zu mir herüber. Ich grinste ihn breit an, streckte ihm die Zunge raus und kratzte mich deutlich an den Eiern, die Hand bis zum Anschlag in der Hose.

»Wenn's halt juckt«, meinte ich leichthin. Der Kerl wurde tatsächlich rot im Gesicht und wandte sich ab; ich zog die Hand wieder aus der Hose. Zwar war ich Nichtraucher, aber Zigaretten boten sich immer als gute Tauschware an.

Zuletzt stopfte ich mir zwei Bierdosen in die Innentaschen meiner Lederjacke, dann ging ich zur Kasse und bezahlte. Niemand bemerkte etwas; ich fiel dermaßen auf, daß alle nur auf meine Haare und meine Klamotten stierten und nicht einmal auf die Idee kamen, daß ich so rotzfrech klauen könnte. Zudem war ich in dem Laden bereits Stammkunde; die Verkäuferinnen kannten mich als zwar bunt aussehenden, aber immer anständig bezahlenden Kunden. Die beste Tarnung, die man sich vorstellen konnte.

Ich verließ in aller Gemütsruhe den kleinen Supermarkt und ging wieder heim; es war nicht weit. Die Post war bereits gekommen; nachdem ich die gekauften Waren verstaut hatte, schaute ich sie kurz durch. Zwei Rechnungen für Martin, ein Brief an ihn, diverse Werbung, eine Postkarte für mich.

Eine Postkarte für mich? Als Motiv zeigte sie Avignon, schön klischeehaft, den legendären »Pont d'Avignon«. Es war eine furchtbare Krakelschrift, und es wunderte mich schon, daß sie überhaupt angekommen war. Ich konnte immerhin eine Telefonnummer erkennen, den Spruch »besuch mich doch mal«, dazu die Unterschrift »Mao«.

Tatsächlich erinnerte ich mich. Mao war ein alter Freund von mir; früher in unsere Punkrocker-Clique unterwegs, später immer mehr in Kiffer-Gefilde abgewandert, zeitweise politisch sehr aktiv. Zuletzt hatte ich ihn beim G.B.H.-Konzert in Stuttgart gesehen, aber das war auch schon gut ein Jahr her.

Stimmt, den könnte man auch mal besuchen, dachte ich, *Avignon, Südfrankreich, warum auch nicht? Bei der Jahreszeit sicher nicht das dümmste ...*

Auch ein Päckchen war gekommen, abgestempelt in Münster. Von EGUG, also von Ralf. Der betrieb einen kleinen Vertrieb, der sich »Euer Geld Ist Unser Geld« nannte. Neue Tapes – da freute ich mich immer! Mit fahrigen Fingern riß ich das Päckchen auf, dann stöberte ich die Cassetten durch: einmal Legion Fondor aus Münster, einmal Curadox, eine alte Cassette von Äni(x)väx, was von den Sunny Domestosz, einer Psychobilly-Band, dazu zwei Sampler-Cassetten; das lohnte sich bestimmt. Anhören konnte ich die Tapes aber später.

Ich schmierte mir zwei Brötchen, schnappte mir die geklauten Bierdosen, die zwei Flachmänner und einen Krimi vom Wühltisch; dann verließ ich die Wohnung. Es war zu schön, um in der Bude sitzen zu bleiben. Wenn es im September in unserer Stadt Sonne gab, dann wollte ich sie auch nutzen.

Für den Stadtpark war es mir allerdings zu feucht, ich hatte kein Interesse daran, mir einen nassen Hintern zu holen. Also ging ich die paar Meter weiter, hockte mich auf den Marktplatz. Dort gab es eine Mauer, die seit gut zehn Generationen nur die

»Afi« hieß, abgeleitet von dem netten Begriff »Affengalerie«. Netter Ausdruck, damit waren Leute wie ich gemeint, die den Tag mit Herumlungern verbrachten. Gleichzeitig empfand ich es als tröstlich, daß der Ausdruck schon so alt war: So arbeitsgeil konnten die Leute vor Jahren also auch nicht gewesen sein.

Ich hockte mich auf die Mauer, öffnete die erste Dose, trank einen großen Schluck. Vor mir brüllte der Verkehr: Auto an Auto drängte sich über den Marktplatz, dazwischen stinkende Lastkraftwagen, es war ein höllischer Lärm. Frauen schoben Kinderwagen über den Gehsteig, Kinder blieben stehen und zeigten mit dem Finger auf mich, Rentner tuschelten aufgeregt, ein Penner in abgetragenem Mantel schlurfte vorbei und grüßte mich; ich winkte zurück.

Gemütlich trank ich mein erstes Bier aus und warf die Dose zur Seite, futterte das erste Brötchen und machte das zweite Bier auf. Das Buch entpuppte sich als recht spannend: ein Krimi von Francis Clifford, erschienen als PLAYBOY-Taschenbuch, und das waren nicht mal die schlechtesten. Ich las, dabei beobachtete ich die Menschen rings um mich.

Auf einmal rumpelte ein VW-Bus auf den Gehsteig; das war zwar streng verboten, aber den Fahrer schien das nicht zu stören. Er ließ den Motor laufen, ich erkannte das Fahrzeug; es gehörte einer Elektro-Firma. Der Fahrer stieg aus, ich sprang von der Mauer und ging auf ihn zu. Wir begrüßten uns mit Handschlag, er war wie immer in Eile.

»Was gibt's denn, Stefan?« fragte ich und bot die Dose an.

»Laß mal«, wehrte er ab, »heute ist ein harter Tag, ständig irgendwelche Montage-Jobs.« Er hob beide Hände. »Aber wir könnten am Wochenende was machen. Was hältst du von einem Trip nach Wackersdorf?«

Ich sah das Flackern in seinen Augen, und ich wußte, daß er es verdammt ernst meinte. »Wackersdorf?« fragte ich zurück und dehnte jede Silbe des Wortes. »Wieder mal?«

»Ja, so halt«, versetzte Stefan. »Es ist nichts geplant, zumindest hab' ich nichts gehört. Aber wir könnten ja mal wieder hinfahren, einen kleinen Spaziergang machen.«

»Stimmt«, nickte ich. »Wann willst du fahren?«

»Samstag morgen, wir treffen uns um acht im Siff«, schlug er vor. »Schaffst du das?« Er betrachtete mich zweifelnd.

»Klar«, versprach ich. Bei vier Stunden Fahrt bis nach Oberfranken – mindestens! – war diese Startzeit schon recht spät. »Ich bin zur Stelle.«

Stefan war in Eile; wir wechselten noch einige Floskeln, dann sprang er in seinen VW-Bus, winkte hektisch und fädelte sich wieder in den Verkehr ein. Ich kehrte auf meine Mauer zurück, ließ die Beine baumeln, trank einen Schluck Bier und ließ meine

Gedanken schweifen. *Wackersdorf. Pfingsten 1986 ... die große Pfingstschlacht.* So lange war das noch nicht mal her ... gerade mal ein halbes Jahr.

Wir kamen aus dem Taxöldener Forst, es ging ganz schnell. Einige hundert schwarze Gestalten, die aus der offiziellen Demo ausscherten und auf den Zaun zurannten. Ich haßte ihn, haßte dieses gottverdammte Ding aus Stahl und Stacheldraht, dieses Symbol für technischen Größenwahn und Unterdrückerstaat, dieses Drecksding, an dem wir uns schon seit Monaten die Zähne ausbissen.

Trillerpfeifen gellten, dazwischen ertönten gebrüllte Gruppenkürzel; so wußte jeder, wo seine Vertrauten rannten. Wir alle waren vermummt; ich hatte meine Lederjacke mit einer schwarz gefärbten Bundeswehrjacke vertauscht und das Gesicht hinter einer Haßkappe verborgen. Rechts und links von mir bewegten sich andere, mit Haßkappen und Motorradhelmen, die sie schon Nächte zuvor in Erddepots im Wald gebunkert hatten.

»Sägekommando!« gellte ein Schrei auf, und wir rannten schneller. Erreichten den Zaun. Sahen dahinter die Truppen des Bundesgrenzschutzes, die sich rasch sammelten und offenbar zum Gegenangriff rüsteten.

Mit einem anderen aus meiner Gruppe packte ich einen Dritten und hielt ihn hoch; er stellte sich mit den Beinen in eine Verstrebung. Ein Karabinerhaken schnappte ein, der Mann hing fest, dann reichte ich ihm den Bolzenschneider.

Eine Eisensäge blitzte in meiner Hand auf; sie war zu klein, um durchschlagenden Erfolg zu erzielen, aber hier ging es ums Prinzip. Der Mann am Zaun schnippte mit dem Bolzenschneider kleine Stücke aus dem Draht, während ich wie ein Wilder begann, den Stahl zu bearbeiten. Die Stangen waren stabil, es war eine Heidenarbeit, und rasch wurde mir warm.

Es war noch am Morgen, über den Wiesen hing zum Teil der Frühnebel, und wir alle wußten, daß uns ein langer, harter Tag bevorstand. Überall um mich herum wurde gearbeitet: Bolzenschneider schnappten, Metall schabte auf Metall, Drahtteile flogen durch die Luft, die ersten Stangen wurden durchtrennt, dann konnte man damit beginnen, komplette Teile herauszubrechen. Heute mußte der Zaun fallen!

Wackersdorf war zum Symbol geworden, zu einem Symbol aus Stahl und Beton, an dem sich mein kompletter Haß auf Staat und Gesellschaft bündeln konnte. Mein größter Traum war, auf das Gelände der geplanten Atomfabrik vorstoßen zu können, um dort mit einigen Sprengladungen alle Einrichtungen zu zerstören.

Ich blickte mich um. Gut zweihundert Meter von uns entfernt war der Demonstrationszug; ich konnte die Transparente durch die Augenschlitze meiner Haßmaske erkennen. Mir war klar, daß uns ein Teil der Demonstranten haßte, aber ich wußte auch, daß die meisten von ihnen unsere Aktionen klammheimlich begrüßten.

Ihnen allen war klar, daß friedliche Demonstrationen nichts brachten, das hatten die Millionen von friedlichen Demonstranten in den Jahren 1983 und 1984 gemerkt: Einmal waren 1,3 Millionen Menschen an einem Samstag gegen die Pershing II auf die Straße gegangen, und die unselige Koalition aus Regierungsparteien und staatstragender Opposition hatte trotzdem für die Atomraketen gestimmt. Damals hatte ich sogar für einige Wochen daran geglaubt, man könne in diesem Land durch friedlichen Widerstand etwas bewegen.

»Die Bullen!« brüllte jemand. »Wasserwerfer!«

Der Mensch hatte recht, wie ich erkannte: Hinter dem Zaun sammelten sich Dutzende von Bundesgrenzschutzbeamten, sie waren an ihren übergroßen Knüppeln deutlich zu erkennen. Zwischen den Gruppen der Uniformierten rollten Panzer nach vorne, dunkelgrün, wie im richtigen Krieg, und richteten ihre Rohre auf uns. Jetzt wurde es ernst!

Die Panzer begannen zu schießen. Wasserwerfer! Sie schleuderten Wasser, zielten zuerst hoch, trafen damit vor allem die Jungs vom Sägekommando, die am Zaun hingen und die härteste Arbeit von uns leisten mußten. Der erste Schwall traf direkt, ich merkte es selbst. Wasser schwappte auf mich herunter, dann wankte der Typ oberhalb von mir, blieb aber hängen, der Karabinerhaken hielt ihn. Der Vermummte mußte schon jetzt durchnäßt sein, trotz Lederkombination, aber er schnitt eifrig weiter Stück um Stück aus dem Stacheldraht.

Irgendwo kreischte jemand halb hysterisch »Ihr Wichser«, und dann wußte ich, was gemeint war: Der erste Schwall traf mich direkt, trieb mich einen halben Schritt zurück, die Wucht war enorm. Das Wasser war mit etwas versetzt, was ekelhaft roch und einem die Tränen in die Augen trieb. Kein Tränengas, aber etwas Ähnliches; vielleicht eine Lauge.

Jetzt wurde es härter. Die Panzer pumpten regelmäßig, schleuderten kubikmeterweise das Wasser auf uns. Jedesmal, wenn ich direkt getroffen wurde, wich ich zurück, und jedes mal ging ich wieder an den Zaun, sägte weiter, obwohl meine Augen tränten und mir der Rotz in Strömen aus der Nase lief.

Überall waren bereits Löcher im Zaun entstanden; sie würden ausweichen, um durchzukriechen. Eigentlich mußten wir bloß noch durch und die Bullen dahinter direkt angreifen.

Wenn wir diese Gruppen überrannten, stand einem Angriff ins Herz der geplanten Wiederaufbereitungsanlage für Atommüll nichts mehr im Wege! Aber die Wasserwerfer konzentrierten sich jetzt vor allem auf die bereits entstandenen Löcher. Noch klappte es mit der Zielgenauigkeit nicht, vor allem deshalb nicht, weil die paar Wasserwerfer für das große Stück Zaun, das gleichzeitig attackiert wurde, nicht ausreichten.

Aber schon jetzt rückten die Uniformierten auf der anderen Seite des Zauns näher. Die paar Löcher, die wir bis jetzt geschaffen hatten, reichten nicht aus. Würden einzelne von uns durchbrechen, hatten sie keine Chance. Man würde sie sofort einsacken.

Wir konnten nur auf einen guten Durchbruch hoffen, wenn einige hundert entschlossene Kämpfer auf einmal auf die Atomschutzbullen stoßen konnten. Erst dann konnten wir sie in die Flucht schlagen. Ich wußte, daß die Hundertschaften zum Teil schon seit vier Tagen in Bereitschaft gehalten wurden; die Männer auf der anderen Seite hatten auf uns mindestens genauso viel Haß wie wir auf die Auswüchse des Staates, den sie verteidigten.

Wieder traf ein Schwall Wasser den Mann am Zaun. »Laßt mich runter, Jungs«, bat er, »ich halt' nicht mehr länger durch.« Mein Nebenmann und ich stützten seine Füße kurz, er schnallte seinen Karabiner ab, dann sprang er auf den Boden, beugte sich nach vorne, preßte die Hände fest gegen die Augen. »Diese Drecksäcke«, schimpfte er vor sich hin, »ich hab' die Dreckbrühe direkt in die Fresse bekommen.« Dann schob er die Haßmaske hoch und kotzte.

Von hinten ertönten Pfiffe. Zweimal kurz, einmal lang, ein Gruppensignal offensichtlich. »Sie greifen an!« schrie jemand, und ich bildete mir auch schon ein, durch das Brausen der Wasserwerfer hindurch das rhythmische Klopfen von Knüppeln auf Plastikschilde zu hören.

Alle möglichen Gruppensignale tönten durcheinander, kurze Wörter wurden gebrüllt, auf breiter Front kletterten die Teilnehmer des Sägekommandos vom Zaun herunter. Einige schnappten sich das Werkzeug und rannten in Richtung Wald. Sie würden es dort in Erddepots verstecken; man wollte es nicht einfach verkommen lassen.

Wir sammelten uns zu einer kleinen Gruppe; ich kannte sie alle, auch wenn kein Gesicht hinter der Vermummung, den Helmen oder der schwarzen Farbe zu erkennen war. Und dann sah ich auch schon die Polizisten: In einer breiten Kette stürmten sie auf uns zu, exakt zwischen dem offiziellen Demonstrationszug und dem Zaun. Es waren einige Hundertschaften, ich ersparte mir die Mühe, sie alle zu zählen; aber auf einmal wurde das ganze Gelände vor uns zu einem bizarren Muster aus Grün und Weiß, aus glitzernden Plexiglasschildern und drohend erhobenen Knüppeln.

Sie rannten direkt auf uns zu, es sah absolut bedrohlich aus. Aber ich wußte, ohne mich umsehen zu brauchen, daß wir mehr waren; sie hatten im Moment keine Chance. Rechts und links von mir holten einige Vermummte ihre Zwillen aus der Jackentasche, Hochleistungsgeräte aus Frankreich und Belgien. Stahlkugeln oder Muttern wurden eingelegt, die ersten Kämpfer knieten nieder, andere gingen zur Seite, und dann flogen die ersten Kugeln und Muttern zu den Angreifern hinüber.

Die Wirkung reichte nicht aus; der Großteil der Schüsse ging weit daneben, einige wenige nur trafen Schilder oder Helme. Aber jetzt kamen immer mehr Vermummte mit Zwillen und stellten oder knieten sich in die ersten Reihen; es mußten Dutzende, wenn nicht gar Hunderte sein.

Wieder flogen Muttern und Stahlkugeln, und diesmal war es ein ganzer Schwarm, der auch Erfolg brachte: Die ersten Polizisten gingen zu Boden, für einen Moment kam der Angriff zum Stocken. Erneut wurden die Zwillen bemüht, erneut wurden Uniformierte getroffen, und dann waren sie auch schon auf wenige Dutzend Meter heran. Wer auf diese Entfernung mit der Zwille auf einen Menschen schoß, konnte ihn töten – und das wollte keiner.

Ein letzter Schwarm Stahlkugeln und Muttern flog zu den Bereitschaftspolizisten – den Bepos – hinüber, wieder gingen einige zu Boden, der Angriff kam zum Stocken. Und dann waren wir an der Reihe: Niemand mußte einen Befehl geben, wir rannten einfach los.

Alles um mich herum war schwarz. Schwarze Lederjacken, schwarze Helme, schwarze Haßkappen, schwarze Hosen, Handschuhe und Stiefel; dazwischen glitzerten Stahlstücke, aus dem Zaun gerissen, und einige Knüppel, die wir im Wald aufgelesen hatten. Ich hatte keine Ahnung, wie viele wir waren, aber ich schätzte, daß locker zwei- bis dreitausend Vermummte auf die Polizisten zustürmten.

Der Mob vor mir kam zuerst an, es krachte hörbar; Holzknüppel wurden auf Plexiglasschilder und Helme gedroschen, Bepos prügelten wüst zurück, doch der Ansturm war zu stark. Reihenweise kippten Beamte um, einige Dutzend wandten sich zur Flucht, irgendwo wurde hektisch gebrüllt, und dann flitzten sie alle.

Wir hatten einige Hundertschaften in die Flucht geprügelt! Mit wüstem Siegesgeschrei stürmten wir hinter den Flüchtenden her, die ihre Verletzten zurückließen. Ein Uniformierter lag mir im Weg, er hielt sich das Gesicht; ich sprang über ihn hinweg, und mein Nebenmann verpaßte ihm noch einen Tritt in den Bauch, schnappte sich den Schlagstock des Liegenden und rannte weiter.

Es war wie eine Lawine. Wir rannten und brüllten, die Bullen vor uns rannten weg, und irgendwo verlief eine friedliche Demonstration, bei der in diesem Moment garantiert die Hälfte der Teilnehmer mit uns sympathisierte. Ich hatte die Gesichter der Bauern und Handwerker aus Wackersdorf und den umliegenden Dörfern gesehen: Sie hatten jahrelang diese Regierung gewählt, doch jetzt unterstützten sie die Vermummten, gaben ihnen zu essen und zu trinken.

Wir rannten weiter, die Bullen vor uns weg, und jetzt geriet auch ein großer Teil der friedlichen Demonstration in Bewegung – mit dieser Entwicklung hatte niemand gerechnet. Rings um mich herum tobte ein lautes Gebrüll, bei dem es unmöglich war, jemand klar zu identifizieren. Wir hatten die Wasserwerfer hinter uns gelassen, wir rannten immer noch am Zaun entlang, und irgendwo wurden, wie ich erst später erfuhr, komplette Wannen umgeworfen, zusammengedroschen und abgefackelt. Es war ein grandioses Gefühl, besser fast als ein Orgasmus, und es hielt auch noch an, als wir anhielten, atemlos vom Rennen, und sich die Gruppen anhand der Pfeifsignale wieder sammelten.

Jedem war klar, daß es bei diesem Erfolg nicht bleiben würde. Hektische Beratungen folgten; ein Teil unserer Gruppen sickerte in die friedliche Demonstration ein, andere Teile beschlossen, erneut den Zaun anzugreifen. Für einige Minuten herrschte völlige Konfusion, keiner wußte so recht, wo es langgehen sollte.

Mit einigen meiner Freunde und Bekannten ging ich in die »normale« Demonstration zurück, gliederte mich mitten in den Mob ein, nahm die Haßkappe ab. Einige Demonstranten musterten uns mißmutig, sie konnten unsere Aktivitäten nicht ausstehen, und eine Frau mit hennarot gefärbten Haaren zischte mich an: »Ihr mit euerer Scheiß-Macho-Nummer! Meinst du allen Ernstes, mit dieser blöden Prügelei könntet ihr den Staat angreifen?« Ich verstand sie nicht, ließ mich aber nicht auf eine Diskussion ein und ging rasch weiter.

Der Großteil der Demonstranten wirkte jedoch eher positiv. Ältere Menschen grinsten uns an; einige Bauern aus dem Oberpfälzer Umland lobten uns in ihrem schrecklichen Dialekt. In diesem Moment fühlte ich mich richtig gut, hatte ich das Gefühl, tatsächlich einen Sieg errungen zu haben.

Bis ich den Schrei hörte ... »Hubschrauber!« Zuerst kapierte ich nicht, was gemeint war, aber dann hörte ich das »flapflapflap« der großen Rotoren, das dumpfe Dröhnen der Motoren und das Brausen der davongewirbelten Luft.

Sie kamen direkt vom Gelände der Atomfestung her; es waren einige Helikopter, aber ich kam nicht einmal dazu, sie zu zählen. Sie flogen verdammt nieder, das sah ich sofort, ich hatte das Gefühl, sie würden es nur mit Mühe schaffen, den Zaun zu überfliegen. Wie nieder sie wirklich ankamen, merkte ich erst wenige Sekunden später ... knapp zwei Meter über den Köpfen der Menschen griffen sie die Demonstration an.

Es fehlte nur noch Richard Wagners »Ritt der Walküren«, und ich hätte mich an Coppolas »Apocalypse Now« erinnert gefühlt: Im Tiefflug brausten die Hubschrauber über die Demonstration hinweg, lösten allein durch ihre Anwesenheit Ängste und Panik aus. Menschen gerieten ins Taumeln, wenn der von den Rotoren ausgehende Sturm sie erwischte, schwächere Naturen stürzten fast zu Boden, konnten nur mit Mühe gestützt werden.

»Diese gottverfluchten Dreckskerle!« fluchte eine Frau neben mir auf Bayerisch; sie trug ein Kopftuch und sah aus, als sei sie gerade direkt von ihrer Arbeitsstelle bei den Nürnberger Siemens-Werken gekommen; völlig normal also, wie die meisten der Demonstranten.

»An Ihrer Stelle würde ich mir das Kopftuch über das Gesicht ziehen«, sagte ich, einer plötzlichen Intuition folgend. Sie starrte mich an, während ich mir die Haßkappe überzog und mir zusätzlich das Halstuch vors Gesicht band.

»Warum?« fragte sie, versuchte dabei den Lärm der Rotoren zu übertönen. Wir standen jetzt alle, keiner wußte, was eigentlich los war und wie es weitergehen sollte, und ich hatte schon fast den Kontakt zu meiner Gruppe verloren.

»Weil's jetzt wahrscheinlich gleich richtig losgeht«, gab ich grimmig zur Antwort und zog mein Halstuch eine Spur fester. Was schlechte Ahnungen anging, hatte ich in dieser Richtung schon immer ein feines Näschen bewiesen.

Ich hatte kaum den Mund geschlossen, als ich es auch schon roch; erst dann sah ich, was abging: Von den Hubschraubern aus, die uns langsam umkreisten, wurden kleine Metallbehälter abgeworfen, aus einer Höhe von weit unter fünf bis höchstens zehn Metern über dem Boden.

»Gas!« kreischte irgend jemand hysterisch, und dann brach die Panik aus. Es stank, die Schwaden krochen zuerst weißlich über den Boden hinweg, um kurz danach aufzusteigen, direkt ins Gesicht, als ätzende, stinkende Masse direkt in die Nasen hinein.

Wüstes Geschrei brandete auf, die Hubschrauber flogen einen neuen Angriff, wieder stürzten Menschen zu Boden, wieder flogen Gasbehälter, Nebel stieg auf, und dann sah ich, weit am Rand meines Gesichtsfeldes, über die Körper einiger Gestürzter hinweg, was die wirkliche Gefahr ausmachte: Plexiglasschilder, Knüppel, weiße Helme, eine unendliche Masse, mindestens tausend, nein!, drei- bis viertausend Beamte, die in breiter Front auf den friedlichen Teil der Demonstration zustürmten.

Später erst sollte ich verstehen, was wirklich bei jener Pfingstschlacht in Wackersdorf abgegangen war: wie rund zweitausend

Vermummte rund tausend Bereitschaftspolizisten in die Flucht gedroschen und wie danach rund fünftausend Polizisten aus allen möglichen Einheiten bis hin zum Bundesgrenzschutz die gut fünfzig Tausendschaften der friedlichen Demonstranten angegriffen hatten. Laut Presseberichten waren zwei Menschen gestorben, »an Herzversagen«, wie es später hieß. Kein Wunder bei dem Gas, von den Vereinigten Nationen als C-Waffe geächtet, vom deutschen Staat umso eifriger gegen den innenpolitischen Gegner eingesetzt.

In diesem Moment war das alles egal. Der Nebel stieg auf, überall waren die Schwaden, die Sicht nahm immer stärker ab, und dann begannen die Menschen zu rennen. Fünfzigtausend in panischer Flucht! Männer schoben Frauen zur Seite und rasten los, Eltern drückten ihre Kinder an die Brust, damit diese nicht erstickten, ältere Menschen wälzten sich in Krämpfen am Boden, das Gas preßte sich allen auf die Lungen.

Und dann waren die Bullen da! Knüppel krachten auf ungeschützte Köpfe, alte Menschen, Frauen, Männer und Jugendliche, sie machten keine Unterschiede; wer auf dem Boden lag, wurde, wenn er Pech hatte, mit Knüppelhieben traktiert.

Ich zögerte einen Moment zu lange, starrte fassungslos auf das Panorama, das sich mir bot, rannte aus diesem Grund nicht sofort los. Als die Bullen nur noch einige Meter von mir entfernt waren, reagierte ich endlich: bückte mich, riß einen Dreckklumpen aus der Erde, schleuderte ihn auf die Angreifenden, drehte mich um und spurtete.

Zu spät! Von hinten traf mich ein Hieb, ich stolperte, dann erwischte mich ein zweiter in die Beine, ich stürzte nach vorne und blieb liegen, hatte aber Glück: Zwei weitere Schläge trafen meinen Nacken und meinen Rücken, dann herrschte Ruhe. Die Uniformierten wollten keine Gefangenen machen, sie wollten niemanden verhaften, sie wollten nur derb zusammenschlagen – und das war in diesem Moment mein Glück.

Ich blieb einen Moment im Dreck liegen, spürte, wie mir die verschlammte Soße in die Haßkappe eindrang, merkte, wie mir die Brühe aus den Augen und aus der Nase lief, richtete mich dann vorsichtig auf. Neben mir lag ein Mann im Dreck, lange Haare, Vollbart, Jesuslatschen, in der Hand noch ein Transparent; aus seinem Hinterkopf sickerte Blut. Aber er lebte noch, blickte mich mit verzerrter Miene an, flüsterte ein »Lauf weg!«, und ich lief weg.

In diesem Moment hatte ich keinen Plan, wie wohl Tausende oder gar Zehntausende in diesem Moment. Ich wollte nur weg von hier, weg von den prügelnden Bullen, weg von den überall herumrennenden, vor Angst schreienden Menschen, weg von den Hubschraubern, die immer noch über unseren Köpfen kreisten, nur jetzt viel höher, weg von den Gasschwaden, die mir Würgreize bescherten und mich fast zum Kotzen brachten.

Auf irgend einen Bullen, der an mir vorbeirannte, schleuderte ich ein Stück Stahl, das ich vom Boden aufgesammelt hatte; ich traf seinen Helm, es gab ein hohles Geräusch, er drehte sich um, und ich verschwand in den Gasschwaden, kotzend, würgend, heulend und fluchend. Es war die absolute Hölle.

Ich sah drei Bullen, die einen Langhaarigen vor sich herjagten; alle drei mit zugebundenen Gesichtern, so daß sie wahrscheinlich keine Probleme mit dem Gas hatten. Sie stießen den Langhaarigen zu Boden, droschen zu dritt so lange auf ihn ein, bis sie nicht mehr konnten, und der Langhaarige als ein dreckiges Stück Fleisch buchstäblich in den schlammigen, von Zehntausenden von Füßen durchwühlten Boden gedrückt worden war.

Ich sah Bullen, die Frauen an den Haaren packten und ihnen dann das Knie in den Unterleib rammten. Ich sah Bullen, gerade mal achtzehn Jahre alte Milchgesichter, die älteren Männern, die den Zweiten und vielleicht sogar den Ersten Weltkrieg überlebt hatten, die Knüppel durchs Gesicht zogen. Ich sah Bullen, die als Pulks auf eindeutig friedliche Demonstranten losrannten, die ihnen flehend die Hände entgegenhielten, um sie brutal auseinanderzuprügeln. Ich sah einen Hubschrauber, der landete und weitere Bullen entließ, Bundesgrenzschutzbeamte mit riesengroßen Knüppeln, die unbarmherzig alles zusammenschlugen, was nicht schnell genug wegkam. Ich sah einen Kinderwagen im Dreck liegen, das Kind fehlte, immerhin, wahrscheinlich hatte es die Mutter aus dem Wagen genommen und war geflüchtet.

In völliger Panik irrte ich durch die Gasschwaden, über das Schlachtfeld; aus irgendwelchen Gründen hatte ich Glück, sah immer wieder Bullenkommandos, konnte mich immer wieder verpissen. Einmal verließ mich mein Glück; mich sah einer, er rannte auf mich zu, ich flitzte weg, war schneller als er, ließ ihn zurück. Ich hatte keine Ahnung, wo genau ich war, und ich wußte, daß es allen anderen ebenso gehen mußte. Irgendwo war der Taxöldener Forst, irgendwo standen unsere Autos, irgendwie mußte ich da hin.

Wieder sah ich prügelgeile Bullen; sah, wie sie Menschen an den Haaren durch den Dreck zogen, sah, wie andere lachend einem Mann Mitte der dreißig gleich mehrfach in die Eier traten, sah, wie sie völlig durchgeknallt hinter Flüchtenden herrannten.

Und dann sah ich die Vermummten. Kleine Gruppen nur, aber schlagkräftig, kleine Einheiten, die aus dem Nebel auftauchten und gnadenlose Angriffe starteten. Sie kotzten und sie heulten genauso wie ich, aber sie waren konsequenter und entschlossener, griffen direkt an. Stahlkugeln und Muttern wurden auf knappe Distanz auf Polizisten geschleudert, in einzelnen Fällen griffen

Autonome Kommandos auch mit Knüppeln ein.

Ich machte das Naheliegendste, schloß mich einer solchen Gruppe an, rannte mit diesen Menschen mit. In der aktuellen Situation erschien mir das am sinnvollsten; und meine eigene Gruppe fand ich ohnehin nicht. Sicher hätte ich ein Spitzel sein können, sie kannten mich nicht, aber in diesen Minuten dachte kein Mensch an so etwas.

Die nächsten Minuten rannte ich mit der kleinen Gruppe durch den Nebel; die Vermummten griffen direkt an, ich bewunderte ihren Einsatz, hielt mich meist zurück: In direktem Schlagabtausch prügelten sie Bullen zurück, die gerade Demonstranten zusammenschlagen wollten, und ebenso direkt wurde mit Zwillen angegriffen, wenn sich dafür eine Chance bot.

Wir flitzten gerade durch ein freies Stück zwischen den Gasnebelschwaden, heilfroh darüber, endlich einmal einigermaßen freie Luft atmen zu können, als sich uns plötzlich ein großer Trupp Bepos in den Weg stellte. Es mochten gut zwei oder gar drei Dutzend Mann sein, die keine Sekunde lang zögerten und direkt losstürmten, als sie uns sahen.

In solchen Fällen hatte sich Heldenmut noch nie bewährt; ich drehte auf dem Absatz um und rannte los, so schnell meine Lungen es erlaubten. Die Gruppe Autonomer verhielt sich ebenso, allerdings schlugen sie eine andere Richtung ein, glücklicherweise das uniformierte Schlägerkommando direkt hinter ihnen her.

Mir reichte es. Ich kotzte, ich rotzte, mir fiel es immer schwerer, Luft zu schnappen, ich taumelte mehr, als daß ich ging, und das einzige, was ich jetzt noch im Sinn hatte, war, heimzukommen und mir den ganzen Dreck und die ganze Gas-Sauerei vom Körper abzuduschen. Ich fühlte mich saumies, und ich irrte wie ein blinder Idiot über eine zermatschte Wiese, immer wieder an Menschen vorbei, die ebenso verwirrt aussahen und alle nur ein Ziel hatten: den Waldrand, der sich als dunkler Streifen über dem aufgewirbelten Dreck und dem Gasnebel erhob.

Ich hatte das Gefühl, daß schon Stunden vergangen sein mußten; zumindest schwebte ich durch einen zeitlosen Schacht, in dem ich nur Nebelschwaden, von schmutzigem Gras bewachsene Erde, im Hintergrund der Wald und das allgegenwärtige Gebrüll in meiner Nähe bemerken konnte. Aus einem Grund, der mir selbst nicht einleuchtete, hatte ich Glück; niemand griff mich mehr an, ich gelangte ungehindert bis zum Waldrand, wo ich mich erst einmal in den Schutz eines Gebüsches warf.

Zitternd und rotzend lag ich da, mit beiden Händen rieb ich mir die Augen, die sicher so knallrot aussahen, als hätte ich tagelang durchgekifft, dann rotzte ich mir in die hohle Hand, einmal, zweimal, dreimal, wischte die schmierige Soße an der schmutzigen, feuchten Hose ab, und dann erst fühlte ich mich halbwegs erträglich.

In meiner Nähe lagen und kauerten andere Menschen, Frauen und Männer, Jugendliche und Alte; viele von ihnen waren von Knüppelhieben gezeichnet, alle rotzten und flennten, einige standen sichtlich unter einem Schock. Ich hörte die Hubschrauber wieder mit ihrem nervtötenden »flapflapflap«, und ich überlegte mir, daß es wohl sinnvoller sein mußte, sich langsam endgültig zu verpissen,

Mit einem Ruck riß ich mir die Haßkappe vom Kopf, steckte sie ein, zog mein Halstuch runter; jetzt fühlte ich mich frei, auch wenn die Augen nach wie vor juckten. Ich sprach mit einigen Menschen, die noch nicht völlig verstört waren, rüttelte sie auf. Gemeinsam sammelten wir eine Gruppe von anderen um uns, die nicht mehr so fit waren, dann brachen wir auf.

Wir hatten keine Ahnung, wo genau wir waren, und ich hatte auch keinen Plan, wohin es gehen mußte. Irgendwohin auf jeden Fall, wo uns keine Knüppel, keine Hubschrauber und kein Gas erwarteten. Die anderen rings um mich herum waren durch die Bank »normale Demonstranten«, die aus Hessen angereist waren; bei zwei Männern und einer Frau mittleren Alters war es die erste Demonstration überhaupt gewesen.

»Daß so etwas überhaupt möglich ist, so etwas«, stammelte der eine Mann immer wieder, »so was ist doch in einem Rechtsstaat nicht möglich, wir leben doch in einer Demokratie, nicht in einer Diktatur.« Er war fix und fertig, war sichtlich froh, daß wir ihn geleiteten – auch wenn wir ebensowenig wußten, wohin es gehen sollte.

Auf jeden Fall schlugen wir uns quer durch den Wald, irgendwann stießen wir auf andere Leute, die unverwundet und frisch waren; diese halfen uns und schleusten uns weiter. Irgendwann erreichte ich sogar die Stelle, an der ich am Morgen aufgebrochen war, meine Freunde und Begleiter waren zum Teil schon weg, andere warteten auf mich, wieder andere irrten wohl noch um das Gelände der Atomfabrik herum.

Erste-Hilfe-Trupps standen bereit, ließen Wasser in die Augen laufen, halfen den Menschen, die nicht mehr konnten. Wir zogen uns zurück, bis zu dem Bauernhof, in dem wir die Nacht zuvor verbracht hatten. Die Bauern, ganz »spießige« Menschen nach unseren Maßstäben, hatten sich voll und ganz dem Kampf gegen die Wiederaufbereitungsanlage verschrieben; trotzdem blieben wir nicht lange.

Wir wollten ihnen nicht mehr Schwierigkeiten machen, als sie ohnehin schon hatten. Schon mehrfach hatten sie nächtlichen Besuch durch »normale« Polizisten oder gar Sondereinsatzkommandos erhalten, oftmals mit der Maschinenpistole im Einsatz, als verbürgen sich gefährliche Terroristen zwischen Kuhstall, Getreidespeicher und Siloturm. Am frühen Abend fuhren wir, seltsamerweise unbehelligt durch die Polizei, die uns nicht weiter kontrollierte.

Ich kehrte aus meinen Gedanken zurück in die Realität des Septembers 1986; die Sonne schien, ich fühlte mich einigermaßen wohl, das Bier schmeckte, die Brötchen auch, die Passanten stierten mich an, ich ließ meine Beine hängen, der Clifford-Roman war unterhaltsam. Was wollte ich mehr? Wenn das Wetter weiterhin so gut blieb, konnte ich vielleicht in den Park und mich dort ins Grüne legen, notfalls mußte ich die Lederjacke als Unterlage nutzen.

Nach gut eineinhalb Stunden fiel mir die Wanne auf, die ganz langsam an der Afi entlangfuhr; einer der zwei Beamten schaute aufdringlich zu mir herüber. Ich seufzte. Wieder mal dasselbe Spiel. Knurrend fischte ich in meiner Tasche; ich wußte, was jetzt kommen konnte.

Dann standen sie auch schon hinter mir; sie hatten ihren Wagen an der Seitenstraße geparkt und waren tatsächlich einige hundert Meter gegangen – nur wegen mir! Zwei Beamte, beide anfangs der dreißig, der eine blond, der andere schwarzhaarig, beide mit Schnauzbart, beide nicht aus der Gegend, die wie die mangelnde Dialektfärbung bewies, beide super-wichtig in ihrem Auftreten.

»Personenkontrolle!« schnarrte der Blonde, während der andere schon auf dem Sprung schien, als erwartete er, daß ich sofort über die Mauer springen und davonlaufen würde.

Ich zeigte ihnen meinen zerknitterten Personalausweis und grinste sie an. »Keine Sorge, Jungs«, versicherte ich, »sauber bin ich allemal, ich bin hier gemeldet, und ich hab' sogar eine hübsche, kleine Akte bei euch.«

»Schnauze halten!« bellte der andere Bulle, während der Blonde den Personalausweis kritisch beäugte und dann einige Notizen in ein kleines Heftchen kritzelte.

»Macht mal halblang«, forderte ich sie leutselig auf, »ist alles halb so schlimm, fragt eure Kollegen, die kennen mich doch schon lange.«

»Schnauze, Dreckspunker!« brüllte der Dunkelhaarige, so laut, daß einige Passanten auf die Situation aufmerksam wurden und die Szene mehr oder weniger interessiert beobachteten. Das schien den zwei Polizisten dann doch ein bißchen peinlich zu sein: Sie gaben mir den Paß zurück, der Blonde warnte mich davor, »Straftaten in unserer Stadt« zu begehen, denn das könnte »rechtsstaatliche Folgen nach sich ziehen«, dann trollten sie sich.

Von weiteren Störungen blieb ich verschont; ich hockte weitere zwei Stunden auf der Afi, dann ging ich mit meinem Buch nach Hause, machte mir ein Junggesellen-Mittagessen aus aufgekochten Nudeln und Tomatensoße aus der Packung. Ich las Zeitung, hörte einige alte Cassetten, schrieb einen Brief nach Berlin und ging wieder auf die Straße.

Im Park saßen mittlerweile die üblichen Leute, die bekannte Mischung aus Pennern, Punks und einigen vergleichsweise normalen Jugendlichen, die gemütlich Bier tranken. Ich ging erneut zum Supermarkt, holte einen Sixpack, machte die erste Flasche auf, trank sie rasch aus, legte mich auf die Lederjacke und schaute in die Sonne. Aus einem Cassetten-Recorder drang das übliche Radioprogramm: süßliches Pop-Gesülze, das keiner hören wollte, aber das war mir egal. So konnte ich es stundenlang aushalten.

Und solange uns die Polizei in Frieden ließ, war das eine der schönsten Beschäftigungen, die ich mir vorstellen konnte: tagaus, tagein in der Sonne liegen, mit Menschen reden, ab und zu mal ein bißchen Spaß haben, Punkrock hören, wieder wegtrampen, Leute besuchen. Ich wollte Punkrocker sein und Punkrocker bleiben, möglichst auch für die nächsten zehn Jahre.

»Hey, Punk, zeig ihnen, wer du bist / stirb allein und nicht für sie!«
(Volxfront, 1984)

Noch während ich mit geschlossenen Augen vor mich hindösen wollte, hörte ich die Stimme. »Sag mal, du mußt der Peter Pank sein.« Die Stimme war zwar ruhig, aber ich schreckte trotzdem hoch, riß die Augen auf.

Neben mir sah ich ein Paar durchschnittlicher Turnschuhe, dann kam eine knalleng sitzende helle Jeans, eher Billigversion; die Beine machten einen guten Eindruck, und der Hintern wirkte aus meiner Frosch-Perspektive auch interessant genug. Ich richtete mich auf. »Ja, bin ich«, gab ich zur Auskunft, »und warum?«

Sie grinste nur, ich wußte nicht so recht, ob aus Verlegenheit oder wegen meiner etwas dämlichen Reaktion. Das gab mir Gelegenheit, sie länger anzuschauen: schätzungsweise 19 oder 20 Jahre alt, schlank, nicht aber dünn, dunkelbraune lange Haare, offensichtlich mit etwas drin, die Locken sahen nicht echt aus. Vom Schminken schien sie nichts zu verstehen: Der Kajal hatte bei den Augen versagt, und der rote Nagellack an den Fingernägeln bröckelte an zahlreichen Stellen. Das Gesicht haute mich beim besten Willen nicht um, bei einer Schönheitskonkurrenz hätte sie keinen der vorderen zwei Dutzend Plätze belegt; aber ich wußte, daß ich bei Konkurrenzen dieser Art selbst nur auf einem der hinteren Plätze gelandet wäre.

»Die Geli hat mir von dir erzählt«, sagte sie, »und ich bin übrigens die Ute.«

Da ich keine Anstalten machte, mich aus meiner liegenden Position aufzurichten, ließ sie sich neben mir in der Hocke nieder. Die helle Jeans sollte nicht mit dem Rasen in Berührung kommen; konnte ich ja glatt einsehen. Ich schob ihr meine Lederjacke rüber, sie setzte sich darauf. Gleichzeitig zermarterte ich mein Hirn. Welche Geli denn, zum Teufel? Ich kannte genug Frauen in meinem Bekanntenkreis, die mit dem Vornamen Angelika gestraft waren und diese Strafe mit »Geli« als Spitznamen kompensierten.

»Weißt du«, redete, nein!, plapperte Ute weiter, »die Geli hat mir nämlich erzählt, daß du schon lange Punker bist, und das interessiert mich nun doch brennend, denn ich finde Punk-Musik auch voll gut, und da wollte ich dich unbedingt mal kennen lernen, weil ich die Szene sau-interessant finde und schon immer mal mehr darüber wissen wollte, weißt du.«

Natürlich. Ich wußte Bescheid. Sonderlich helle schien das Mädchen nicht zu sein; der Blick aus ihren kullernden Kinderaugen unterstrich meine Annahme. Aber das war mir gleichgültig; ich mußte auch nicht viel sagen, weil sie ohnehin weiterredete.

»Na ja, ich höre halt die Ärzte, weißt du, und daheim hab' ich auch eine Platte von den Sex Pistols, die find' ich voll gut, die hab' ich mir schon oft angehört, aber am besten finde ich die Ärzte, weil die haben ja die witzigsten und frechsten Texte, die man sich vorstellen kann.« Sie blickte mich an, lächelte. »Sag mal, kennst du überhaupt die Ärzte? Die sind ja noch nicht so bekannt.«

»Ihr wollt so gerne Punks sein / glaubt ihr, das Aussehn reicht allein?«
(Blitzkrieg, 1981)

Ich nickte. »Klar kenne ich die.« Niemand achtete im Moment auf uns; die anderen redeten gerade über die neue Ladung Haschisch, die in den nächsten zwei Tagen aus Amsterdam erwartet wurde, und hatten deshalb weder Augen noch Ohren für unser Gespräch. Zwei Hunde schlichen träge über die Wiese und beäugten den Hund eines Touristen-Paares in knapp hundert Metern Entfernung.

»Willst du ein Bier?« fragte ich die Braunhaarige, weil mir beim besten Wissen nicht einfiel, über was ich mit ihr reden sollte. Als sie kurz nickte, machte ich mit dem Feuerzeug eine Flasche für sie und eine für mich auf; die Deckel flogen durch die Luft, landeten im kurzgeschorenen Rasen.

Ich beugte mich nach vorne, reichte ihr die Flasche; dabei berührten sich unsere Hände, und ich dachte eine Sekunde lang, die Berührung sei intensiver ausgefallen, als man sich das sonst so vorstellte. *Jetzt spinn' nur nicht rum,* redete ich mir ein, *nur weil so 'ne Popper-Tante einen auf Punkrock macht, brauchst du nicht gleich ein Rohr schieben!* Im Moment waren mir alle Bedenken gleichgültig; mein Hirn rutschte offenbar total in die Hose.

Sie schenkte mir ein weiteres strahlendes Lächeln, als wir anstießen, dann nahmen wir beide einen kräftigen Schluck. Ich hatte erwartet, daß sie einen auf cool machen und zu viel auf einmal trinken würde, und rechnete bereits mit einem wüsten Hustanfall. Sense war's, das Mädel schien trinken gewöhnt zu sein: Mit einem kräftigen Zug trank sie das Bier, zwinkerte mir zu und warf mit kräftigem Schwung die Flasche zur Seite.

Sie zerschellte auf einer der Steinplatten des Weges hinter uns. Einer der Stadtpark-Penner schaute zu mir rüber. »Mensch, Peter Pank«, maulte er, »wegen dir kriegen wir garantiert wieder Ärger.« Einige Passanten überlegten sich wahrscheinlich schon, ob sie die Bullen rufen sollten.

Wir galten als Schandfleck der Stadt, und es gab viele, die sich eine »Aktion sauberer Stadtpark« ohne Punks, herumlungernde Jugendlicher und Berber wünschten.

Knurrend leerte ich meine Flasche, schnappte mir die Pappe des Sixpacks, stand auf und ging zu den Glasscherben, räumte sie zusammen. Ute stand auf einmal vor mir – wieder diese aufgerissenen Kulleraugen! »Das – das wollte ich nicht!« stammelte sie, und es wirkte echt. »Ich – ich wollte nur die Flasche wegwerfen, nicht kaputtmachen.«

»Ist ja schon gut.« Lust auf eine Diskussion hatte ich keine; außerdem war die Flasche schon kaputt. Was also sollte das Gerede? Ich räumte den Dreck zusammen, ging zum nächsten Mülleimer, warf alles hinein. »Willst du noch ein Bier?« fragte ich Ute, die hinter mir hergetrippelt war.

Sie nickte nur, folgte mir zurück zur Lederjacke, wirkte jetzt merklich stiller. Ich öffnete zwei weitere Flaschen, wir stießen an, tranken; diesmal ein bißchen langsamer. »Wie kann ich das nur

»Wir wissen es liegt nicht an dir / die wahren Schweine sitzen über dir / doch du führst ihre befehle aus / drum schreien alle: bullen raus!«

(Wehrkraftzersetzer, 1986)

gutmachen?« fragte sie; ich war mir nicht sicher, ob der Unterton schüchtern oder lauernd war.

Mit dem schäbigsten Grinsen im Gesicht, das ich mir nur vorstellen konnte, gab ich zur Antwort: »Da muß ich mir ja noch was besonders nettes überlegen ...« Der Spruch war so blöde wie abgedroschen, aber mir fiel kein anderer ein; vor allem wußte ich beim besten Willen nicht, wer diese Geli sein sollte und was diese Ute eigentlich beabsichtigte. Frauen! Ich wußte ja, warum ich nie eine »ernsthafte Beziehung« auf die Reihe kriegte.

»Ja, überleg dir mal was. Ich mach' alles, Hauptsache, du bist nicht mehr böse auf mich.« Sie fing wieder zu plappern an.

Wenn ich jetzt der coole Kerl gewesen wäre, als der ich mich gerne ausgab, wäre mir die »richtige Antwort« nicht schwer gefallen. So blieb mir fürs erste ein eher hilfloses Grinsen, ein Zuprosten und ein weiteres Trinken. »Wir können ja die Biere leer machen, dann laufen wir rum, und später zahlst du mir auch mal ein Bier«, schlug ich vor.

Sie nickte und beugte sich nach vorne, stellte ihr Bier so ab, daß mir ein Blick in das T-Shirt und auf die Brust gelang; sie merkte es und grinste kurz, ging aber nicht darauf ein. Ute fragte mich nach dem vergangenen Wochenende, und ich erzählte von meiner Tramptour, geriet tatsächlich etwas ins Reden.

Danach fragte ich sie, was sie denn den ganzen Tag über machen würde, was prompt einen Redeschwall auslöste. »Ich arbeite im Nordstadthotel, weißt du, da oben eben, als Gastronomie-Fachfrau, vor allem im Service; ich bediene also nicht, sondern stehe hinter der Theke und schenke die Getränke aus für die Frauen, die draußen sind und den Gästen die Getränke bringen; und natürlich bereite ich auch das Frühstück und das Abendessen mit vor, helfe gelegentlich beim Mittagessen aus, bin also immer voll im Streß. Ich wohne da auch in dem Heim, das die extra für uns errichtet haben; da hab' ich ein kleines Zimmer, mit Bett und Schrank und Tisch, und daneben ist so eine Dusche, die ich mir mit einer anderen Frau teilen muß, alles ganz schnuckelig.«

Mir grauste. Mir grauste wirklich. Vor einem solchen Leben. Vor einer »schnuckeligen« Wohnung. Vor diesem geregelten Leben, das sie führte, und das, bevor sie die zwanzig erreicht hatte. Grauenvolle Aussichten!

Ute erzählte weiter, berichtete, wie toll und wie »interessant« es sei, die immer wechselnde Kundschaft zu bedienen, vor allem dann, wenn Kongresse veranstaltet würden. Allein die Vorstellung, für einen Haufen mit Krawatten bewehrter fetter Kerle arbeiten zu müssen, jagte mir eiskalte Schauer über den Rücken. Und dann das Gesabbel! Utes Gerede hörte sich wirklich so an, als ob es ihr Spaß machen würde, und ihre ganzen ach so witzigen Storys über das Bedienen und das Arbeiten im Hotel interessierten mich nicht die Bohne. Das einzige, was mich wirklich interessierte, war sie, unter anderem das, was sich bei jedem Lachen unter ihrem T-Shirt bewegte.

Recht zügig tranken wir unsere Biere leer. Normalerweise wäre ich danach einfach liegen geblieben, hätte vor mich hingedöst und mir darüber Gedanken gemacht, wie ich es schaffen konnte, dem Supermarkt und all seinen Anforderungen zu entkommen. Aber jetzt gab es ja Ute, und die brachte einiges durcheinander.

»Wohnst du eigentlich hier in der Gegend?« fragte sie mich und wischte mit der Hand eine dunkelbraune Haarsträhne aus dem Gesicht.

War das jetzt ein Angebot? So rasch? Manchmal verstand ich die Frauen wirklich nicht. »Ja, ganz nahe, direkt ums Eck«, bekannte ich und wies in eine Richtung, »gerade da vorne.« Ich richtete mich auf. »Ich wohne da in einer Mini-WG, mit einem ziemlich ruhigen Typen zusammen. Aber der läßt mich wenigstens in Ruhe.«

»Na ja, die Wohnung kannst du mir ja ein andermal zeigen«, würgte sie einige sehr eindeutige Gedanken in meinem Hirn gleich im Keim ab. »Ich muß nämlich heute Abend arbeiten, weißt du.«

»Was?« Ich war völlig entgeistert. »Arbeiten? Und dann noch an diesem schönen Abend?«

Sie zuckte mit den Achseln. »Ging halt nicht anders. Wir haben heute Abend ein Gala-Essen für einen Verein von Geschäftsleuten, heißt Lions Club oder so, und da müssen natürlich alle ran, auch die, die sonst frei hätten.«

»Gibt's da wenigstens Extra-Kohle?«

»Nee, natürlich nicht.« Sie schien überhaupt nicht empört zu sein. »Das ist ja eigentlich unsere Freizeit. Wir müssen da ja auch nicht arbeiten, man hat uns gefragt, ob wir da freiwillig helfen würden. Nur, wenn halt einer nicht gewollt hätte, würde er eben Ärger kriegen – also haben sich alle freiwillig gemeldet. Das ist eben so bei uns im Hotel.« Sie hob die Schultern an und verzog das Gesicht. »Dafür gibt's Trinkgeld, und das ohne Ende. Ist doch auch was, oder?«

»Ich weiß nicht so recht.« Es hörte sich reichlich hilflos an, und ich wußte das. Es war mir klar, daß sie mich nicht verstehen würde, wenn ich jetzt mit Argumenten anfangen würde. »Hast du dann irgendwann mal frei?«

»Morgen Abend hab' ich nichts vor.« Sie strahlte mich an. »Sollen wir uns irgendwo treffen?«

Ich schlug ihr das Café Siff als Treffpunkt an. Ute kannte es, was mich verwunderte. Offenbar war sie schon oft dort gewesen; wir hatten uns aber nie registriert. Kein Wunder bei dem Lärm, der dort häufig herrschte.

»Aber ein bißchen Zeit hast du doch?« fragte ich sicherheitshalber. So schnell wollte ich sie dann doch nicht gehen lassen.

Sie nickte nur, also stand ich auf. Sie folgte meinem Beispiel, und wir standen uns gegenüber, eher ein bißchen verlegen lächelnd. »Richtung Stadtbahnhof?« fragte ich, und sie nickte erneut.

Unterwegs kamen wir an einem kleinen Supermarkt vorbei, wo Ute zwei Halbliterdosen Bier kaufte und mir gleich eine reichte. Sie war offenbar von einem großen Mitteilungsdrang besessen, laberte ohne Punkt und Komma, wenn es sein mußte, und erzählte Geschichten, die mich keine einzige Sekunde lang interessierten. Wenn ich's mir richtig eingestand, wollte ich mit ihr auch nicht gerade reden ... oder zumindest erst hinterher wieder.

Als wir das Bier ausgetrunken und die leeren Dosen weggeworfen hatten, waren wir gerade am Vorplatz des Stadtbahnhofes angekommen. »Ich gehe noch ins Jugendzentrum rüber, 'nen Kaffee trinken«, sagte ich, und das war eigentlich schon ein Vorschlag.

»Nee«, widersetzte sich Ute und zog eine Schnute, »da hab' ich kein' Bock drauf, da ist es mir zu assig, und vor allem gibt's da zu

»Ich bin die Ordnung, Staatsgewalt / wer sich mir in den Weg stellt mach ich kalt.«
(Hans-A-Plast, 1979)

viele Türken drin.«

Ich reagierte nicht auf diese Aussage; eigentlich hatte ich bei einem Mädel, das offensichtlich gerne im Nordstadthotel arbeitete, nicht viel anderes erwartet. Skeptisch schaute ich sie an und hob die Schultern. »Na ja«, meinte ich, »dann sehen wir uns eben morgen.«

Jetzt mußt du's zumindest versuchen! schoß es mir durchs Hirn. Ich legte meine Hände an ihre Hüften und versuchte, das strahlendste Grinsen in mein Gesicht zu zaubern, was ich nur hinbekommen konnte. Es klappte: Ute strahlte mindestens genauso zurück, legte mir – ganz Klischee! – die Arme um den Hals; unsere Gesichter näherten sich nahezu automatisch einander, dann küßten wir uns, und ihre Zunge flutschte in meinen Mund.

Kurz überlegte ich mir, daß wir einen etwas merkwürdigen Anblick bieten mochten: ein Punkrocker mit zerschlissener Jacke und abstehenden Haaren, dazu eine junge Frau, die man eher in einer Dorf-Disco vermuten würde. Aber das Gefühl in meiner Hose sagte mir, daß ich im Moment nichts falsch machte.

Ich spürte, wie meine Hose enger wurde, und drückte meine dicken Eier gegen Utes Jeans; während unsere Zungen sich ineinander verschlangen, scheuerten unsere Hosen langsam hin und her. In diesem Moment hätte ich nichts lieber getan, als die Hose einfach aufzumachen ...

Da sorgte Ute für eine Pause, nahm ihr Gesicht zurück. Sie grinste, ihre Augen glänzten, aber sie schüttelte den Kopf. »Morgen«, sagte sie leise, »erst morgen bitte. Ich muß jetzt arbeiten. Wir sehen uns morgen im Siff.«

Ich nickte wie ein Trottel und schaute zu, wie sie über den Bahnhofsvorplatz tänzelte, sich auf der anderen Seite kurz umdrehte und mit der rechten Hand grüßte, bevor sie weiterging. Dann drehte ich mich um, ging über die Straße, hinein ins Jugendzentrum.

Oben im Café lief ich gleich Jule über den Weg: lange Haare, ein bißchen pummelig, ein bißchen älter als ich, optisch und geistig in der Friedensbewegung des Jahres 1983 stehen geblieben. »Ich hab' gerade zugesehen«, meinte sie grinsend, »hast ja 'ne gute Show geboten. Wo hast denn du das Disco-Häschen aufgelesen? Ausgerechnet du!«

»Ach, halt die Klappe!« brummte ich und wollte an ihr vorbeigehen. »Ich hab' jetzt kein Bock auf Hippie-Geschwätz.«

Jule hielt mich auf. »So einfach kommst du nicht weg«, sagte sie, »wie ihr Punker eure Frauen behandelt, ist einfach nicht korrekt.«

»Ach, scheiß drauf! Du hast doch eh keine Ahnung.« Es wurde Zeit, daß ich meinen Kaffee bekam.

Wieder mal im Café Siff, wieder mal die ersten drei Bier im Hals. Es war Mittwoch abend, die Woche zur Hälfte um, und ich hatte keine Lust mehr, auch nur einen einzigen Tag weiter zu arbeiten.

»Und dann hast du diese Ute wirklich gehen lassen?« fragte Palle, dem ich gerade die Geschichte vom Vortag erzählt hatte. Er hatte natürlich schon einige Bier zuviel drin und bereits ein halbes Glas umgeschüttet. Über die Geschichte hatte sich Palle halbkrank gelacht. Seinen Humor verstand ich nicht immer, aber seine Lache war in solchen Fällen anstrengend und ansteckend zugleich.

»Na ja«, wich ich ein bißchen hilflos aus, »was sollte ich machen?«

Am Tag zuvor hatte ich mich abends noch mit Sascha im Jugendzentrum getroffen; später hatten wir uns an einer Tankstelle zwei Sixpacks gekauft und sie getrunken, während wir meist schweigend nebeneinander auf einer Bank am Marktplatz saßen. Sascha hatte ständig Ärger mit seiner Freundin; sie enge ihn ein, behauptete er immer; sie wolle nie zulassen, daß er abends fortgehe; dabei wolle er so gerne mit uns mal wieder auf eine richtige Punkrock-Tour gehen. Er war jetzt 23 Jahre alt, seine Haare waren längst ordentlich, und er hatte eine Schlosserlehre begonnen; es war abzusehen, daß auch er bald nichts mehr mit mir zu tun haben wollte.

Palle lachte auf. »Komm schon, du weißt doch nie, was du willst. Du machst immer alles falsch. Meinst du wirklich, daß die Göre heute Abend ins Siff kommt?«

»Ich denk' schon. Warum sollte sie mich anlügen?« Ich grinste ihn verlegen an. »Allerdings wäre es vielleicht besser, wenn Ute heute nicht käme.«

»Warum das denn?«

»Die Scheiß-Arbeit. Morgen muß ich raus, und das, obwohl ich donnerstags sonst nie arbeite. Aber mein Chef hat mich heut' morgen zu sich reinzitiert. Ich hab' dir doch schon mal erzählt, daß der so klammheimlich davon träumt, mich als Lehrling in seinem Laden einzustellen: Da wär' ich 'ne billige Arbeitskraft, und das meiste weiß ich ja eh schon, ich müßte also gar nicht viel lernen. Da steh' ich also so bei dem drin, und dann fragt er mich, ob ich ausnahmsweise am Donnerstag arbeiten könnte; sie bräuchten dringend Leute an der Obstabteilung. Ich Volltrottel sag' auch noch ja, und deshalb werd' ich morgen früh irgendwann zwischen sechs und sieben Uhr an dieser gottverdammten Obstabteilung stehen und versuchen, dort so schlau und so nett wie möglich zu tun. Das kotzt mich vielleicht an!«

»Kann ich mir vorstellen.« Palle lehnte sich zurück, grinste frech. »Wenn ich plötzlich einen Tag mehr in der Woche arbeiten müßte ...«

»Was kotzt dich denn so an?« ertönte auf einmal eine helle Stimme hinter mir; fast wäre mir das Bierglas aus der Hand gefallen.

Ute! Sie war tatsächlich gekommen! Ich sprang auf, drehte mich um. Sie hatte sich frisch geschminkt, wie ich sofort registrierte. Als ob das nötig gewesen wäre! Ich haßte Schminke, aber wenn sie meinte, sie bräuchte das, dann sollte sie sich wegen mir so zukleistern, wie sie wollte. Sie fiel mir um den Hals, gab mir einen kleinen Kuß. Ihr Atem roch nach Likör, also hatte sie auch schon getankt. Gut so.

Sie nahm sich einen Stuhl, setzte sich; ich stellte sie meinen Bekannten am Tisch vor, dann orderten wir neues Bier. Die nächsten eineinhalb Stunden vergingen wie im Flug; wir tranken jeder zwei halbe Liter und erzählten uns dumme Geschichten. Vor allem Ute wußte mit erstaunlich pointierten Stories aus ihrem Hotel zu unterhalten; diese waren vor allem dann amüsant, wenn örtliche Geschäftsleute oder Lokalpolitiker sich peinlich benommen hatten.

Als sie einmal gerade aufs Klo verschwunden war, beugte sich Helmut nach vorne und fragte mich verschwörerisch: »Wo hast du denn die aufgegabelt?« Ich erzählte die Geschichte im Schnelldurchlauf, und er setzte nach: »Und was willst du mit dem blöden Gör anfangen?«

»Na ja, halt ...«, überlegte ich mir eine möglichst coole Antwort. »Ficken halt.«

Helmut kicherte, Stefan lachte albern, Palle verschluckte sich fast am Bier. Sascha stieß mir die rechte Faust gegen die Schulter. »Mehr wird da auch nicht gehen«, prustete er los. »Vergiß halt deinen Überzieher nicht.«

»Ja, ja, schon gut, ihr seid ja nur neidisch.«

Ute kam zurück, und meine Freunde benahmen sich wieder. Später gab Sascha eine Runde Obstler aus, den wir sofort hinunterkippten. Da einer nicht ausreichte, warf ich mein letztes Geld auf den Tisch und orderte die nächste Runde mit Obstschnaps. Dabei merkte ich schon, wie angesoffen ich war; es gab schon keine Tarnung mehr. Aber auch Ute wies bedenkliche Schlagseite auf.

»Sag mal«, begann sie mit schwerer Zunge und legte mir die Hand auf den Oberschenkel, »wie lange willst du noch bleiben?«

»So lange du willst«, gab ich zur Antwort, registrierte sofort, daß sie ihre Hand liegenließ. »Aber wenn du willst, können wir ja mal rausgehen.«

Sie nickte. Wir bezahlten, schnappten unsere Jacken und gingen. An der Tür drehte ich mich kurz um. Palle machte eine absolut eindeutige Geste, und die anderen brachen vor Lachen fast zusammen. Ich machte, daß ich rauskam.

Die frische Luft warf mich fast um, kurz taumelte ich. Ute lehnte an der Hauswand, also ging ich zu ihr hinüber, stellte mich daneben, legte den Arm um sie. »Komm, laß uns gehen«, schlug ich vor, »so weit ist es ja nicht zu dir.«

»Gib mir aber vorher 'nen Kuß«, verlangte sie.

Ich beugte mich hinüber, küßte sie, lange und ausdauernd; sie drehte sich um, lehnte sich gegen mich, streichelte meine zersausten Haare und mein Gesicht, und ich merkte, wie meine Hose wieder mal zu eng wurde. Mit beiden Händen preßte ich Ute fest an mich, spürte ihre Brust, ihren flachen Bauch, ihren warmen Unterleib; meine Hände rutschten nach unten, packten den Hintern, zogen sie noch näher an mich heran.

Es war direkt an einer stark befahrenen Straße, und wir lehnten an der Wand eines allgemein bekannten, wenngleich nicht allgemein beliebten Hauses, und mir klar, daß uns Dutzende zuschauten. Als der erste Autofahrer hupte und der Beifahrer anzügliche Bemerkungen zu uns rüberschrie, löste ich die Umklammerung. »Laß uns mal weitergehen«, sagte ich zu Ute, sie nickte nur.

Wir gingen nebeneinander die Straße hoch; Ute zündete sich eine Zigarette an. »Willst du auch?« fragte sie. Ich schüttelte den Kopf. »Ein Punker, der nicht raucht?«

»Als ob das etwas damit zu tun hätte!« fuhr ich auf.

»Jetzt tu doch nicht gleich so aufgeregt. Ich wollt' ja nur fragen.« Ute wirkte ernsthaft beleidigt.

»Weiß ich doch«, versuchte ich so beruhigend zu reden wie

nur möglich. »Ich wollte dich doch gar nicht anschnauzen, weißt du.« Vorsichtig hielt ich sie an der Schulter fest, drehte sie zu mir herum. »Glaubst du mir?«

Wir umarmten uns wieder, begannen erneut, wie kleine Teenager herumzuknutschen. Sehr schnell hatten wir die Position von vorhin erreicht: Ich lehnte mit dem Rücken gegen eine Hauswand, Ute hing halb auf mir drauf, ich streichelte ihren Hintern und zog sie immer wieder an mich. Meine Hände gingen auf Wanderschaft: Während die eine an der Hüfte anhielt, ging die andere nach vorne, unter Utes Jacke, wo ich den Bauch und dann die Brust zu streicheln begann.

Nach gut zehn Minuten gingen wir weiter. Anfangs gingen wir stumm nebeneinander her, dann fragte Ute: »Was machst du am Wochenende?«

»Nach Wackersdorf fahren und hinterher vielleicht in Stuttgart am Schloßplatz einige Punks treffen, rumsitzen und Bier trinken, Musik hören und so, mal sehen.«

»Wird das auf Dauer nicht langweilig?« Die Frage klang so naiv, wie sie war, aber offensichtlich interessierte sich Ute ernsthaft dafür. Nur: Wie sollte ich ihr einige Jahre Punkrock einigermaßen erklären, wenn sich ihre Punk-Kenntnisse ausgerechnet auf die Ärzte und die Sex Pistols beschränkten?

Ich gab ihr eher einsilbig Auskunft und war heilfroh, daß wir an der nächsten Straßenecke erneut eine kleine Pause einlegten und herumknutschten. So langsam wurde die Sache anstrengend: Zuerst hatte ich die eine Hand unter ihrem Pullover, dann machte sie mir den Hosenknopf auf und ging mir unters T-Shirt; dann schob ich meine Rechte in Utes Hose und ließ sie nach unten rutschen, und sie machte den Reißverschluß meiner Hose ganz auf, rieb an meinem Schwanz, bei dem ich fast erwartete, er müsse bald platzen.

Erst die Schritte näherkommender Spaziergänger brachten uns wieder halbwegs zur Besinnung, und wir zogen unsere Hände aus der Kleidung des jeweils anderen zurück. Es war gerade mal eine Stunde vor Mitternacht, also waren noch genügend Leute unterwegs, und für wüsten Geschlechtsverkehr auf offener Straße waren weder das September-Wetter noch diese Kleinstadt sonderlich geeignet.

»Wir sind ja gleich bei mir«, flüsterte Ute, »ich wohne da vorne ums Ecke.« Sie schien zu zögern. »Aber ...«

»Gibt's da irgendwelche Probleme?«

»Ja. Hm.« Sie druckste ein bißchen herum. »Wir dürfen eigentlich keinen ... na ja ... du weißt schon ... keinen Herrenbesuch empfangen, und meine Mitbewohnerin ist ganz schön spießig, die darf schon gar nichts mitkriegen. Du mußt also ganz leise sein.«

»Kein Problem!« verkündete ich selbstsicher. »Im Anschleichen bin ich Meister.«

Wir erreichten eine Nebenstraße, in die mich in meinem ganzen Leben noch nicht verirrt hatte; aber mir war klar, daß man von hier aus sehr schnell von hinten an das bonzig aussehende Nordstadthotel herankam. Ute wies auf ein Haus, das auf den ersten Blick fast selbst wie ein Hotel wirkte: zweistöckig, mit großen Fenster, jeweils mit einem Balkon versehen. »Da oben wohne ich«, flüsterte sie, »das ist mein Balkon, und der Balkon nebendran, der gehört meiner Mitbewohnerin Annie.«

Sie bat mich, kurz zu warten, huschte ins Haus. Der Rolladen an ihrem Fenster ging leise runter, dann kam Ute wieder an. »Die Luft ist rein«, sagte sie, »es ist gerade niemand da. Wir können also reingehen und es uns so richtig kuschelig machen.«

Kuschelig machen! Ich verdrehte meine Augen. Ich wollte es mir gar nicht »kuschelig« machen; ich wollte mit Ute ins Bett und sonst gar nichts!

Ute nahm meine Hand und zog mich rasch über die kleine Treppe und durch den Eingang, dann rechts eine Treppe hinauf, bis vor eine Zimmertür. Immer wieder schaute sie sich um, als ob sie unverhofften Besuch erwartete; dabei war das ganze Haus stumm, dunkel und tot, es war garantiert niemand in einem der Räume. Aber wenn ihr die Paranoia half, sollte es mir recht sein. Ich merkte ohnehin bei jedem Schritt das viele Bier und den Schnaps aus dem Café Siff.

Das Zimmer sah so aus, wie ich es mir insgeheim vorgestellt hatte: links ein Bett mit Nachttisch, rechts daneben ein großes Fenster, dann die Tür zum Balkon; dazu kamen ein großer Schrank, ein kleiner Schreibtisch mit Stuhl davor, eine Stereoanlage mit rund zwei Dutzend Platten im Stellfach darunter, einige Kartons in den Ecken des Zimmers. An den Wänden hingen Poster, die offensichtlich von einem kommerziellen »Romantik«-Versender kamen: blühende Landschaften, ein Sonnenuntergang über einem See, ein Liebespaar Hand in Hand. Ergänzt wurde das »schnuckelige« Ensemble durch drei indische Tücher, die schräg zwischen Wand und Decke drapiert waren und normalerweise wohl das Deckenlicht abdunkelten.

Ute hatte nur eine kleine Lampe auf ihrem Nachttisch angeschaltet; sie schob mich zu dem Bett. »Setz dich doch, bitte«, sagte sie, und ich gehorchte. Sie entzündete hektisch zwei Kerzen; eine stellte sie auf den Nachttisch, die andere auf das Fensterbrett. Lächelnd warf sie mir eine Kußhand zu, dann huschte sie hinaus, um keine dreißig Sekunden wieder mit einer Flasche Weißwein und zwei Wassergläsern wiederzukommen.

Sie schenkte je ein Glas bis knapp unter den Rand ein, reichte mir eins. »Cheers«, flüsterte sie und lächelte. Etwas hilflos grinste ich zurück; dann stießen wir an und schütteten den Wein hinunter. *Besonders gut ist der aber nicht*, dachte ich mir. Utes Auffassung von Romantik fand ich ohnehin höchst amüsant. Aber es sollte mir gleichgültig sein. Zumindest hatte der Wein genug Prozente in sich.

»Es ist zum Verrücktwerden«, stöhnte Ute, während sie die Gläser gleich wieder füllte und auf dem Nachttisch abstellte.

»Was denn?«

»Ach, weißt du, ich würd' ja gerne eine rauchen, aber hier drin darf man nicht, das ist streng verboten, und draußen auf dem Balkon, wo ich sonst rauche, kann ich natürlich nicht, weil du da bist.«

»Dann laß es einfach sein«, brummte ich und legte den Arm um sie. Das Gequatsche ging mir langsam auf den Nerven.

Ute wehrte mich ab. »Mach mal nicht so hektisch«, bat sie, »laß uns lieber noch ein bißchen Wein trinken und es uns ein bißchen kuschelig machen.«

Kopfschüttelnd ging ich auf das Spiel ein. Zwar waren meine Eier mittlerweile richtig angeschwollen, aber der Kopf war durch den Alk offensichtlich schon etwas gehemmt. Was Ute unter »kuschelig« verstand, entpuppte sich als recht einfach: Sie plapperte in einer Tour irgendwelche Hotelgeschichten, während wir in flottem Tempo Glas um Glas tranken, und ab und zu hielt sie inne, dann durfte geknutscht und gefummelt werden.

Ich glaube, die hat echt 'nen Schuß! dachte ich, während ich mich mit Ute auf dem Bett wälzte, nach wie vor alle Klamotten außer der Lederjacke am Leib. Aber immerhin versprach die ganze Angelegenheit, der erste Fick seit Wochen zu werden, und dafür ging ich auf den größten Schwachsinn ein.

Als wir endlich die Weinflasche leer hatten, war mein Kopf richtig voll, und ich hatte ein echtes Problem. Ich hätte vorher nicht so viel Bier und Schnaps trinken sollen, das war mir völlig klar, aber jetzt war alles zu spät: Meine Blase war dicker als meine Eier, ich mußte dringend auf die Toilette, und meine Situation war alles andere als dafür geeignet.

Ute lag halb auf mir, ihre Zunge steckte in meinem Mund und lieferte sich mit der meinen einen heftigen Kampf um Millimeter, ihre eine Hand hatte sie irgendwo hinter meinem Kopf, während mich die andere unter meinem T-Shirt streichelte; meine linke Hand lag ziemlich dämlich an meiner Seite, und die rechte kämpfte sich gerade unter ihrer für solche Situationen eindeutig zu engen Jeans nach unten vor, genau zwischen den Pobacken hindurch.

Ich unterbrach die Knutscherei. »Sag mal, Ute«, begann ich reichlich lahm. *Mieser Liebhaber!* schoß es mir durch den Kopf. »Ich müßte mal, na ja ...«

»Was denn?« fragte sie; ihr Lächeln wirkte verunglückt und besoffen zugleich. Langsam ließ sie eine Hand über meine angeschwollene Hose gleiten.

»Na ja, ich müßte mal.« Ich wußte, daß sich das nur peinlich anhören konnte. »Na ja, ich muß eben aufs Klo, ich muß pinkeln, das Bier, weißt du.«

Ihr Lächeln entgleiste kurz. »Das macht doch nichts«, tröstete sie mich. »Aber wir müssen schauen, daß niemand aufwacht.«

Es wurde ein mittleres Drama, weil ich schon beim Aufstehen Probleme bekam und mehr torkelte als stand. Ich zog mich wieder halbwegs ordentlich an und ließ mir von Ute den Weg zur Toilette zeigen – rund vier Meter über den Flur, mehr nicht. Das Pissen erledigte ich recht schnell, anschließend wischte ich die Brille mit Toilettenpapier sauber, wusch mir die Hände, spülte den Mund aus, um den Geschmack nach Schnaps, Bier und Wein loszuwerden, schaute sogar kurz in den Spiegel und ging zurück. Leise war ich auf jeden Fall, so wenig hatte man seit langem nicht mehr von mir gehört.

Als ich ins Zimmer trat, lag Ute auf dem Bett; sie schlief auf dem Rücken, den Mund offen. Immerhin hatte sie einen Teil ihrer Kleidung ausgezogen und lag jetzt mit Unterhose und T-Shirt auf der halb zurückgeschlagenen Decke. »Das darf nicht wahr sein!« stöhnte ich halblaut und trat näher, wäre fast über Utes Jeans gestolpert, die mitten im Raum auf dem Boden lag. Ich stützte mich auf das Bett.

Kurz entschlossen zog ich mich komplett aus und legte mich zu Ute, umarmte sie, fing damit an, ihre Haare zu durchwühlen und ihr vorsichtig einige Küsse ins Gesicht zu drücken. Kein Erfolg; sie schlief tief und fest. Auch als ich ihr das T-Shirt und die Unterhose abstreifte und die Decke über sie und mich zog, reagierte sie nicht. Ich streichelte ihre Brust, huschte mit der Zunge über die Brustwarzen und streichelte die Innenseite ihrer Oberschenkel.

Ute wurde wach, schenkte mir einen tiefverschleierten Blick. »Komm, laß uns endlich ficken«, murmelte sie; ihr Mund näherte sich dem meinen, und sie schob die Zunge erneut in meinen Hals.

Sie roch streng, und als ich zum Nachttisch blickte, wußte ich warum: Die kleine Chantré-Flasche war so gut wie leer, und sie sah beim besten Willen nicht so aus, als hätte Ute sie tagelang im geöffneten Zustand aufbewahrt. Ich unterbrach die Knutscherei, schnappte mir die Flasche, setzte an und trank sie auf einen Zug aus, ließ sie auf den Boden fallen; dann zog ich Ute erneut an mich.

Mein Schwanz pochte gegen ihren Bauch, der Zeigefinger strich über Utes feuchte Spalte, suchte nach einer Möglichkeit, weiter vorzudringen. In diesem Moment drehte sich Ute zu mir um, griff nach meinem Schwanz, mehr hart als zärtlich, umfaßte ihn und begann ziemlich heftig zu massieren. Das kam so unverhofft, daß mir fast die Spucke wegblieb und ich kurzfristig alle eigenen Aktivitäten einstellen mußte.

Sie rubbelte, und sie scheuerte, und dabei brabbelte sie in einem fort merkwürdige Worte vor sich hin, die ich in meinem vollgesoffenen Hirn ohnehin nicht verstehen konnte. Dann hielt Ute plötzlich inne, drehte sich auf den Rücken, blickte mich aus halbgeschlossenen Augen an. »Na, komm schon«, flüsterte sie, »fick mich schon!«

Ein Rest von Hirn war mir erhalten geblieben. »Nimmst du die Pille?« fragte ich, während ich mich auf sie legte, mit beiden Händen ihren Po umfaßte, ein bißchen suchte und dann mit einem kräftigen Stoß meinen Schwanz in ihre Möse schob.

Ute seufzte nur leicht auf und schüttelte den Kopf. »Nein«, murmelte sie, und ihr Kopf rollte zur Seite, »nein, nein, ich krieg' da bloß Anfälle von.« Ein Speichelfaden lief ihr aus dem Mundwinkel und sickerte in das Kissen, doch dann fing sie sich wieder und starrte mich an. »Mach schon«, flüsterte sie, »mach schon!«

Und ich machte. Es war eine hundsmiserable Nummer. Ute lag da, stierte stockbesoffen gegen die Decke, seufzte und stöhnte gelegentlich ein bißchen vor sich hin, wobei ich mir nicht klar darüber wurde, ob das vom Saufen oder vom Ficken kam; mein Kopf war völlig zu, und ich rammelte völlig bescheuert vor mich hin. Als es mir nach höchstens einer Minute stumpfen Gebolzes schon kam, zog ich einfach meinen Schwanz raus, registrierte am Rand, daß die ganze Soße auf das Bett lief, blieb halb auf Ute liegen und pennte sofort ein.

4.

Irgendwann kam ich wieder zu mir, zuerst war ich völlig orientierungslos. Ute lag neben mir, immer noch oder schon wieder auf dem Rücken; ihr Mund war geöffnet, und sie schnarchte halblaut. Die Kerzen waren so gut wie abgebrannt, das Zimmer wurde nur durch das Licht einer Straßenlampe von außen erhellt. Ich kroch aus dem Bett, stolperte – immer noch völlig besoffen – durch das Zimmer und erreichte irgendwann die Tür. Den Lichtschalter fand ich ebenfalls: Ich drückte ihn, schloß sofort die Augen, als mich das Licht blendete.

Trotzdem hatte ich die Zeit auf dem Wecker registriert. Es war knapp nach fünf Uhr, und theoretisch sollte ich kurz nach sechs Uhr im Supermarkt antanzen. Mir war völlig schleierhaft, wie ich das schaffen sollte. Zudem mußte ich schon wieder pissen.

In meiner Situation war es mir völlig egal, daß ich splitternackt über den Flur des Personalgebäudes eines recht angesehenen Hotels torkelte. Ich fand das Klo, traf beim Pissen sogar einigermaßen die Schüssel, registrierte am Rande, daß meine Sackhaare völlig verklebt waren, und torkelte zurück zu Utes Zimmer.

Ein Rest von wachem Bewußtsein riet mir, mich nicht wieder hinzulegen, obwohl mein ganzer Körper nach weiterem Schlaf schrie. Mein Mund war ausgetrocknet, und ich stank garantiert bestialisch; in meinem Kopf tobte eine Schlacht zwischen den Cognac-, Schnaps-, Bier- und Weinresten, eine verheerende Mischung. Mühselig raffte ich meine Klamotten zusammen, schnürte meine Stiefel halbwegs zu, zog mir die Lederjacke über und schlich aus dem Zimmer. Das Licht, das ich zum Anziehen gebraucht hatte, machte ich gleich wieder aus; zu Ute drehte ich mich nicht einmal mehr um.

Ich schaffte es, den Gang entlang und die Treppe hinunter zu kommen, ohne auf die Fresse zu fallen, was mich selbst verwunderte. Als ich vor dem Gebäude stand, traf mich die frische Morgenluft wie ein Schlag, mir war kalt, und ich beschloß, einfach loszugehen. Auf diese Weise, so hoffte ich, würde ich am schnellsten nüchtern werden. Langsam setzte ich Schritt vor Schritt, mußte ab und zu anhalten, um das Pochen in meinem Schädel unter Kontrolle zu behalten.

Die Mixtur war schlecht gewesen; dabei lernte man schon als Kind, daß man zu viele Alkoholika nicht durcheinander trinken durfte. *Mist, verdammter!* Ich murmelte vor mich hin, verfluchte mich und meine Dämlichkeit und wurde dabei unmerklich schneller, als sich eine gewisse Routine in meine Bewegungen schlich. Wenn mich um diese Zeit jemand angehalten hätte, wäre ich sicher in den Verdacht geraten, direkt aus dem Irrenhaus entwischt zu sein.

Nach gut einer halben Stunde war ich vor unserer Haustür angelangt. In der Tat fühlte ich mich fast schon nüchtern, ich schwankte nicht mehr, aber das Dröhnen in meinem Kopf hielt nach wie vor an. Ich schloß die Tür auf, schmiß meine Klamotten in mein Zimmer, ging ins Bad und stellte mich unter die Dusche, trank dabei in gierigen Schlucken das lauwarme Wasser aus der Brause. Es dauerte eine Weile, bis ich mich sauber und fit fühlte, bis die Haare ganz normal über die Ohren hingen und ich das Gefühl hatte, die Sackhaare ordentlich gereinigt zu haben.

Martin schlief noch, und ich schaffte es, neue Klamotten anzuziehen, eine halbe Flasche Mineralwasser zu trinken und die Wohnung zu verlassen, ohne ihn durch Lärm aus dem Bett zu schmeißen. Die Fahrt mit dem Rad bis zum Supermarkt war kein Spaß, denn ich merkte, wieviel Alkohol ich wirklich im Blut hatte: Daß ich nicht vom Geh- und Radweg fiel und von einem der Lastwagen überrollt wurde, die an mir vorüberdonnerten, war alles.

Aber ich schaffte es: Mit höchstens vierzig Minuten Verspätung erreichte ich den Supermarkt, huschte durch den Personaleingang nach oben und tastete mir erst einmal im Aufenthaltsraum einen Kaffee, trank ihn aus, holte mir eine heiße Schokolade nach und trank diese ebenso hastig, verbrannte mir dabei fast Zunge und Gaumen. Hunger hatte ich, aber ich fand auf die Schnelle nichts zum Essen, nicht einmal einen Schokoriegel. Das konnte ja heiter werden! Glücklicherweise waren im Moment keine Supermarkt-Beschäftigten im Raum; deren Gesabbel hätte mich umgebracht.

Mit gemütlichen Schritten ging ich um das Gebäude herum, näherte mich dem Lager von hinten. Als ich ankam, zog Nagelschmied gerade einen Hubwagen mit einer Bierpalette. »Gut, daß du kommst, Meißner«, sagte er, ohne mich zu begrüßen. »Der Lehmann sucht dich überall. Du bist doch heute in der Obstabteilung eingeteilt.«

Auch das noch! Ich hatte diese Tatsache völlig verdrängt. Am liebsten wäre ich sofort wieder umgekehrt und hätte mich zuhause ins Bett gelegt, um meinen Schlaf nachzuholen. So ein Dreck!

Ich nickte Nagelschmied zu, flitzte durch das Lager, zog mir unterwegs einen weißen Arbeitskittel an – im Lager mußte man schließlich grau, im Markt selbst weiß tragen – und meldete mich bei der Obstabteilung. Dort bauten schon drei Verkäuferinnen auf. »Appetitlich« sollte alles aussehen, das war die interne Anweisung, und natürlich sollten die Sonderangebote besonders hervorgehoben werden. Und das jeden Morgen aufs neue.

Frau Hemmerle, die an diesem Tag die Obstabteilung zu leiten hatte, musterte mich ungnädig. »Sie sind spät dran, Herr Meißner«, sagte sie mit deutlich kühlem Unterton in der Stimme. Sie war Ende der 40, hatte gut ihr halbes Leben schon in irgendwelchen Läden und Supermärkten verbracht, immer als einfache Verkäuferin, immer teilzeitbeschäftigt, immer unterbezahlt und immer ohne jegliche Chance, jemals zu einer – wie auch immer – gehobenen Position aufzurücken.

Sie hatte wahrscheinlich Kinder, die in meinem Alter waren, strebsam studierten, zur Schule gingen oder ordentlich arbeiteten. Ich wußte es nicht, Frau Hemmerle betrachtete mich offensichtlich als Untermenschen und redete nur das nötigste mit mir. Menschen wie ich mußten ihr einfach ein Greuel sein.

Ich murmelte eine Entschuldigung, von wegen, »ich hab' verschlafen, normalerweise arbeite ich heute ja nicht«; dabei senkte ich schuldbewußt ein bißchen den Kopf. So etwas machte sich immer gut. Frau Hemmerle sagte, ich solle mit den Bananen anfangen, und dann hatte ich meine Ruhe.

»Die Bananen«, das hieß, die Bananenkartons, die vom Großmarkt gekommen waren, möglichst interessant zu präsentieren. Zwei Paletten mit Bananen bildeten die Grundlage, darauf baute ich den Rest auf: zuerst geöffnete Kartons, die hinteren davon standen schräg. Die gelbe Pracht reichte noch nicht aus; ich stapelte weitere Bananenstauden darauf. Für den Kunden sollte der Eindruck entstehen, daß sich frische Bananen bis fast zur Decke häuften. Sie mußten so gelegt werden, daß die Rundungen der Stauden nach oben schauten, und so konnte man gut einen halben Meter Bananen lose ansammeln. Es war eine vergleichsweise angenehme Arbeit, denn niemand störte einen, aber sie mußte gut gemacht sein. Mit Bananen machte der Supermarkt einen großen Umsatz. Mir war das völlig schleierhaft, denn ich mochte die gelben Südfrüchte überhaupt nicht.

Mir war nach wie vor nicht besonders gut, und das Gesabbel der Verkäuferinnen hinter mir, die sich über das Fernsehprogramm des Vorabends und den neuesten Klatsch aus dem englischen Königshaus unterhielten, bereitete mir neuerliche Kopfschmerzen. Nachdem ich mit den Bananen fertig geworden war, packte ich die leeren Kartons auf eine Palette, fuhr diese mit einem Hubwagen hinaus vors Lager, stellte sie dort neben dem Container ab. Später würde eine alte Frau kommen und sie abholen; keine Ahnung, für welchen Zweck. Ich hatte sie nie gefragt.

Schwungvoll rollte ich mit dem Hubwagen ins Lager zurück. Nagelschmied stritt sich wieder einmal mit einem Lastwagenfahrer herum, der anscheinend nicht korrekt angeliefert hatte. Das war mir gerade recht. Aus einem Bierkasten in der zweiten Palettenebene klaute ich eine Flasche, öffnete sie an einer Metallkante und nahm einen kräftigen Schluck. Es war halb acht Uhr morgens, und sofort fühlte ich mich besser. Nach einem kräftigen

Rülpser deponierte ich die Flasche zwischen zwei Paletten, damit sie nicht gleich jeder sehen konnte, und ging zurück zur Obstabteilung.

Der nächste Job war weniger angenehm, vor allem, was den Gestank anging: Ich mußte das matschige Obst des Vortages aus den Obstkisten sortieren. Also schnappte ich mir Handschuhe und griff mir die fauligen Tomaten, warf sie zur Seite, so daß nur die frisch aussehenden übrig waren. Daß die Tomaten nach einem Tag bereits super-scheiße aussahen, war für mich Grund genug, hier nie welche zu kaufen. Dasselbe galt für halb zerquetschte Äpfel, angegammelte Salatköpfe und holländische Gurken, an denen bereits ein weißlicher Flaum hing.

Zumindest konnte man gut vor sich hindösen. In Gedanken hämmerten sich nacheinander KGBs »Party-Sahne« und Razzias »Nacht im Ghetto« durch mein Hirn, dann dachte ich an die völlig verkorkste Nacht mit Ute, und ich registrierte mit milder Verwunderung, daß sich in meiner Hose schon wieder was rührte. Allein der Gedanke an den zuviel genossenen Alkohol ließ aber ein Würgegefühl im Hals aufsteigen. Wie ich den Tag überstehen sollte, war mir völlig schleierhaft; ich sehnte mich jetzt schon nach der Pause, in der ich etwas essen wollte. Aber bis dahin dauerte es noch gut eineinhalb bis zwei Stunden.

»Sie leisten ja heute morgen wieder richtig gute Arbeit«, hörte ich plötzlich Lehmanns Stimme hinter mir. Diese Pißnelke von Marktleiter hatte die unangenehme Eigenschaft, immer dann aufzutauchen, wenn man gerade in Gedanken war; und zu allem Überfluß sprach er einen gerne von hinten an. »Aber Sie waren heute ein bißchen spät dran«, fügte er hinzu. Ich drehte mich um, wollte ihm ebenfalls etwas von »verschlafen« erzählen. »Und sonderlich gut aussehen tun Sie heute morgen auch nicht«, schob Lehmann mit scheißfreundlichem Gesicht nach. »Ist Ihnen heute etwa nicht gut?«

»Nein, nicht besonders«, brummte ich, »muß gestern wohl was schlechtes zu mir genommen haben. Deswegen kam ich auch nicht zeitig.« Die Lüge kam mir glatt über die Lippen, und so gelogen war es nicht einmal. *Immerhin hab' ich tatsächlich viel zu mir genommen*, dachte ich im Versuch, Eigenironie zu beweisen.

»Gut. Arbeiten Sie weiter«, sagte Lehmann. »Vielleicht finden wir heute morgen mal Zeit, uns zu unterhalten. Haben Sie über das letzte Gespräch nachgedacht?«

Zuerst fiel mir nicht ein, was er meinte, doch dann erinnerte ich mich daran, daß er mir einen »richtigen« Job angeboten hatte, sogar eine Lehre als Einzelhandelskaufmann – ganz toll! »Ähm, ja«, stammelte ich, »aber ich bin noch zu keinem richtigen Entschluß gekommen.«

»Macht nichts.« Der Marktleiter hob grüßend die Hand, strahlte mich feist und falsch an und ging weiter. Ich fühlte die Blicke von Frau Hemmerle und den anderen Verkäuferinnen auf mich gerichtet, kümmerte mich deshalb lieber wieder um das faulige Obst, wischte schmierige Tomaten sauber und baute danach Äpfel zu grünen und roten Pyramiden auf.

Mit dem Hubwagen brachte ich das vergammelte Obst hinaus, schmiß es in den Preßcontainer, schaltete die Maschine ein und schaute zu, wie die Ramme den ganzen Dreck mit knirschenden Geräuschen nach hinten schob. So ähnlich fühlte ich mich im Moment auch: zerquetscht, zur Seite geschoben und als Müll so richtig gründlich ausgekotzt. »Du kannst gleich die frischen Tomaten reinnehmen!« rief mir Nagelschmied zu, der gerade mit dem Hubstapler vorbeifuhr, und wies auf die Palette mit den flachen, grünen Kartons.

Ich nickte. Doch zuvor ging ich zu meinem Bierversteck, holte die Flasche hervor und trank sie mit einem kräftigen Zug leer. Dann drückte ich den Deckel wieder drauf und stellte sie in den Kasten. Wenn alles glatt ging, kaufte irgendein Idiot den Bierkasten und merkte nicht mal sofort, daß eine Flasche bereits ausgetrunken war – die Leute waren meist zu blöde, um das gleich zu checken.

Mit der Tomaten-Palette bekam ich auf einmal massive Probleme: Als ich um die Ecke bog, mehr torkelnd als geradeaus ge-

»Das ist Gefühl / Spiel ohne Sorgen / die lustigen Leichen / der Tanz ohne Morgen.«

(Killerpralinen, 1982)

hend, knallte die Palette gegen die Wand, geriet ins Trudeln, wäre fast umgekippt. Mühsam schaffte ich es, das wackelige Gebilde weiterzubringen und an seinem Platz abzustellen.

Frau Hemmerle schien meinen Zustand richtig einordnen zu können. »Gehen Sie mal rüber zu Milch und Käse!« ordnete sie barsch an. »Mit Ihnen ist ja so nichts anzufangen. Wenn der Markt eröffnet ist, helfen Sie aber hier beim Obst. Hoffentlich sind Sie dann halbwegs fit.«

Mir sollte es recht sein. Die folgende Stunde verbrachte ich damit, Paletten mit Käse, Butter und abgepackter Milch in die Frische-Abteilung zu bringen und dort einzuräumen oder einfach an den entsprechenden Platz zu stellen. Auch das war ein vergleichsweise gemütlicher Job, denn hier wurde ich praktisch nicht kontrolliert, mußte eben einfach die Arbeit erledigen. Da fiel das Zittern meiner Hände ebenso wenig auf wie ein gelegentlicher

Rülpser, den ich kaum unterdrücken konnte. Die für die kleine Abteilung zuständige Verkäuferin hatte derzeit Urlaub, deshalb wurde alles »nebenbei« verwaltet.

Kurz nach neun Uhr meldete ich mich bei Frau Hemmerle zurück; nach einer kleinen Pinkelpause und einem weiteren Bier. Ich fühlte mich halbwegs normal; das Brummen im Kopf war verschwunden, der schale Geschmack im Mund auch. Dennoch hatte ich Probleme, mich klar zu artikulieren oder richtig zu gehen, ich mußte mich stets konzentrieren; der Alkohol würde mich den ganzen Tag über garantiert nicht aus seinen Klauen entlassen. Der Markt war mittlerweile offen, überall standen Kunden, mehrheitlich Hausfrauen, mit ihren Einkaufswagen, und luden Ware in die Drahtgestelle.

Noch eine Stunde! hielt ich mich selbst aufrecht; nach zehn Uhr konnte ich endlich in die Pause gehen. Jetzt waren Frau Hemmerle und die Verkäuferinnen, die den Aufbau geleistet hatten, dran. Frau Hemmerle würde nach ihrer Pause wieder am Obststand antreten, die anderen Frauen einige Kassen besetzen. Solange war ich allein für die ganze Abteilung verantwortlich.

Ich haßte diese Arbeit. Vor allem deshalb, weil überall Schilder hingen, in denen die Kundinnen dazu aufgefordert wurden, »die Hilfe unseres gut ausgebildeten Personals in Anspruch« zu nehmen. Zähneknirschend erfüllte ich die Wünsche älterer Damen in geblümten Kleidern und mit Dauerwellen, lud ihnen frische Äpfel und Tomaten, Lauch und Gurken in Plastiktüten, wog die Ware ab, schrieb den Preis darauf und beantwortete mit falschem Lächeln die dümmsten Fragen.

Bis diese eine Frau kam. Schätzungsweise Ende der zwanzig, maximal anfangs der dreißig. Schlank, einen Kopf kleiner als ich. Ein bißchen teuer gekleidet, nicht im üblichen billigen Hausfrauen-Dreß, der in diesem Supermarkt besonders gerne ausgeführt wurde, sondern mit einer Art Hosenanzug. Kurze dunkle Haare, modisch geschickt ins Gesicht gewirbelt, und darunter der verkniffene Gesichtsausdruck, diese Fresse, von wegen, »Ich hab' mein Leben schon gelebt, weil ich schon über dreißig bin«, die ich schon von Lehrern, Polizisten und anderen Beamten her kannte. Ich konnte mir richtig vorstellen, daß sie verheiratet war, ein Kind hatte und der Mann im Dauerstreß versackte. Eine Lebensperspektive, vor der mir aus tiefstem Herzen graute.

Offensichtlich mußte die gute Frau in irgendeiner Weise ihren Frust kompensieren. »Machen Sie mir doch mal ein Pfund Tomaten in die Tüte!« forderte sie mich auf. Als ich damit anfing, stand sie auch schon neben mir. »Das sind aber keine schönen Tomaten; Sie sollten mir schon die schönen, frischen geben, nicht den alten Kram.« Ich schluckte trocken, folgte ihren Anordnungen, packte die gewünschten Früchte zusammen. Danach wollte sie

Bananen und Äpfel, Lauch und Gurken, und an allem nörgelte sie herum.

Ich war kurz davor, in die Luft zu gehen. Ihre leise Stimme, die akzentuiert ausgesprochenen Worte, dieser Unterton von Herrenmenschentum – das alles trieb mich langsam in den Wahnsinn. Aber ich blieb ruhig; zwar lächelte ich nicht, und ich sagte kein einziges freundliches Wort, aber ich blieb cool, hielt die Klappe.

»Und jetzt hätte ich gerne noch zwei Salatköpfe, so richtig guten grünen Salat«, forderte sie, »aber keinen angegammelten und keinen zermatschten.«

»Das können Sie sich doch selbst aussuchen«, wagte ich, schon recht genervt, einen Einwand, »den muß ich nicht abwiegen, da brauchen Sie mich doch nicht.«

»Soll das heißen, Sie weigern sich, mich zu bedienen?« Ihre Stimme bekam einen lauernden Unterton, die Augen schienen zu flackern.

»Nein, nein«, wehrte ich ab, »aber ich muß ja an meine andere Arbeit denken.«

Ihr Ton wurde schärfer. »Ich möchte, daß Sie die zwei Salatköpfe für mich aussuchen und ordentlich einpacken. Und zwar sofort!« Sie lächelte kurz und fies. »Mach das jetzt, Kleiner, oder ich beschwere mich über dich.«

Meine Sicherung brannte durch, ich beugte mich nach vorne und starrte ihr direkt ins Gesicht. »Paß auf, du gottverdammte Schlampe«, zischte ich, »mir ist scheißegal, was du machst, du kannst dir hier wegen mir sogar eine Gurke reinschieben, Hauptsache, ich muß deine Fresse nicht mehr sehen.«

Wieder flackerte es in ihren Augen auf, diesmal aber nicht frech oder gehässig; ihr Gesicht lief weiß an, dann bildeten sich rote Flecken auf ihren Wangen, sie drehte sich auf dem Absatz um und rauschte ab. Der Weg, den sie einschlug, war mir bekannt: zu den Kassen, zum Informationsschalter und dann direkt zum Marktleiter. Aber das war mir nun auch egal.

Es dauerte keine drei Minuten, dann war sie wieder da, ein triumphierendes Grinsen im Gesicht, mit Lehmann im Schlepptau. Der Marktleiter sah gar nicht erfreut aus. »Wie konnten Sie so etwas tun, Meißner?« fragte er, offenbar völlig irritiert. »Sie entschuldigen sich jetzt sofort bei der Dame, und dann melden Sie sich in meinem Büro.«

Jetzt wurde ich langsam stinkig; der Alkohol steckte ohnehin noch bis zur Halskrause in mir, und ich hatte mir in den letzten Stunden genug Nachschub zugeführt. Diese blöde Schnalle kam mir ebenso recht wie der Marktleiter – das brauchte ich mir nicht zu gefallen lassen!

Ein letzter Rest von Hirn ließ meine Schimpfkanonade bei einem »Du ...« schon stoppen, aber den Satz »Sie können mich mal«

konnte ich mir doch nicht verkneifen.

Lehmann stierte mich an, ungläubig bis in die Knochen, tatsächlich bis ins Mark erschüttert; die nervende Tante von vorhin bemühte sich um einen möglichst coolen Ausdruck, während sich langsam einige Neugierige in unserer Nähe sammelten. »Das ... das ... so geht das aber nicht«, brachte Lehmann dann hervor. »Sie können doch nicht einfach ... das geht doch nicht ... diese Dame hier ist eine Kundin.«

Und ich bin Punkrocker! dachte ich hämisch. »Mir doch egal«, knurrte ich nur und drehte mich um, ging in Richtung Kassen, dann hoch in den Aufenthaltsraum. Dort hockte ich mich an einen Tisch, ignorierte das aufgeregte Plappern von Frau Hemmerle, trank in aller Gemütsruhe einen Kaffee, schaute zum Fenster hinaus, wo immer wieder neue Fahrzeuge auf den Kundenparkplatz rollten und Mengen von Kaufsüchtigen ausspuckten. Irgendwie war ich richtig froh über diese Entwicklung.

Der Rest ging recht schnell. Lehmann kam wenig später nach, zitierte mich in sein Büro. Die Standpauke des Marktleiters ließ ich ruhig, fast gelangweilt über mich ergehen. So könne es nicht gehen, sagte er, er sei sehr enttäuscht von mir, er habe sehr viel von mir gehalten, aber so könne man Kunden einfach nicht behandeln. Er versuchte es auf die gute Tour, von wegen, ich hätte mich doch freundlich entschuldigen können, dann hätte er mich öffentlich angeschissen, und die Sache sei ausgestanden gewesen. Ich reagierte nicht einmal auf sein Geschwätz, hörte ihm stumm zu, schaute wieder zum Fenster hinaus.

»Was ist los mit Ihnen, Meißner?« fragte Lehmann, nachdem sein Redeschwall versiegt war. »Ist Ihnen nicht gut? Können wir das ganze heute auf eine Mißstimmung Ihrerseits schieben? Wäre das vielleicht eine Erklärung?« Als ich nicht reagierte, geriet er glatt ins Stottern. »Ja, ähm, dann machen, na ja, dann müssen wir, ähm, also ...«

»Wissen Sie was«, unterbrach ich ihn, »lassen wir das. Sie haben ja meine Adresse. Schicken Sie mir den Scheck mit dem ausstehenden Geld einfach per Post zu; auf ein Arbeitszeugnis lege ich keinen Wert, und irgendwelche Papiere für mich haben Sie wohl kaum.«

Dann drehte ich mich um, murmelte noch ein »Wiedersehn« und ging zur Tür hinaus, ignorierte Lehmanns Ruf, den er mir nachschickte. Als ich die Treppe hinunterstiefelte, kam ich mir fast wie ein Sieger vor, vor allem, als ich die glotzenden Augen der Kolleginnen sah. Einige standen an der Information und schauten mich an, andere blickten von den Kassen auf und folgten mir mit ihren Blicken durch den ganzen Markt.

Im Lager knallte ich meinen Kittel in die Ecke, wo auch Nagelschmieds Klamotten lagen. Der Lagerleiter hockte in seinem

Büro, einen Becher mit Kaffee in der Hand; er schien auf mich gewartet zu haben. *Gerüchte und Neuigkeiten verbreiten sich immer schnell,* dachte ich spöttisch.

»Du bist anscheinend völlig durchgeknallt, Meißner«, sagte Nagelschmied und schaute mich kurz an, dann wandte er den Blick. »Welcher Teufel hat dich denn geritten, so einen Scheiß zu machen?«

Ich hob die Schultern. »War vielleicht nötig«, murmelte ich nur, mehr fiel mir nicht ein.

»Ich versteh's nicht!« lamentierte Nagelschmied. »Du hast's doch gutgehabt bei uns. Konntest rumlaufen wie du willst, hast auch deine Arbeit gutgemacht. Und jetzt so was!« Er schüttelte den Kopf. »Wie soll ich denn die ganze Scheiß-Maloche ohne dich auf die Reihe kriegen?« fragte er mit einem Unterton von Verzweiflung.

»Wird sich schon jemand finden«, antwortete ich leichthin und hieb ihm auf die Schulter; Kaffee spritzte aus dem Becher auf den Kittel des Arbeiters. Er achtete nicht darauf, mein Rausschmiß schien ihm wirklich zu Herzen zu gehen. »Meld dich mal wieder«, sagte er zum Abschied, dann gab er mir die Hand.

Als ich über den Hof ging, vorbei am Müllcontainer, am Papiercontainer, am Leergutlager und an der Tankstelle, an der Laderampe, den herumstehenden Einkaufswagen, den parkenden Autos und den Kunden, bemerkte ich, daß einige Kollegen oben im Pausenraum standen und mir zuschauten. Ich ging zu meinem Fahrrad, drehte eine kleine Runde auf dem Parkplatz, schaute mir das ganze Areal ein letztes Mal an, dann trat ich heftig in die Pedale.

In diesem Moment fühlte ich mich gar nicht mehr so als der Sieger.

5.

An diesem Donnerstag besuchte ich nachmittags meine Eltern. Nachdem ich verschwitzt mit dem Rad bei ihnen auf dem Dorf eingetroffen war, hörte ich mir gut zwei Stunden Tadel und Ermahnungen an, futterte einen Riesenberg »Saure Knöpfle«, Spätzle in saurer Soße mit Bauernbratwurst, bis ich fast platzte und mir das Gerede meiner Eltern zu bunt wurde. Dabei hatte ich ihnen noch gar nicht von meinem Rausschmiß erzählt, hatte darauf keine Lust.

Als meine Mutter zum hundertsten Mal damit anfing, ich solle mir doch endlich mal die Haare ordentlich schneiden lassen und einen »anständigen Beruf« erlernen, ich sei doch jetzt »endlich zu alt für diesen Blödsinn«, reichte es mir. Ohne viel zu sagen, ging ich hinaus, preßte immerhin noch ein »Danke fürs Essen« heraus, schwang mich wieder auf mein Rad und fuhr zurück.

Zuhause trank ich zwei Bier, die ich extra zu diesem Anlaß in dem kleinen Markt am Platz klaute, und haute mich ins Bett. Wach wurde ich erst, als Martin von der Arbeit heimkam und in der Küche rumorte. Ich sagte gar nicht viel zu ihm, packte meinen Schlafsack, ging zur Tür.

»Wo willst du denn hin?« fragte er trotzdem.

Ich hob die Schultern. »Nach Tübingen mal wieder«, sagte ich. »Saufen.«

»Was auch sonst?« Martin hatte schon seit einiger Zeit resigniert, nur ab und zu regte er sich noch auf. »Und wie war's heute im Supermarkt?«

»Beschissen. Sie haben mich gefeuert.«

Als ich die Tür schloß, sah ich noch Martins erstauntes Gesicht; dann ging ich.

Von der Tramperstelle aus schaffte ich es mit zwei Autos nach Tübingen. Das Glück verließ mich aber, nachdem ich die Stadt erreicht hatte. Wie so oft bei diesen planlosen Touren war nichts los, ich traf meine ganzen Freunde nicht an, und vor dem Epplehaus standen bereits zwei Polizeiwagen. Was die Besatzungen im Jugendhaus suchten, war mir gleichgültig, vielleicht durchstöberten sie irgendwelche Räume auf der Suche nach Drogen oder politisch mißliebiger Literatur.

Auf eine erneute Kontrolle hatte ich zumindest keine Lust. Also ging ich in die Altstadt, holte mir zuvor in einem kleinen Supermarkt vor der Neckarbrücke ein Sixpack, hockte mich zu einigen Berbern in den Windschatten vor der Stiftskirche. Zwischen Brunnen und Kirche ließ es sich auch im September aushalten, und mehrere Biere sowie der rote Billigwein sorgten für entsprechende Wärme.

Später kamen einige Punks vorbei, wir holten uns im »X« Pommes frites und Currywurst, und als es dunkel und somit merklich kühler wurde, verzogen wir uns die Münzgasse, in das ehemals besetzte Haus. Zwischen billigem Rotwein und hastig besorgtem Büchsenbier von der Tankstelle verlor ich irgendwann das Bewußtsein.

Als ich am nächsten Morgen mit völlig verkatertem Schädel aufwachte, Lederjacke und Stiefel noch am Körper, erinnerte ich mich nicht mehr an sehr viel. Ich wußte nur noch, daß wir stundenlang uralte Tapes von Autofick, Zimt, den Atlantikschwimmern und Familie Hesselbach gehört hatten, immer wieder von unserem hysterischen Gelächter unterbrochen. Später hatte Hannes uns die altbekannten Geschichten von der KGB-Tour mit Toxic Reasons durch die Staaten mindestens zum vierzigsten Mal erzählt, und noch später hatte ein Typ mit schwarzen Klamotten, spitzen Schuhen und einer merkwürdigen Tolle, der sich Peter Puck oder so nannte, alle Papierfetzen mit einer lustigen Knollennasenfigur beschmiert, die er im Suff ständig »Rudi« nannte.

Auf jeden Fall war alles sehr lustig gewesen. Wie ich in die unbequeme Situation gekommen war, auf dem Flur vor dem Klo einer mir unbekannten Wohnung zu schlafen, wußte ich allerdings nicht. Schlau genug, meinen zusammengerollten Schlafsack als Kopfkissen zu benutzen, war ich immerhin gewesen.

Ich beschloß, die Details erst gar nicht rauszukriegen. *Lieber keinen neuen Ärger*, hieß meine Devise, und ich stand auf, ging zur Tür, öffnete sie, blinzelte in die ungewöhnliche Helligkeit und ging einfach hinaus. Die Tür machte ich hinter mir zu, die Treppe kam ich hinunter, und auf der Straße zwang mich der Blasendruck dazu, schnurstracks an einen Müllcontainer zu gehen und dort hinzupissen. Vorbeigehende Passanten, die aufgeregt tuschelten und maulten, ignorierte ich einfach.

Die Gegend kannte ich; es war immer noch die Münzgasse in Tübingen. Geschichtsträchtiger Boden, wirklich. Ich bildete mir ein, daß irgendein Student in der Nacht noch was über die Historie der Gasse erzählt hatte, aber das war mir jetzt auch gleichgültig.

Der Tag war erstaunlich warm; zwar schien nicht gerade die Sonne, aber das Nieseln des vorigen Abends hatte ebenso aufgehört wie der andauernde kühle Wind. Vielleicht bekamen wir noch einen »goldenen Herbst«; ich hoffte es. Der kleine Abstecher nach Tübingen hatte Lust auf weitere Touren gemacht; in meinem vom Bier vernebelten Kopf schmiedete ich bereits Pläne.

Ich klemmte mir den Schlafsack unter den Arm und ging Richtung Neckarbrücke. Irgendwie hatte ich Hunger, offenbar hatte ich in der Nacht nichts mehr gegessen, nur getrunken. Auf Dauer hielt das nicht einmal mein Magen mehr aus. In einer Metzgerei, die preiswertes, aber ganz gutes Tagesessen anbot, aß ich Schupfnudeln mit viel Sauerkraut und Speck. Um zehn Uhr morgens war das vielleicht nicht das ideale Frühstück, die Verkäuferin schaute auch leicht irritiert, aber es füllte meinen Magen ausreichend.

Im Supermarkt holte ich mir zwei Dosen Bier, dann begab ich mich zur Tramperstelle. Es ging nicht besonders gut, aber ich schaffte es bis zur Mittagszeit, wieder in meiner Kleinstadt zu sein. Zwar wußte ich nicht genau, was ich dort eigentlich wollte, aber mir fiel ebensowenig ein einziger guter Grund ein, an diesem Tag in Tübingen bleiben zu wollen.

Zuhause schmiß ich meinen Schlafsack in mein Zimmer, stellte leicht irritiert fest, daß Martin die Küche recht ordentlich aufgeräumt hatte. Bisher hatte er – zwar stets grummelnd – meinen Hang zum Chaos toleriert, bisher waren wir einigermaßen miteinander klargekommen. Eine intelligente Antwort auf seinen Ordnungswahn fiel mir nicht ein, also schnappte ich mir einen Science-Fiction-Roman, irgendwas Abgedrehtes von Philip K. Dick, ging wieder auf die Straße hinaus, besorgte mir einige Bier und hockte mich auf meine Lieblingsbank am Marktplatz.

Irgendwie hatten mich die letzten zwei Tage frustriert. Gut, ich hatte meinen Job los – keine schlechten Aussichten. Ich hatte ihn ohnehin gehaßt, obwohl ich das Geld hatte brauchen können. Jetzt mußte ich schauen, wie ich anderweitig zu Geld kam. Aber das hatte Zeit, die nächsten Tage und Wochen, so hatte ich vor, wollte ich erst einmal mit Reisen verbringen.

Sinnierend saß ich auf der Bank, trank das erste Bier leer, begann zu lesen, trank das zweite Bier an, legte das Buch zur Seite. Der Trip nach Tübingen war nett gewesen, aber umgehauen hatte er mich nicht. Genausogut hätte ich mich im Stadtpark besaufen können. Irgendwie war Punk früher lustiger gewesen, damals, zu Beginn der achtziger Jahre; als alles noch ganz anders gewesen war. Ich erinnerte mich wieder ... ja, damals die Geschichte mit dem Tonband und Vik ... Silvester 1981 auf 1982.

Es begann am frühen Nachmittag. Mit Fusel, den ich vor Viks Haustür aufgelesen hatte, ging ich nichtsahnend am Feuersee entlang. Plötzlich rollte etwas Rotes an uns vorbei, ich registrierte es nur am Rande, dann krachte es furchtbar, keinen Meter neben meinen abgelatschten Turnschuhen. Der Knallkörper war gut gezielt gewesen, unsere Reaktionen zirkusreif: Fusel sprang wie ein Idiot zur Seite, kalkweiß im Gesicht, und ich blieb stocksteif stehen, weil ich zu einer solchen Reaktion in dem Moment gar nicht fähig war.

»Hey, cool!« brüllte Vik, der mit einigen anderen um die Ecke rannte. »Saucool, Peter, du hast dich ja gar nicht erschrocken.«

Im Nu war ich der Held; alle dachten, ich sei tatsächlich so mutig. Großzügig verzichtete ich darauf, ihnen die Wahrheit zu erzählen. Einige neue Gesichter waren in der Gruppe; Vik nannte mir die Namen, ich vergaß die meisten sofort wieder.

Nachdem wir einen Kaffee bei einem dieser Bekannten getrunken hatten – seine Eltern waren im Ski-Urlaub, er hatte sturmfreie Bude –, teilte sich die Gruppe auf. Fusel, Vik, zwei andere und ich gingen in Viks Bude. Er wohnte zwar mit seiner reichlich schrägen Mutter zusammen; seine Zimmer, von denen er eines zum Schlafen und das andere zum Schreiben obskurer Gedichte nutzte, hatten vom Treppenhaus aus aber einen separaten Zugang. Wenn er wollte, konnte er seine Mutter so aus seinem privaten Bereich aussperren.

In meiner Tasche hatte ich neben meinem billigen orangeroten Schlafsack vor allem eine Flasche Himbeergeist, die mein Vater zu Weihnachten geschenkt bekommen hatte; sie war mit mir verschwunden, als der Weihnachtskater sich langsam in Wohlgefallen aufgelöst hatte. Wir mischten Schnaps mit Cola und erzählten uns dumme Feiertagsgeschichten.

Im Hintergrund liefen nacheinander Xao Seffcheque, dann Der Plan und The Wirtschaftswunder. Zu der Mittagspause-Live-Cassette »Punk macht dicken Arsch« tanzten wir so lange durch die zwei Zimmer, bis Viks Mutter aufgeregt gegen die Zimmertür trommelte und wir uns lachend beruhigten.

Danach schob Fusel eine Cassette in den Recorder, auf der er einige neue englische Bands aufgenommen hatte; er war als einziger von uns schon auf der Insel gewesen. »Das erste Stück ist von einer Band namens Exploited, die gerade tierisch abräumt«, erklärte er, »die haben auch ein ultrahartes Outfit. Und das ganze nennen die auf der Insel Hardcore-Punk.«

Gehört hatten wir natürlich alle schon von dieser neuen Punk-Richtung; da wir alle aber chronisch pleite waren, konnten wir uns so gut wie keine Platten leisten. Das Stück kam, es hieß »Daily News«, und es krachte ordentlich rein. Nach höchstens einer halben Minute verzog Vik das Gesicht: »Na ja, wenn das die neue Punk-Welle sein soll ... ich weiß ja nicht.«

Wir einigten uns darauf, daß diese neue Punk-Welle im Moment nicht unser Ding sein könnte. »Hardcore« – das hörte sich schon so gewalttätig an, und wir wußten aus Berichten von Freunden, wie sehr die Situation in Großbritannien im letzten Jahr eskaliert war. Da war es in Stuttgart, zumindest im Umfeld unserer Clique, noch recht beschaulich. Man prügelte sich mit Rockern herum oder lief am besten vor ihnen weg, aber es gab keine Straßenschlachten zwischen Skinheads und Punks; allein schon mangels Masse.

Und musikalisch war uns ohnehin nicht klar, wo die Sache hingehen sollte. Das zeigte sich auch in Viks Bude: Während der eine Teil, zu dem ich mich zählte, nach wie vor den alten England-Punk abfeierte, waren die anderen völlig auf die »neuen« Bands fixiert, die sich im Grenzbereich zur Neuen Deutschen Welle ansiedelten.

»Laß uns einfach rausgehen!« forderte uns Vik auf, bevor die Diskussion ausarten konnte. »Dunkel genug ist's ja schon.« Grinsend hielt er zwei Tonbänder hoch, die er auf Zimmermannsnägel gesteckt hatte.

Die Sache war einfach, wie sich auf der Straße schnell herausstellte: Man wickelte ein Ende eines Tonbands um einen Laternenpfahl, dann lief man los. Das Tonband spulte sich ab, das war's. Am nächsten Laternenpfahl wurde eine Schlinge angefertigt, dann ging es weiter, wobei wir das Tonband stets zwischen Brust- und Kopfhöhe abwickelten.

Natürlich reichte das nicht aus. Gelegentlich wechselten wir die Straßenseite, wobei das Tonband mitgespannt wurde, oder befestigten das Band an parkenden Autos, Haustüren, Fenstern und Zäunen. Nachdem wir auf diese Weise das halbe Tonband abgespult und einige Straßen damit verunziert waren, blieb uns nur eines übrig: sitzen bleiben, Wein trinken und lachend zuschauen, wie die Anwohner in die Bänder rannten, einer nach dem anderen.

Der erwünschte Effekt trat nicht so häufig ein, auch wenn in einem Fall ein völlig alkoholisierter Familienvater von einem Bandabschnitt in den nächsten stolperte und dabei wie ein Rohrspatz fluchte. Die meisten aber trafen mit dem Kopf ein Band, wischten es weg oder zerrissen es einfach.

»Wir müssen das schlauer anfangen«, maulte Fusel und nahm einen tiefen Zug; er rauchte den Joint in der hohlen Hand, reine Gewohnheit von der Schule her.

»Stimmt«, sagte Vik. »Auf die Treppen und hoch zur Karlshöhe!«

Die neue Idee kam uns wie gerufen. Wir spannten die Tonbänder kreuz und quer über Treppen, die sich Stuttgarts Hänge hochzogen, banden sie zwischen Hecken und Laternen fest und woben ein völlig wirres Netz aus Tonbändern zwischen die teilweise stockfinsteren Wege hoch zur Karlshöhe. Jetzt fingen sich auch Passanten in den Netzen, teilweise merkten sie es erst nach einiger Zeit.

Wir fanden es grandios. Hockten in den Büschen. Standen hinter Bäumen. Lachten uns fast schief, während Lambrusco-Flaschen kreisten und uns von innen wärmten. Kalt war es nämlich auf jeden Fall, und es war klar, daß es in dieser Nacht nicht wärmer werden würde. Aber irgendwann würde der offizielle Beginn des neuen Jahres sein, mit Feuerwerk und allem, was dazugehörte.

Nachdem wir beide Tonbänder, immerhin einige hundert Meter, gründlich abgewickelt hatten, verzogen wir uns über andere Wege hinunter von der Karlshöhe. Im »Exil« wärmten wir uns mit einem Kaffee auf und beobachteten mit immer breiter werdendem Grinsen einen Punkrocker, der an der Säule mitten in dem Laden

»Der Wecker klingelt so gemein / langsam wach ich auf / die Alltagsscheiße fällt mir ein / doch Arbeit hab ich nicht drauf.«
(Der Moderne Man, 1981)

stand und vor sich hinbrabbelte, offensichtlich besoffen bis unter die Haarwurzeln.

Bei Vik holten wir Knallkörper, dann zogen wir erneut los; es war gut eine Stunde vor Mitternacht. Überall waren Menschen auf der Straße, viele zogen zur Karlshöhe, um sich von dort das Feuerwerk über den Straßen Stuttgarts anzuschauen. Wir hatten noch einige Joints geraucht und etwas zu viel Wein getrunken, das machte uns mutiger und noch eine Spur verrückter.

Vik war der erste, der einen dieser großen roten Knallkörper schnappte, anzündete und dann in einen Briefkasten schob. Der Briefkasten war außen an der Wand angebracht, als separates Gehäuse; es krachte blechern und so laut, daß wir glaubten, man müsse es in der ganzen Straße hören; das Ding wackelte tatsächlich, aber es hielt. Wir rannten weg, bevor ein aufgebrachter Hausbesitzer hinter uns herflitzen konnte.

An der nächsten Straßenecke hielten wir an. Einige Fenster waren geöffnet, Menschen schauten heraus, beachteten uns aber nicht. »Glück gehabt«, meinte Fusel und grinste. »Ich will als nächster.«

Ich wies auf einen neuen, teuer aussehenden Mercedes, der am Straßenrand geparkt war. »Das hier find' ich besser.« Mit beiden Händen faßte ich ans Dach, dort war eines dieser merkwürdigen Sonnenschutzdinger aus Kunststoff befestigt; ich befingerte es. »Gib mir mal so einen Kracher!« forderte ich.

»Was hast du denn vor?« fragte Vik verblüfft, griff aber in seinen Rucksack.

Ich steckte den Knallkörper möglichst weit unter das Kunststoffelement, zündete es an. »Los!« brüllte ich, dann rannten wir erneut weg. Nur einige Meter weit, die Detonation stoppte uns. Der Krach war ebenfalls enorm, die Wirkung durchschlagend:

Das kleine Sonnendach wurde von der Wucht der Explosion weggesprengt und flog nach vorne, rutschte über die Windschutzscheibe bis auf die Motorhaube des Daimlers.

»Whow!« flüsterte Vik andächtig. »Das ist ja richtig gut.« Und wieder rannten wir weg, denn jetzt gingen auch einige Haustüren auf.

In dieser Nacht schien uns irgendein Schutzengel zu bewachen. Wir sprengten Briefkästen in die Luft, ließen weitere Sonnendächer bei Nobelkarossen durch die Luft fliegen, und später erklommen wir völlig besoffen die Treppen zur Karlshöhe, amüsierten uns über die an den Büschen und Laternenpfählen hängenden Reste unserer Tonbänder und ließen um Mitternacht oben auf der Kuppe unsere letzten Knallkörper krachen.

Irgendwann, noch später, knutschte ich auf der Karlshöhe mit einer Frau herum, die ich eine Minute zuvor erst kennen gelernt hatte, und noch viel später hingen wir wieder alle bei Vik in der Bude herum, stinkebesoffen, fröhlich und verdammt jung.

Es brachte nichts, über die alten Zeiten zu sinnieren. Punkrock im Jahr 1986 war nicht mehr Punkrock im Jahr 1981, das mußte ich einfach einsehen. Ich war keine 16 oder 17 Jahre mehr, ich war schon über zwanzig, und mein Leben hatte immer noch keine Perspektive. Wieder nahm ich einen Schluck vom Bier und steckte die Nase in das Buch, aber ich konnte mich beim besten Willen nicht konzentrieren, es ging nicht, mir fehlte die Geduld.

In diesem Moment schob sich eine Gestalt in mein Blickfeld; ich zuckte zusammen. Ute stand vor mir auf dem Gehweg, sie hatte nahezu dasselbe Outfit an wie beim letzten Mal: Jeans und Jacke, T-Shirt und Turnschuhe. *Das letzte Mal?* fragte ich mich selbst. *Das ist gerade mal einen Tag her, wenn man's genau nimmt.* Immerhin hatte sie die Fingernägel neu lackiert, es sah nicht mehr ganz so schäbig aus. Ich fühlte mich reichlich hilflos, hatte keine Ahnung, was ich machen sollte.

»Hallo, Peter Pank«, sagte sie, und ich grüßte mit einem »Hallo, Ute« völlig lahm zurück. »Ich hab' dich in der halben Stadt gesucht«, redete sie weiter und trat einen Schritt näher. »Was hast du die ganze Zeit getrieben?«

»War in Tübingen. Gesoffen und rumgehangen hab' ich.« Ich hob die Schultern. »Keine Ahnung. Das übliche halt. Und in der Firma haben sie mich rausgeschmissen, das ist mir aber egal.«

Ich ahnte schon, was sie von mir erwartete. Wahrscheinlich wäre es jetzt angebracht gewesen, von der Mauer zu springen, sie zu umarmen und ihr dann einen Begrüßungskuß ins Gesicht zu drücken. Aber dazu hatte ich keine Lust, es interessierte mich keinen Meter. So blieb ich auf der Mauer sitzen, hielt Distanz und zwang Ute dazu, zu mir aufzuschauen – und ich wußte nicht einmal, warum ich das tat. Ich war wieder mal richtig scheiße. Nur hatte ich nicht die geringste Ahnung, was ich überhaupt mit Ute anfangen sollte.

Sie schien selbst ein bißchen unschlüssig, stand auf dem Gehweg, schaute auf den Boden. Dann blickte sie hoch und fragte: »Was machst du denn heute Abend?«

»Ich geh' wahrscheinlich ins Jugendzentrum, da ist Disco, könnte vielleicht ganz gut werden.« Ich nahm einen Schluck von dem Bier, das noch neben mir stand, bot ihr aber nichts an. »Und morgen fahre ich nach Wackersdorf.«

»Aha.« Ute zog eine Schnute. »Das ist dann wohl nichts für mich.« Ihr fiel erstaunlich wenig ein, sie war überhaupt nicht redselig; kein Vergleich zu dem Tag, an dem wir uns kennen gelernt hatten. Mir kam's vor, als sei das ewig her.

»Ja. Hm. Da könntest du vielleicht recht haben.« Ich hob erneut die Schultern. »Ist halt alles nicht so einfach.«

Ute nickte. »Hm«, machte sie und drehte sich halb zur Seite. »Na ja, ich geh' dann mal weiter.« Sie hob grüßend die Hand, drehte sich endgültig und ging los; ihre Schritte waren sehr zügig, fast wirkte es, als wolle sie weglaufen.

»Vielleicht sehen wir uns mal wieder im Siff!« rief ich ihr nach, nicht sehr laut, aber verständlich. Sie reagierte nicht einmal, sondern ging schnell weiter. Ich schaute ihr nach, den Blick auf ihren Hintern gerichtet, der sich in der engen Hose hin- und herbewegte. »Wenigstens ficken hättest du sie noch mal können«, murmelte ich vor mich hin. »Depp!«

Ändern konnte ich jetzt nichts mehr. Ich trank mein Bier aus, nahm die zwei Dosen, zerdrückte sie und warf sie in einen Mülleimer neben der Bank. Dann hockte ich mich wieder hin. Irgendwie war an diesem Tag nichts los mit mir.

Ein VW-Bus fuhr vorbei, ich erkannte das Zeichen der Elektrofirma. Stefan hob grüßend die Hand, ich winkte zurück. Plötzlich hielt er an, rund hundert Meter, ließ den Motor laufen. Ich sprang von der Mauer, rannte hin.

»Ich bin wieder mal völlig im Streß«, sagte Stefan, seine Stimme klang gehetzt. »Aber wir fahren am Wochenende nicht nach Wackersdorf.«

»Wieso denn nicht? Ich hab' mich schon richtig auf einen Waldspaziergang mit ein bißchen Spaß und Spannung gefreut.«

Stefan kratzte sich an den schwarzen Bartstoppeln; wie es aussah, hatte er sich seit vier Tagen nicht mehr rasiert. »Wir fahren nach Reutlingen«, verkündete er, »da treffen sich die Faschos, und wir wollen sie blockieren.«

»Welche Faschos denn?«

»Die von der FAP. Bundesparteitag oder so ein Scheiß.«

Das klang interessant. Die FAP war noch relativ neu, aber im Stuttgarter Raum war sie uns schon mehrfach aufgefallen. In letzter Zeit hatten die rechten Skinheads vermehrt FAP-Abzeichen an ihren Bomberjacken getragen, die Bande schien gefährlicher zu sein, als wir ursprünglich angenommen hatten. Kein Vergleich mit 1981, fiel mir ein. Als ob uns das Skinhead-Problem nicht allein schon auf den Nerven gehen würde – organisiert waren die Burschen garantiert doppelt gefährlich!

Wir verabredeten uns erneut für die bereits ausgemachte Zeit. Samstag morgen, acht Uhr, im »Siff«. Ich hoffte schon jetzt, daß ich das überhaupt auf die Reihe kriegen würde. Das hieß für diesen Abend, nicht soviel zu saufen – und das, obwohl im Jugendzentrum diese Disco sein sollte. Mal sehen.

In Gedanken versunken ging ich in meine Bude zurück, leerte den Briefkasten. Zwei Postkarten für Martin, eine Werbedrucksache für ihn als offizieller Mieter, ein Brief für mich. Es war einer aus Holland. Sehr persönlich sah er nicht aus, eher wie eine Drucksache. Das machte mich neugierig, ich riß ihn sofort auf.

Der Brief kam von einem Monsieur Toussaint, einem »Zukunftsmacher und Psychoprognostiker«, wie er schrieb. »Auf solche Briefe kann ich gerade noch verzichten«, maulte ich vor mich hin.

Aber irgendwie schien meine Adresse in letzter Zeit bei einigen Adressenhändlern aufgelaufen zu sein, was dazu führte, daß mir ständig schwachsinnige Werbung ins Haus flatterte.

Immerhin überwand ich mich dazu, die ersten Zeilen zu lesen. »Sehr geehrter Herr Meißner, ich habe Ihre Adresse bei einer Ihnen sehr bekannten Person gesehen« – das übliche Blabla. Im zweiten Absatz kam es dafür knüppelhart: »Sie sind gerade dabei, das zu betreten, was die Glückswoge Ihres Lebens genannt wird. Eine einmalige Periode in einer für Sie ungemein günstigen Zeit.«

Toll! Eine Glückswoge hatte mir gerade noch gefehlt. Amüsiert las ich die nächsten Sätze, nach einigem Blabla ging es weiter: »Nur weil ich Sie als eine gute Person ausgesondert habe, der bisher im Leben alles versagt wurde, was ihr zusteht, schreibe ich Ihnen heute.«

Richtig gut wurde der Brief aber erst gegen Ende. Der Schreiber forderte dazu auf, ihm einen Hundertmarkschein per Post zu schicken, damit er mit seiner »persönlichen Arbeit« beginnen könnte.

Ich war völlig baff. Auf diese Weise sein Geld zu verdienen, das war ja grandios! Genügend hirnlose Menschen fanden sich garantiert, die einem die hundert Mark schickten; nicht per Einschreiben, nicht per Überweisung, einfach so. Grandios! Vielleicht sollte mich als »Peter Meißner, Zukunftsmacher und Psychoprognostiker« irgendwo niederlassen, schaden könnte das bestimmt nicht.

Das wäre die ideale Berufsidee: nicht viel arbeiten, aber viel Kohle kassieren, und niemanden würde stören, wie ich rumlief und den ganzen Tag verbrachte. Die Idee fing an, mich zu faszinieren.

Der Brief ging entsprechend weiter. Der Wahrsager entwarf ein tolles Zukunftsszenario für mich. Reichtum ohne Ende, Glück, wann ich es brauchte, keine richtige Arbeit mehr. Es hörte sich unglaublich toll an, ich war nach wie vor beeindruckt. Allerdings störten mich die hundert Mark, die der Kerl im voraus verlangte, schon ein bißchen.

Dummheit und Frechheit zugleich verdienten eine Bestrafung. Ich nahm den Briefumschlag, der zur Antwort beigelegt worden war, zur Hand. Auf dem Feld, das für die Briefmarke reserviert worden war, standen die netten Zeilen, »dieser Brief wird nur mit Marke befördert«; anscheinend waren dem guten Monsieur die deutschen Postregeln nicht in vollem Umfang bekannt. Ich klebte den Brief ordentlich zu, natürlich ohne Inhalt, und nahm mir vor, ihn gleich am Abend in den Briefkasten zu werfen.

Den Rest der Post steckte ich in den Karton, den Martin für das Altpapier und alte Kartons vorbereitet hatte. So langsam quoll der Karton über; er war voll mit alten Zeitungen, Werbebroschüren und anderem Müll. Es wurde Zeit, daß die Jungs von der Freiwilligen Feuerwehr mal wieder durch die Straßen fuhren, um Papier für die Aktion Sorgenkind zu sammeln.

Für mich zählte im Moment nur eines: Ich wollte diesen langweiligen Tag, an dem mich nichts so richtig begeistern konnte, so gut wie möglich herumzubekommen. Vielleicht bot sich am Abend die Gelegenheit, eine tolle Frau kennen zu lernen. Das wäre doch was!

6.

Natürlich war nichts aus der Absicht geworden, eine Frau kennen zu lernen und mit dieser ins Bett zu steigen, ebenso natürlich war ich in der Disco im Jugendzentrum nicht nüchtern geblieben. Selbstkritisch schaute ich an mir hinunter: abgerissene Klamotten, Löcher in der Hose, verdreckte Schuhe; und in meinem Kopf summte und brummte es wie eh und je am Morgen danach.

Ich stand am Tresen des Cafés Siff und wartete auf Stefan. Die Kneipe hatte tatsächlich morgens um sieben schon offen und schenkte Schnaps, Bier und Kaffee an die ersten Zecher aus. Den Schnaps und das Bier hatte ich abgelehnt, einen Gratis-Kaffee dankend angenommen. Vorsichtig schlürfte ich die heiße Brühe in mich hinein, froh darüber, daß ich an diesem Morgen überhaupt aus den Federn gekommen war.

Einige Männer saßen bereits an den Tischen im Café Siff. Zwei Italiener in Arbeitskleidung unterhielten sich bei einem Frühstück an einem Ecktisch offensichtlich über den Auftrag, der an diesem Tag auf sie wartete; lautstark genug war es. Die drei Berber mit langen Haaren und Bärten, die wohl gerade erst aus ihren Schlafsäcken von der Baustelle hinter dem Hauptbahnhof gekrochen waren, tranken ihren ersten Schnaps. Und ein Rentner saß an einem anderen Tisch, das Gesicht garantiert nicht grauer als das meine, und schüttete in durstigen Zügen sein Bier in sich hinein.

Um diese Zeit hatte ich es noch nie ins Café Siff geschafft, aber ich wußte, daß schon morgens um halb acht Uhr die ersten Trinker an den Tischen saßen und sich ihre tägliche Ration Alk holten. Beeindruckend, wirklich.

Ich nahm mir in diesem Moment ernsthaft vor, endlich mit dem Saufen aufzuhören. Oder es zumindest auf ein geringeres Maß einzuschränken. Auf die Dauer würde es mich wohl doch blöd machen, das war mir klar, und wenn ich mir die Schnaps- und Biertrinker am frühen Morgen ansah, sah ich eine mögliche Zukunft vor mir, die mir nicht schmecken wollte.

Die Tür ging auf, Stefan kam herein. »Na, schon wach?« fragte er mit breitem Grinsen. Er war komplett in schwarzes Leder gekleidet, in härtester Demo-Ausrüstung.

»Geht so«, brummte ich. »Im Auto werd' ich sofort einschlafen, verlaß dich drauf. Ich hab' gestern doch ein bißchen zu viel getrunken. Dabei war gar nicht so viel los, wenige Leute waren da. Aber immerhin war die Musik einigermaßen erträglich.«

Stefan verkniff sich die sonst üblichen hämischen Bemerkungen, ich trank in aller Gemütsruhe meinen Kaffee, wir wechselten einige flotte Sprüche mit der älteren Frau, die morgens den Betrieb im Siff aufrecht erhalten mußte, dann gingen wir hinaus. Wir stiegen in Stefans Privatwagen, einen uralten VW-Käfer, ich schnallte mich an, Stefan machte die Karre an, wir fuhren los, er legte eine Cassette ein, Ton Steine Scherben liefen, »Keine Macht für Niemand« und »Die letzte Schlacht gewinnen wir«, und ich schlief ein, noch bevor wir die Stadt verlassen hatten.

Als mich Stefan an der Schulter packte und wachrüttelte, näherten wir uns gerade der Stadtgrenze von Reutlingen. »Schau mal raus und helf mir«, forderte er mich auf, »ich hab' keine Ahnung, wo es genau hingeht. Vielleicht siehst du Leute, die Bescheid wissen.«

»Ich glaube nicht, daß die Nazis extra für uns Schilder aufgestellt haben«, murrte ich und versuchte mich zu strecken; Schlafen in einem VW-Käfer war nicht gerade bekömmlich und brachte jedes mal Gliederschmerzen mit sich.

»Das nicht. Aber du könntest trotzdem mal schauen. Die Bullen werden uns schon nicht aufhalten. Reicht ja, daß ich vorhin auf der Schnellstraße an dieser blöden Baustelle so lange warten mußte.« Stefan schaute mich prüfend an. »Bist du in Ordnung?«

Ich nickte. »Schon. Aber ich bräuchte was zu trinken.«

»Kein Alk jetzt!«

»Ja ja, schon recht. Halt doch mal da vorne bei der Tanke an, ich hol' mir 'ne Flasche Cola.«

»Gute Idee.« Stefan lenkte seinen Wagen in die Haltebucht bei der Tankstelle. Ich stieg aus und ging in den Kassenraum, holte mir eine Dose Cola aus dem Regal, bezahlte, ignorierte das blöde Glotzen des Jugendlichen hinter der Theke und ging wieder zu Stefan. Die Dose tranken wir aus, dann fuhren wir weiter.

Erstaunlicherweise sahen wir kein einziges Polizeifahrzeug, bis wir die Innenstadt erreicht hatten. Stefan, der sich in Reutlingen genauso wenig auskannte wie ich, steuerte direkt den Bahnhof an. »Von dort aus können wir uns garantiert durchfragen«, brummte er. Als wir in der Nähe des Bahnhofs plötzlich die ersten grünen Uniformen einerseits und Bunthaarige andererseits sahen, wußten wir, daß wir richtig waren.

Stefan steuerte das Auto in eine Tiefgarage direkt beim Bahnhof, dort stellte er das Auto ab. Wir verließen die Tiefgarage, gingen zum Bahnhof. Dort standen einige Autonome, alle halb vermummt, eine Gruppe von Punks lungerte in der Nähe herum. Es waren höchstens fünfzig oder sechzig Leute.

»Da tut sich noch nichts«, maulte ich. »Laß uns erst mal was futtern gehen.« Mein Magen meldete sich mit einem Leeregefühl, das Loch mußte gestopft werden.

Nach einigem Zögern willigte Stefan ein. Wir gingen die Straße vor dem Bahnhof entlang, bis wir zu einer Bäckerei kamen. Dort kauften wir einige Brötchen und hockten uns auf eine Treppe, die zur Eingangstür eines Hauses führte. Nachdem wir die trockenen Brötchen hinuntergewürgt hatten, schoben wir pro Mann noch eine Dose Cola aus einem Supermarkt hinterher. So vertrödelten wir über eine Stunde.

Als wir zum Bahnhof zurückkamen, hatten wir anscheinend schon einiges verpaßt. Jetzt fanden wir uns in einer Menge von einigen hundert Menschen wieder, die im Laufe des Vormittags auf rund fünfhundert Personen anwuchs. Es war eine bunte Mischung: einige Langhaarige mit Fusselbärten, die bunte Buttons trugen und furchtbar wichtige Flugblätter verteilten, haufenweise Autonome mit finsteren Gesichtern, Dutzende von Punks, dazwischen »normale« Demonstranten, wahrscheinlich aus den Reihen der Gewerkschaften und der SPD. Am Rand standen Polizisten in Kampfklamotten, die Helme auf dem Kopf, Schild und Knüppel schon zur Hand.

»Das kann ja heiter werden«, sagte ich zu Nobbe, einem Autonomen aus Stuttgart, der mir als erster über den Weg lief. »Das sind wieder mal viel zu viele Bullen.«

Er lachte kurz. »Bisher haben die sich zurückgehalten. Da vorne« – er wies auf ein Hotel schräg gegenüber des Bahnhofs – »tagen die Nazis. Das ist das offizielle Tagungshotel der FAP. Da kommt keine Maus hinein – und keiner raus; wir haben's vor einer Viertelstunde blockiert, und die Bullen haben nicht mal einen großen Aufstand gemacht. Wollen wohl den ganz massiven Ärger vermeiden, in Reutlingen ist doch Weinfest. Allerdings sind wir zu wenig, um rein zu kommen.«

»Wär' ja mal nicht schlecht.« Ich seufzte tief. »Mal einigen Nazis so richtig auf die Fresse hauen und nicht die ganze Zeit vor den Wichsern Schiß haben müssen.«

Eine Reihe ziemlich kräftig aussehender Polizisten schirmte das völlig verrammelte Gebäude gegen den Mob ab; einige ältere Männer auf unserer Seite diskutierten mit Polizisten. Angreifen konnte man in dieser Situation beim besten Willen nicht; ich schätzte, daß es mindestens so viele Uniformierte wie Demonstranten waren.

Neuen Zulauf für ihre Veranstaltung würden die Nazis auf der anderen Seite aber auch nicht erhalten: Wer vom Bahnhof, von der Tiefgarage oder einer der Nebenstraßen in das Hotel gehen wollte, mußte unweigerlich durch unseren Pulk hindurch. Und das würde sich jeder wohl zweimal überlegen.

»Ein Problem könnte es geben«, berichtete Nobbe weiter, »einige Dutzend Skins haben sich nämlich angesagt.« Er hob die Schultern. »Ja, ich weiß schon, kann die übliche Paranoia sein. Aber vorhin habe ich mitgekriegt, daß die Bullen sogar drüber reden.«

»Gibt's konkrete Aussagen, oder ist alles nur dummes Geschwalle?« fragte Stefan. Am Bahnhof gab es ein kleines Geschubse zwischen einigen Polizisten und einigen Autonomen, wie ich aus den Augenwinkeln mitbekam; die Polizei zog an der Stelle sofort einige Leute mehr zusammen, es passierte aber nichts.

»Es hieß, die Skins hätten sich in Stuttgart gesammelt, angeblich zweihundert, aber das ist sicher übertrieben, und die seien jetzt alle im Zug hierher.« Nobbe grinste. »Könnte spannend werden. Bullen und Glatzen und wir dazwischen, sieht schwer nach Ärger aus. Der Zug trifft angeblich um 12.01 Uhr hier ein, und darauf warten wir jetzt ganz einfach.«

Der Anzeiger auf der großen Bahnhofsuhr war gerade mal knapp über die Elf-Uhr-Grenze gerutscht. »Da können wir ja lange warten«, moserte ich. Nobbe hob ein weiteres Mal die Schultern.

Während wir zwischen Bahnhof und Tagungshotel herumlungerten, sammelten sich auf der Straße immer mehr Leute; wir waren sicher schon über 500. Allerdings waren auch noch mehr Polizisten hinzugekommen. Und ich hatte schon wieder Durst.

Auch wenn es furchtbar uncool war, während einer Demo Bier zu trinken – ich wollte jetzt mein Frühstücksbier. Vielleicht würde dann das dämliche Gefühl weggehen, das immer noch in meinem Kopf vorherrschte. Der Magen hatte sich nach dem Genuß der Brötchen einigermaßen beruhigt.

Ich ging zum Eingang des Bahnhofs, schob mich zwischen einigen Autonomen hindurch, die leise miteinander sprachen. Im Bahnhof gab es garantiert einen Kiosk, an dem ich mir eine Dose besorgen konnte. Weiter weg von der wartenden Menge wollte ich nicht; hier war es eindeutig spannender als sonst wo in der Stadt.

Vor der Glastür hielt mich ein Beamter der Bahnpolizei auf. »Du darfst hier nicht rein!« schnauzte er mich barsch an und stemmte die Fäuste in die Seiten. »Dieser Bahnhof ist für euch Gesocks gesperrt!«

»Ich bin ein Kunde«, versuchte ich einen lahmen Vorstoß, »ich will mir etwas am Kiosk kaufen.« Mir war bereits klar, daß ich hier nicht durchkam. Hinter der Glastür tauchten weitere Uniformierte auf, diesmal offenbar vom Bundesgrenzschutz. Diese Kameraden kannte ich zu Genüge von Wackersdorf und anderen Gelegenheiten her, auf Ärger hatte ich keine Lust.

»Heute ist der Zutritt nur für Bahnreisende gestattet«, fügte der Bahnpolizist dazu, »und du siehst ja nicht gerade aus, als ob du mit dem Zug von hier wegfahren wolltest.«

»Ach, fick dich doch selbst«, maulte ich, drehte mich auf dem Stiefelabsatz um, wollte zurück zur Menge gehen.

In diesem Moment hörte ich die Stimme eines Mädchens rechts von mir. »Sag mal, wenn wir uns sehen, sind wohl immer die Bullen dabei.« Ich erstarrte buchstäblich.

Sofort erkannte ich sie wieder. Die struppigen grünen Haare hatte sie auch an diesem Tag mit einem feuerroten Stirnband zusammengezogen; darunter leuchteten strahlendblaue Augen aus einem verschmitzt lächelnden Gesicht. Und wie siebzehn, maximal achtzehn Jahre sah sie aus. Ich war vom ersten Augenblick an fasziniert.

»Äh, ja, hallo«, würgte ich hervor. *Mensch, Peter, sonst bist du doch immer so cool!* redete ich mir zu. *Und jetzt fällt dir gar nichts ein. Pflaume!* Ich hoffte nur, daß mein verdatterter Gesichtsausdruck durch ein möglichst freches Grinsen überdeckt wurde.

»Weißt du überhaupt noch, woher wir uns kennen?« bohrte sie nach. Immer noch lächelte sie, knapp eineinhalb Meter von mir entfernt. Sie war schätzungsweise einen Kopf kleiner als ich, und mir fiel erneut auf, wie schlank sie in ihren zerschlissenen schwarzen Jeans wirkte. Sie trug keine Lederjacke, hatte eine Jeansjacke an; am Revers steckten ein Circle-Jerks- und ein Dead-Kennedys-Button, unter der Jacke schaute ein rotes Karohemd hervor. Ein Karohemd? In dem Moment fiel mir auf, daß sie eine Art Halstuch ums linke Handgelenk gebunden hatte und grüne Stoffturnschuhe trug.

»Die letzte Hoffnung ist das Ziel /
die letzte Hoffnung ist das Ventil.«
(KFC, 1980)

»Ja, klar weiß ich das noch.« Ich hörte mich völlig lahm an, das wußte ich. Jetzt ein Bier, und meine Mundfaulheit würde sofort verschwinden. *So ein Dreck!* »Am Sonntag war's, in Stuttgart, in der Nähe vom Kriegerdenkmal.« Ich kratzte mich am Hinterkopf, eine typische Verlegenheitsgeste; dabei stellte ich fest, wie häßlich meine Haare an diesem Samstag aussehen mußten. »Ich hab' gesehen, wie die Bullen dich mitgenommen haben, konnte aber nichts machen.«

»War auch nicht so schlimm.« Sie hob die Schultern. »Ich war vier Stunden lang auf der Wache. Feststellung der Personalien und so'n Dreck. Dann haben sie mich laufen lassen, sie konnte mir ja nichts nachweisen. Gespeichert bin ich ohnehin schon. Und du?«

»Ich bin gut davongekommen, einfach heimgetrampt.« Ich wies mit dem Daumen auf die Bahnpolizisten, die immer noch an der Glastür standen. »Laß uns mal von hier verschwinden, hier labert's sich so schlecht«, schlug ich vor.

Sie nickte. »Hast recht. Wenn Bullen dabei stehen, ist's immer so unangenehm.« Ein freches Grinsen huschte über das Gesicht, dann wandte sie sich um. »Kommst du mit?« fragte sie.

Ich folgte ihr; wir gingen über den Platz vor dem Bahnhof, durch die Menge der Wartenden hindurch. Immer noch passierte nichts, immer noch warteten alle ab. Überall waren Polizisten zu sehen, die uns in einem weiten Kreis einschlossen; und hinter den Fenstern des Hotels, das ahnte ich, hockten die Faschisten und zitterten vor Angst. Sollten sie nur!

Die Grünhaarige setzte sich auf einen Randstein, ich hockte mich neben sie auf den Asphalt. Es war nicht kalt, der September zeigte sich an diesem Tag mal wieder von seiner besseren Seite. Bisher hatten wir mit dem Wetter auch ziemlich viel Glück gehabt. Nur fiel mir wieder einmal kein schlauer Spruch ein, mit dem ich ein Gespräch beginnen könnte.

»Sag mal, wie heißt du denn eigentlich?« fragte ich. »Ich bin übrigens der Peter.«

»Ich weiß.« Sie lachte leise. »Du wirst auch Peter Pank genannt. Das hat sich sogar zu mir rumgesprochen. Ich hab' bei Bekannten nachgefragt, nachdem wir uns letzten Sonntag gesehen haben. Und ich heiße einfach Chris.«

»Von Christina?« Die Frage rutschte mir einfach so aus dem Mund, aber dann war es zu spät.

»Nö, von Christiane natürlich! Was soll die blöde Frage?« Ein kritischer Blick aus funkelnden Augen traf mich. *Wieder mal ein Fettnäpfchen erwischt.* Innerlich stöhnte ich auf. *Depp! Wieder mal alles falsch gemacht!*

Gerade noch rechtzeitig kriegte ich die Kurve. Ich fragte Chris, woher sie eigentlich komme, und wir tauschten kurz die Namen unserer Heimatorte aus. Mit wem sie denn da sei, wollte ich ebenfalls wissen.

Chris wies auf drei Typen, ich schätzte, daß sie zwischen 17 und 20 Jahren alt waren. »Mit denen«, sagte sie, »Micha ist gefahren, der hat als einziger einen Führerschein.«

Ich schaute mir die Typen genauer an und war etwas irritiert. Keiner trug Springerstiefel, alle drei hatten Turnschuhe an, etwas höhere, mit einem Stern an der Seite; keiner trug eine Lederjacke, keiner besaß bunte Haare. Zerschlissene Jeans hatten sie alle, einer mit auffallenden Löchern an den Knien; dazu kamen T-Shirts und Karohemden. Einer hatte richtig lange Haare, die er mit einem Stirnband zusammenhielt, der andere hatte sich den Schädel auf eine Haarlänge von wenigen Millimetern abrasiert, und der dritte verbarg die Haare unter einer schwarzen Baseballkappe.

»Die sehen ja ein bißchen komisch aus, deine Freunde«, wagte ich einen ganz vorsichtigen Einwand. »Nicht sehr punkrock-mäßig. Sind wohl Slammer, oder?«

»Ja klar, Slammer eben«, gab Chris zurück. »Ich finde das nicht schlecht.« Ich schaute wohl etwas irritiert, und sie fügte hinzu:

»Die ständige Sauferei in der Punk-Szene geht mir auf den Nerv, und daß man immer möglichst harte Klamotten anhaben muß, ebenso. Rumlaufen wie ein Slammer – das ist viel cooler. Skateboard-Fahren ist sowieso cool. Und die ganzen Ami-Bands ...«

In diesem Moment ging es vor uns los. Einige Autonome rannten, einige Punks riefen »Skinheads!«, und ich sprang auf, ohne mich großartig um Chris zu kümmern.

Tatsächlich hatten drei Skinheads den Mut oder die Hirnlosigkeit aufgebracht, sich in die Menge zu wagen; offensichtlich wollten sie zu dem Tagungshotel vorstoßen, in dem sich die FAP-Leute verschanzt hielten.

Im Nu waren die drei von einigen Leuten umringt; es klatschte häßlich, als sie einige Ohrfeigen einfingen. Einige Punks rissen den Skins ihre Aufnäher mit »Ich bin stolz darauf, ein Deutscher zu sein« von der Jacke. Die drei waren sichtlich eingeschüchtert, einer maulte ein bißchen herum, kassierte eine weitere Ohrfeige und war dann ruhig.

Einige Punks zogen den Skinheads die Bomberjacken aus und verschwanden in der Menge, dann waren auch schon die Polizisten da. Die Beamten drängten in die Menge hinein, wurden mit »Haut ab! Haut ab!«-Sprechchören empfangen; Autonome stellten sich ihnen in engen Ketten gegenüber. Auf eine echte Konfrontation wollte es die Staatsmacht in diesem Moment nicht ankommen lassen, die Polizisten hielten an.

Die Skinheads, ohne ihre Jacken auf das Format von Witzfiguren reduziert, ließ man weitestgehend in Ruhe. Sie kassierten noch einige Ohrfeigen, dann wurden sie mit Arschtritten in Richtung Polizei abgedrängt. Als sie hinter der Reihe der mit Schild und Knüppel bewaffneten Uniformierten angekommen waren, zog sich das Polizeikommando zurück.

Die Jacken wurden von uns zerfetzt, ihre Überreste in einen Mülleimer gestopft, der an einem Laternenpfahl hing, und dort angezündet. Leicht stinkend kokelten die Bomberjacken in dem Metallbehältnis vor sich hin; ich hielt sofort Abstand von ihnen.

Es herrschte wieder Ruhe. Aber wo zum Teufel hatte ich Chris gelassen? Ich ging an den Rand der Menge, ein Stück am Bahnhof entlang; dort, in direkter Nähe zum Bahnhof, war eine kleine Kneipe: ein Tresen, einige Stehtische, einige Barhocker.

Mit einem Blick überzeugte ich mich davon, daß Chris und ihre Begleiter nicht in der Kneipe saßen; statt dessen hockten auffallend kurzgeschorene Männer mit schwarzen Lederjacken auf den Barhockern, daneben standen andere Männer in Bundfaltenhosen und Jacketts, auch sie mit kurzen Haaren, diese aber streng zur Seite gescheitelt. Sie rochen für mich sogar durch den Kaffeegeruch und den Zigarettenqualm hindurch nach Nazis.

Ich drehte mich auf dem Absatz um und flitzte los. *Jetzt schnell einige Leute sammeln!* dachte ich nur noch. *Und dann angreifen!*

Als ersten erreichte ich Nobbe; der hatte allerdings gar keinen Kopf für meine brandaktuelle Beobachtung.

»Die Nazis kommen gar nicht hierher zum Bahnhof«, berichtete er aufgeregt. »Es ist was dazwischengekommen.«

Ich schaute auf die Bahnhofsuhr; es war kurz vor zwölf. Um 12.01 Uhr hätte der Zug aus Stuttgart eintreffen sollen. »Was ist los?«

Nobbe zuckte mit den Achseln. »Angeblich haben die Bullen den Zug gestoppt. Die Glatzen haben wohl während der Fahrt randaliert, dann haben die Bullen den Zug in Metzingen angehalten, das ist eine Station oder so von hier, dort haben die Bullen die Glatzen rausgeholt, und die liefern sich jetzt eine Schlacht untereinander.«

»Woher weißt du das?« fragte ich. In der Nähe berieten einige Autonome aufgeregt dieselbe Angelegenheit; einer schlug lauthals vor, so schnell wie möglich mit Autos loszufahren, um die Nazi-Skins direkt angreifen zu können.

»Hat sich so rumgesprochen. Angeblich hat's jemand von einem Bullen oder einem Journalisten gehört. Aber wie immer weiß niemand was genaues.«

Nobbe drehte sich um und rannte zu einigen Stuttgartern; die Leute, mit denen er gekommen war. Also ging ich auch los, fand Stefan im Gespräch mit zwei Langhaarigen, die ich noch von Wackersdorf her kannte. Die drei schienen erstaunlich gelassen zu sein.

»Ich fahr' auf jeden Fall nicht nach Metzingen«, sagte Stefan. »So ein Blödsinn! Nachher ist alles nur ein blödes Gerücht, und wir tappen ins Leere. Oder, noch schlimmer: Wir fahren mit dreißig Leuten hin und können uns aussuchen, ob wir von den Bullen eingelocht oder von den Faschos eingesargt werden.«

Also blieben wir auf dem Platz zwischen Bahnhof und FAP-Tagungshotel, lose umringt von Polizisten. Einige Autonome und Punks rannten wohl doch zu ihren Autos; sie verschwanden. Die große Masse blieb, unschlüssig zwar, weil man nichts machen konnte, aber immerhin.

Mit Stefan und den zwei Langhaarigen sowie einigen anderen Leuten versuchte ich einen Vorstoß zu der Kneipe, in der ich vorher die mutmaßlichen Faschos gesehen hatte. Dort standen aber jetzt gut zwei Dutzend Bereitschaftspolizisten, als wollten sie das Lokal verteidigen; zwei Hunde knurrten uns an.

»So ein Dreck«, maulte ich, während wir zum Bahnhofsplatz zurückgingen, »da hätten wir genauso gut nach Wackersdorf fahren können.«

Einer der Langhaarigen winkte ab. »Scheiß drauf. Da ist heut' noch weniger los. Wir können uns ja der Demo anschließen.«

Einige Leute versuchten, aus dem locker herumstehenden Haufen eine Demonstration zu formieren. Plötzlich waren einige Plakate zu sehen; von der IG Metall, von den Grünen, von irgendeiner Initiative und von der DKP. Natürlich ging es gegen Rassismus und Faschismus, aber es war auffallend, daß die Plakate jetzt erst auftauchten, nachdem die Situation völlig ungefährlich geworden war.

»Wir könnten das Hotel angreifen«, murrte ich vor mich hin, »oder den Bullen ans Bein pissen.« Ich hatte keine Lust darauf, mit irgendwelchen Christen und Kommunisten gemeinsam zu marschieren. Das hatte ich 1983 oft genug mitgemacht; damals, als es darum gegangen war, mit Demonstrationen seine Meinung gegen die Raketennachrüstung der Amerikaner geltend zu machen.

»Wehrt euch, leistet Widerstand, gegen die Raketen hier im Land!« Ein entsetzliches Lied, gesungen nach der Melodie eines deutschen Volksliedes. Sommer 1983, große Pause im Gymnasium. Gut zweihundert Schüler, die meisten mit langen und verwuselten Haaren, hockten auf dem Schulhof, hielten Transparente hoch, trugen stolz ihre Buttons mit der weißen Taube auf blauem Grund.

Seit Tagen und Wochen bestimmten die Diskussionen über die geplante Nato-»Nachrüstung«, über den sogenannten Doppelbeschluß also, die Gespräche an der Schule. Fast jeder war politisiert, zumindest in meinem Bekanntenkreis; fast jeder hatte sich eine Meinung gebildet. Und sogar die konservativsten unter meinen Mitschülern waren größtenteils gegen die neuen Raketen eingestellt, es war eine richtiggehende Mode geworden, »dagegen« zu sein. Weiße Friedenstauben auf blauen Buttons waren der letzte Schrei; sie wurden von Schülern und Lehrern getragen.

Aktionswoche war angesagt, Aktionstage für Frauen, Aktionstage für Bauern, und an diesem Tag stand der offizielle Aktionstag der Schulen auf dem Programm. Zum Schulstreik, wie von einigen Grün-Alternativen und der Chaoten-Fraktion – zu dieser zählte ich mich – gefordert, war es nicht gekommen; die meisten Schüler wollten ihren Aktionstag auf die große Pause beschränkt wissen.

Mit einigen Bekannten stand ich am Rand. »Du bist dran, Peter«, sagte Jule, die mit Stolz ihre frische Latzhose trug, und drückte mir einen Topf mit Pflanze drin in die Finger. Es war eine Pflanze, die besonders langsam wuchs; so viel wußte ich immerhin, mehr aber nicht. »Wir kommen aber mit«, kündigte Jule an.

»Damit ich nichts falsches sag'«, machte ich den schwachen Versuch eines Scherzes, dann gingen wir los. Zuerst mußten wir uns durch die dicht an dicht stehenden Schüler drängeln. Gut zweihundert machten die Demo, gut zweitausend schauten zu. Wahrscheinlich gab es niemanden im ganzen Schulzentrum, der von der Aktion nichts mitbekam. Insofern lohnte sich die Sache, die Öffentlichkeit wurde informiert.

Wir gingen durch das Foyer, dann durch das Treppenhaus und einen kurzen Flur. Die Beton-Architektur der Schule, erbaut Ende der 70er Jahre, mit Glas und Stahl, paßte irgendwie; sie wirkte schon seit langem auf mich wie ein Atombunker. Dann erreichten wir das Lehrerzimmer, ich machte die Tür auf, trat ein, die anderen zwei folgten mir.

Da saßen sie alle, in eine riesige, stinkende Wolke aus Zigarettenqualm gehüllt: unsere Lehrer. Man hatte ihnen verboten, an den Demonstrationen teilzunehmen, das war sogar Grund für einen Sondererlaß des Innenministeriums und des Schuldirektors gewesen. Und während sie sonst in der großen Pause durchaus im Freien anzutreffen waren, hatten sie sich an diesem Tag in ihrem Lehrerzimmer eingeschlossen. Bitte nichts unternehmen, was einmal der Karriere schaden könnte ... Ich verachtete sie für ihre Feigheit, und ich fragte mich zum wiederholten Mal, warum ich überhaupt auf der Schule war, warum ich sie nicht einfach kurzerhand schmiß – wie schon einmal, 1980.

Alles schaute mich an, die Gespräche verstummten. Nach kurzem Räuspern hielt ich meine Ansprache, von wegen »Aktionstag der Schulen« und anderes Blabla, und auch die Lehrer sollten daran teilnehmen, aber wir wüßten ja, daß sie das nicht könnten, und deshalb wollten wir ihnen eine Pflanze zum Geschenk machen, damit sie sich immer an den Tag erinnerten. »Es ist eine besonders langsam wachsende Pflanze«, wurde ich dann auch noch salbungsvoll, »sie braucht ihre Zeit, bis sie groß ist, genauso wie der Frieden seine Zeit braucht, bis er sich durchsetzt.«

Ich war fertig, drückte meine Pflanze einem vor mir stehenden Lehrer in die Hand. *Nichts wie raus, nichts wie weg!* Wir schafften es gerade noch bis zum Ende der großen Pause in den Hof, dort löste sich gerade die improvisierte und – natürlich – nicht angemeldete Demo der Schüler auf.

Mit einigen Freunden schwänzte ich »offensiv« den Unterricht. Jeder wußte, daß wir in der Schule gewesen waren, zumindest jeder Lehrer hatte meinen Auftritt mitgekriegt, aber wir hatten keine Lust mehr. Allerdings nutzten wir sofort die politische Chance, um ins nahe gelegene Sportheim zu gehen und dort ein Bier zu trinken.

Wir waren gerade rechtzeitig in der Schule zurück, um an der eigentlichen Demo teilzunehmen: Gut hundert Schüler, diesmal eher von den christlichen Gruppen dominiert, zogen durch das ganze Gebäude, sangen wieder das entsetzliche »Wehrt euch ...«, trugen diesmal Kreuze, auf denen »Hiroshima« oder einfach nur »Nein!« stand. Ich ging einmal mit, für eine Runde, damit man mich sehen konnte, dann verzog ich mich erneut ins Sportheim. Vier Bier später war ich auch schon gut besoffen.

Zurück in die Realität des Jahres 1986. *Schon wieder drei Jahre her. Wie die Zeit verging* ... Im Nachhinein ärgerte ich mich darüber, mich damals bei diesen Demonstrationen und Aktionen so engagiert zu haben. Zu schnell hatten die SPD, die Gewerkschaften und die Grünen die ganze Bewegung getragen, zu schnell waren langweilige Latschdemos zum großen »In-Ding« geworden, bei denen man teilzunehmen hatte, wenn man was sein wollte.

Obwohl die große Menschenkette vom Sommer 1983 mit einigen Hunderttausenden von Teilnehmern schon imposant gewesen war... Damals hatte ich tatsächlich das Gefühl in mir gespürt, diesen Staat mit friedlichen Mitteln zu einer besseren Gesellschaft verändern zu können, hatte mich zeitweise sogar in ernsthafter Politik versucht. Aber es hatte nichts geholfen; man rannte ständig gegen Mauern, und darauf hatte ich keine Lust. Daß ich jetzt, drei Jahre danach, wieder in einer Latschdemo mitgehen sollte, das leuchtete mir überhaupt nicht ein.

Ich schaute mich um, aber ich konnte Chris und ihre Begleiter nirgends finden. Waren die etwa nach Metzingen gefahren, um dort bei der angeblichen Keilerei zwischen Skins und Polizei mitzumischen? Ich konnte es mir nicht vorstellen. Wahrscheinlich waren sie schlicht nach Hause gefahren. *Mist!* dachte ich mißmutig. *Mist, verdammter Mist. Dreck!*

Als sich dann die Demo formierte, ging ich einfach mit. Der Demo-Zug kam nach wenigen hundert Metern schon an einem kleinen Supermarkt vorbei. Mit einem Haufen von Punks stürmte ich in den Laden; jeder kam mit einem Sechserpack Bier wieder heraus. Einige von uns bezahlten ihr Bier, die meisten nahmen es einfach so mit.

So ließ ich mir die Demo schon eher gefallen. Ich gab Stefan eines der Biere ab, der knurrte zwar rum, nahm es aber trotzdem. Bis er sein Bier offen hatte, war meine Flasche schon leer. Ich schleuderte sie an eine Hauswand, die Scherben verteilten sich gleichmäßig über den Gehweg.

Gut die Hälfte der Demo bestand aus Punks, und jetzt begleitete das Klirren zerschlagener Flaschen den Zug. Die Polizisten, die uns in lockerem Abstand begleiteten, wurden zwar nervös, griffen aber nicht ein. Nach einiger Zeit endlich verstand ich, warum die Polizei sich so zurückhaltend verhielt: In Reutlingen war Weinfest, und man wollte offensichtlich größere Auseinandersetzungen verhindern.

Kurz vor dem Gelände des Weinfestes wurde der kleine Demonstrationszug gestoppt, dann löste sich die ganze Angelegenheit ziemlich schnell auf. In der Nähe einer Kirche, an einem Baugerüst, ergriffen die Stuttgarter Autonomen ihre Chance: Zwei Mann erkletterten das Gerüst, befestigten ein Transparent an den Verstrebungen.

»Heute vor genau einem Jahr wurde Günter Sare in Frankfurt von den Bullen ermordet«, begründete einer der Autonomen über sein Megaphon die Aktion. An die Geschichte konnte ich mich sogar noch erinnern: Bei einer Demonstration gegen die NPD war Günter Sare von einem Wasserwerfer der Polizei überrollt und getötet worden. Der Vorfall hatte alle empört. Zu Recht, wie ich nach wie vor fand.

Mit der Erinnerung an den Toten wurde aus der Latschdemo von Reutlingen vielleicht doch noch was. Unruhe kam auf. Die Autonomen sammelten sich bereits im kleinen Grüppchen, ich kannte das bereits.

Die Polizei, die uns ohnehin in einem dezenten Abstand begleitet hatte, zog näher. Ich wurde nervös, die anderen Punks ebenfalls. Steine gab es genug, man mußte sie nur ausgraben; Reutlingens Innenstadt war mit Kopfsteinpflaster versehen, und dazwischen gab es immer wieder kleinere Brocken. Bis wir die aber ausgegraben hätten, wären die Bullen schon an uns dran. Und abhauen konnten wir an dieser Stelle kaum: Vor uns die Wand, hinter uns und rechts die Polizei, links das Weinfest mit Hunderten von Bürgern.

Helme wurden aufgesetzt, Knüppel angriffslustig gelockert, einige Beamte hatten Schilde zu Hand. Mir wurde flau im Magen, ich blickte zu den Autonomen, die sich jetzt um den Redner mit dem Megaphon versammelten; der Großteil von ihnen schien gar nicht mitzukriegen, was sich hinter ihrem Rücken abspielte.

Mit Stefan wechselte ich einen kurzen Blick. »Nichts wie weg, wenn's losgeht«, hieß das, wir beide nickten. Keiner hatte Lust, bei einer derartigen Null-Aktion eingelocht zu werden, wir hatten hier keine Chance, und besoffen genug, um blindwütig auf eine halbe Hundertschaft loszugehen, war ich noch lange nicht.

»Wir ziehen hier 'ne friedliche Spontandemo durch«, sagte der Redner am Megaphon; es war ein großer Typ mit langen schwarzen Haaren und einer schwarzen Lederjacke, der einen ziemlich derben Alb-Dialekt sprach. Offensichtlich schien er zu bemerken, daß die Polizei ernsthafte Anstalten machte, uns zu attackieren.

Der Redner sagte noch zwei Sätze zum Thema Günter Sare und Neonazis in Deutschland, erinnerte an eine Demo in Stuttgart, dann lösten die Typen auf dem Gerüst das Transparent und kletterten rasch wieder auf die Straße herunter.

Offensichtlich schien sich auch bei der Polizei jemand mit Hirn durchgesetzt zu haben. Der Vormarsch geriet ins Stocken, gut ein Dutzend Meter vor uns verhielt die Reihe aus Schild, Helm und Knüppel; die Beamten zogen sich einige Meter zurück.

Unsere »spontane Demo« löste sich auf; Stefan und ich schauten, daß wir uns aus der näheren Umgebung der nun eifrig diskutierenden Autonomen lösten und rasch aufs Weinfest kamen. Überall in der Fußgängerzone standen Buden, in denen eifrige Schwaben Wein an die Passanten ausschenkten; vor und neben den Buden hockten Hunderte von Menschen auf Bänken und tranken, meist Familien, größtenteils in sehr bürgerlicher Kleidung. Irgendwo spielte eine Volksmusik-Kapelle, und über allem hing der Geruch nach Bratwurst und Schupfnudeln.

Natürlich war auch hier die Polizei präsent. In den Seitenstraßen hatten sich Beamte aufgebaut, zwischen den Buden spazierten Gruppen von Uniformierten auf und ab, schön unauffällig. Aber sie ließen Stefan und mich in Ruhe, als wir uns einen Weg zwischen den Buden und Bänken hindurch bahnten. Neugierige Blicke folgten uns, einige Kinder starrten uns mit großen Augen an.

In einem Anfall von Großzügigkeit und Vergnügungssucht holte ich zwei Viertel Württemberger, gab Stefan als Fahrtgeld einen aus. »So wirst du nie reich«, spottete Stefan, während wir uns auf eine Bank setzten.

Die Plätze neben uns blieben frei, offenbar wollte sich keiner der Bürger in unsere Nähe begeben. Dabei lud die warme Septembersonne zum gemütlichen Rumsitzen geradezu ein.

Ich hob die Schultern. »Weiß ja nicht mal, ob ich das überhaupt will«, brummte ich und nahm einen Schluck von dem Weißwein. Doch, der Wein schmeckte gut, sofern ich als Biertrinker das beurteilen konnte, und ich nahm gleich wieder einen Schluck.

»Du mußt ja selbst wissen, was du vorhast.« Stefan grinste kurz. »Jetzt bist du erstmal arbeitslos, und das dann auch noch ohne Arbeitslosengeld.« Er lachte. »Oder hatten die dich in dem Supermarkt etwa angemeldet?«

Er hatte gut reden, fand ich. Stefan hatte einen Job, der ihm viele Freiheiten ließ, ihm genügend Geld brachte und der ihm sogar noch Spaß machte. Ich hätte darauf keine Lust gehabt: Mich befriedigte es garantiert nicht, mit dem Fahrzeug meines Chefs durch die Gegend zu düsen, um irgendwelchen Leuten ihren Kram zu reparieren. Ich stellte mir das auf Dauer schrecklich langweilig vor.

»Ich weiß nicht, ob die mich richtig angemeldet hatten. Interessiert mich auch nicht sonderlich.« Noch ein kräftiger Schluck Wein, dann war das Viertele-Glas auch schon fast leer. »Ich war da auf dieser Minderlohn-Basis beschäftigt, mußte also keine Steuern und Sozialabgaben abdrücken. Wenn ich über die Grenze nach oben gerutscht bin, und das passierte ständig, haben wir immer getrickst: Dann gab's eben einfach mal einen Lieferantenscheck, wenn's also mal Rücklieferungen oder ähnliches gab. Klappte immer irgendwie.«

»Hübsch illegal.« Stefan pfiff durch die Zähne, leise und scharf. »Schlau. Da könnte man sie sogar nachträglich drankriegen.«

Ich winkte ab. »Mir doch egal.« Es war mir tatsächlich gleichgültig. Ich hatte mit meinem Supermarkt-Job schon fast abgeschlossen, ich wollte jetzt ein freier Mensch sein. Reisen, durch die Lande ziehen. Wieder mal nach Köln, Achmed besuchen. Wenn ich schon nicht mehr nach Bonn konnte, zumindest nicht in nächster Zeit ... Nach Berlin und Hamburg. Und dann vielleicht mal nach Avignon, ich hatte die Postkarte nicht vergessen.

Stefan stieß mich an. »Sag mal, träumst du?« Als ich verdutzt aufsah, lachte er wieder. »Du hast jetzt gut fünf Minuten lang vor dich hingestiert«, begründete er das Lachen. »Was ist denn los?«

»Na ja, ich hab' schon ein bißchen geträumt. Mir überlegt, was ich in diesem Jahr noch alles machen will.«

»Das ist ja schon fast rum. So viel überlegen mußt du da nicht mehr.« Stefan deutete auf mein Glas. »Machst du's leer? Dann können wir noch durch die Stadt bummeln.«

Ich nahm meinen letzten Schluck, gab beide Gläser an der Bude ab, kassierte mein Pfand, dann gingen wir etwas ziellos durch die Stadt. Was wir genau vorhatten, wußten wir selbst nicht, auf jeden Fall wollten wir nicht heim. Auf dem Weinfest trafen wir vereinzelte Punks sowie Reste der Demonstration; überall hockten sie zwischen den braven Bürgern Reutlingens. Es war schon wieder zu friedlich, um wahr zu sein.

Nach gut zehn Minuten, in denen wir gemütlich herumgeschlendert waren, kamen wir an den Marktplatz. Gut dreißig Punks saßen an einem Brunnen und tranken Bier, einige schliefen in der Sonne; ganz in der Nähe hielten sich zwei oder drei Dutzend Polizisten auf, die die Szene argwöhnisch beäugten, sich aber völlig zurückhielten.

Wir hockten uns zu den Punks, trafen einige Bekannte und ließen uns von einem Pulk Leuten aus Ulm zum Korea-Saufen einladen. Sogar Stefan, der fahren mußte und sich deshalb zurückhalten wollte, ließ es sich nicht nehmen, einen kräftigen Schluck aus der Colaflasche zu nehmen. Die Ulmer hatten in einem Supermarkt billigen Rotwein und Cola organisiert; die Mischung, die sie produzierten, hatte es wirklich in sich.

Schon nach kürzester Zeit hatte ich leichte Schlagseite und lachte über die dümmsten Witze. Stefan verschwand und besorgte an einer Tankstelle einen Sixpack Bier. Eine Flasche gab er mir, eine nahm er selbst, die anderen verteilte er an andere Punks.

»Das ist ja fast schon wie ein Chaostag«, freute sich einer der Punks, ein vielleicht Fünfzehnjähriger mit riesigem Iro, und nahm einen kräftigen Schluck Bier.

»Na ja, einen kleinen Unterschied gibt's da schon.« Stefan grinste und streckte dem Kid-Punk die Zunge raus. »Wir sind noch viel zu wenig, und viel zu brav sind wir auch.«

Ich nickte und setzte die Flasche an, stieß den Kid-Punk gegen die Schulter. Als der sich zu mir umdrehte und schon den Mund zur Frage »Wasn los?« öffnen wollte, bekam er die ganze Ladung Bier, die ich im Mund behalten hatte, ins Gesicht. Er sprang zurück, die Soße lief ihm in die Augen, in den Mund und in die Nase; er wirkte völlig perplex und zog eine merkwürdige Grimasse.

»Das ist schon eher so was wie Chaostage!« Stefan lachte auf und spritzte mir eine Ladung Bier direkt aus der Flasche ins Gesicht. Auch der Kid-Punk reagierte: Er zog an der Flasche, und ich bekam die nächste Ladung ab.

Im Nu war eine kleine Bierspritz-Orgie im Gang, an der sich auch andere Punks beteiligten. Wir flitzten um den Brunnen herum, ich wäre fast über einen derjenigen gestolpert, die schon besoffen am Boden lagen, einige Flaschen gingen zu Bruch, die Polizei hielt sich immer noch zurück, überall spritzte Bier, und es endete damit, daß ich meinen Kopf kurz unter den Wasserstrahl hielt, der aus dem Brunnen kam.

Danach hockte ich am Brunnenrand, ließ mir die Sonne ins Gesicht knallen und spürte, wie ich langsam noch besoffener wurde. Doch auf einmal sah ich die grünen Haare und das rote Stirnband, aber es war schon fast zu spät, sich etwas Intelligentes auszudenken: Chris stand vor mir. Natürlich hatte ich keine Ahnung, wo sie die letzten zwei Stunden verbracht hatte, aber sie war wieder da. Ihre Begleiter hielten einige Meter Abstand; ich konnte sehen, wie sie leise miteinander sprachen; wahrscheinlich machten sie Witze auf unsere Kosten.

»Schon besoffen, oder was?« fragte mich Chris; ihre Stimme klang scharf. Außer einem »Ähm, ja« fiel mir nichts ein. Sie starrte mich an, ihre Augen schienen Blitze zu schleudern, ich fühlte mich ausnahmsweise richtig schlecht. »Ich dachte eigentlich, du seist nicht so ein Dumm-Punk wie die anderen. Außer Saufen fällt dir aber anscheinend auch nichts ein!« Sie drehte sich auf dem Absatz um und verzog sich, ihre Begleiter im Schlepptau.

Ich saß da wie der letzte Depp, verstand im Moment gar nichts. Von rechts reichte mir Stefan die Flasche mit dem Korea-Gemisch, ich nahm routinemäßig einen Schluck und stierte Chris hinterher, die mit den anderen in einer Seitengasse verschwand. Dann reichte ich die Flasche weiter.

»Wer ist das eigentlich?« fragte Stefan mit einem spöttischen Grinsen im bartstoppeligen Gesicht. »Und was hatte die Gute denn?«

Ich hob die Schultern. »Sie heißt Chris. Mehr weiß ich eigentlich nicht. Und was sie hat? Keine Ahnung. Sagte irgendwas von Saufen, und das sei doch Scheiße.«

»So sind sie halt, die Slammer.« Stefan lachte. »Die haben eben manchmal komische Vorstellungen, was Saufen und Fleischfressen angeht.«

Natürlich war mir diese neue Punk-Richtung nicht unbekannt, auch wenn keiner dieser Menschen zu meinem engeren Bekanntenkreis gehörte. Sie nannten sich »Skate-Punks« oder »Slammer«, sie hörten »Ami-Hardcore« oder »Italo-Hardcore«, sie lasen andere Fanzines als ich, und sie zogen sich anders an. Bisher hatte ich mich mit den vielen Bands, die sie aus Amerika und Italien, aus Holland und aus Norwegen anhörten, noch gar nicht beschäftigt. Seit Dead Kennedys und Black Flag war aus den Staaten nicht mehr viel gekommen, was mich gekickt hatte – und solange ich Deutschpunk von den Neurotic Arseholes oder Slime hören konnte und meine ganz alten Sachen aus England und Deutschland, brauchte ich wohl nichts neues.

Ich kam aber nicht dazu, etwas zu sagen oder mir weitere Gedanken zu machen. Plötzlich kam gut ein Dutzend Punks aus einer anderen Seitenstraße; ein Typ mit sehr kurzen roten Haaren rannte auf unsere Gruppe zu. »Um drei Uhr kommt ein Zug aus Stuttgart«, erzählte er uns mit verschwörerischer Miene, warf immer wieder einen Blick auf die Polizisten am Rand des Platzes. »Und mit dem Zug kommen wieder Skins, die wollen auch zur FAP.«

»Und was geht?« fragte ein Punk aus unserer Gruppe, während die ersten schon aufstanden. Ich hörte dem Gespräch zu, während ich mir noch mal eine kurze Dusche ins Gesicht verpaßte.

»Wir versuchen gerade, so viele Leute wie möglich zusammenzutrommeln«, erzählte der Rothaarige. »Dann gehen wir zum Bahnhof und warten auf die Glatzen. Ist ja nicht mehr lange bis dorthin.«

Mittlerweile standen alle, mit Ausnahme von zwei Typen und einer Frau, die – soweit ich wußte – aus Ulm stammten; die drei schliefen nach wie vor auf den Stufen vor dem Brunnen und waren nicht aufzuwecken. Wir ließen sie achselzuckend liegen, die würden schon von selbst wach werden.

Das letzte Bier und der letzte Wein wurde getrunken, einige Flaschen klirrten auf dem Kopfsteinpflaster, aus einigen Nebenstraßen kamen weitere Punks, und dann zogen wir los. Wir waren zwischen fünfzig und sechzig Leute, schätzte ich, eine ordentliche Streitmacht, sah man davon ab, daß der Großteil von uns schon reichlich besoffen war. Die Polizisten wurden nervös; ich sah, wie sie sich hektisch berieten. Daß wir einfach losliefen, ohne uns um sie zu kümmern, schien nicht in ihr Konzept zu passen. Wahrscheinlich warteten sie auf neue Befehle.

Wir erreichten als großer Pulk recht zügig den Bahnhof und den Platz. Einige Polizisten standen vor dem Hotel, einige vor dem Eingang zum Bahnhof, das war alles. Keine anderen Demonstranten waren zu sehen, keine großen Ansammlungen von Beamten – und vor allem keine organisierten Nazis.

»War wohl 'ne Fehlinformation«, maulte einer neben mir, aber dann erst fuhr der Zug ein. Ohne irgendwelche Diskussionen bewegten wir uns nun auf den Eingang des Bahnhofs zu; die Polizisten dort stellten sich in Positur, offenbar wußten sie nicht, was wir vorhatten; einer sprach hektisch in ein Funkgerät.

Mehrere Menschen verließen den Zug, gingen durch die Bahnhofshalle, blieben an den Türen stehen. Sie hatten wohl Angst vor uns, wußten anscheinend nicht, was die Horde von Punks vor den Türen von ihnen wollte und wie sie darauf zu reagieren hatten. Einige ältere Personen mit grauen Haaren sprachen mit den Polizisten, deuteten dabei in unsere Richtung.

Ein halbes Dutzend Polizeifahrzeuge bog mit Sirenengeheul auf den Bahnhofsvorplatz ein, Beamte sprangen heraus, kamen auf uns zu. Als sie sahen, daß wir im Augenblick nicht aggressiv auftraten, blieben sie erst einmal stehen.

Ein Polizist löste sich aus den Reihen seiner Kollegen, trat näher. »Habt ihr eigentlich nichts besseres zu tun, als hier vor dem Bahnhof rumzulungern?« fragte er uns barsch in schwerem Alb-Dialekt. Er ging direkt auf einen Punk zu, einen Einheimischen, den er wohl kannte. »Ihr könnt euch ja meinetwegen wieder an euren Brunnen hocken, ist mir ja egal, aber den Bahnhof laßt ihr jetzt in Ruhe, okay?«

Unschlüssig stand unsere Gruppe vor dem Bahnhof herum. Die ersten verzogen sich; keiner hatte Lust, sich auf eine Prügelei mit der Polizei einzulassen. »Komm, laß uns irgendwo noch einen saufen gehen«, schlug ich Stefan vor, »das wird heut' eh nichts mehr.«

Der nickte. »Stimmt. Nazis kommen mit dem Zug auf jeden Fall keine, sonst hätten wir schon einige aufs Maul gekriegt.« Wir schauten uns um.

Unsere Gruppe schmolz zusehends zusammen, wir waren vielleicht noch vierzig Leute, davon gut die Hälfte zu besoffen, um noch ernsthafte Aktionen starten zu können. Rund dreißig Polizisten hatten uns locker umringt: Wer wollte, konnte sich entfernen, sie wandten keinen Zwang an. Die Menschen aus der Bahnhofshalle gingen an uns vorüber, keine Skinheads waren zu sehen. Und ich hatte Lust auf ein frisches Bier.

Stefan winkte mir. »Okay, wir hauen ab.« Wir verabschiedeten uns von einigen Bekannten, versprachen uns gegenseitig baldige Besuche, und dann trollten wir uns.

Der Tag war gelaufen, aber noch nicht so richtig. Wir hatten beide keinen Plan, was wir eigentlich noch machen sollten; deshalb fuhr Stefan geradewegs aus Reutlingen hinaus, Richtung Tübingen. »Wohin jetzt?« fragte er, während er das Auto unschlüssig auf die Schnellstraße lenkte.

»Weiß nicht.« Ich hob die Schultern. »Wir können ja erst mal Bier kaufen. Durst hab' ich nämlich schon wieder.«

Wir steuerten die nächstbeste Tankstelle an. Stefan tankte, ich schaute mir das Bier und die anderen Alkoholika an. Einen Sixpack bezahlte ich ordnungsgemäß, drei Flachmänner ließ ich in den Jackentaschen verschwinden, und beim Sackkratzen rutschten zwei Zigarettenschachteln in meine Unterhose. Der Einkauf hatte sich gelohnt.

Wie ordentliche Bürger verließen wir die Tankstelle und setzten uns ins Auto. Ich zeigte Stefan meine Beute; der grinste nur, ließ sich eine Zigarettenschachtel schenken, fummelte sich eine Zigarette heraus, zündete sie an.

»Jetzt bist du dran«, sagte Stefan und grinste übers ganze Gesicht. Ich nickte. Einige rasche Griffe, und die Bierflaschen waren geöffnet. Wir stießen an, jeder nahm einen Schluck.

»Vielleicht wird doch noch was aus dem Tag«, hoffte Stefan und lenkte das Auto vom Tankstellengelände herunter.

»Im Jugendzentrum ist doch heut' Abend so 'ne Art Frauen-Kabarett, die Gruppe heißt Gegenwind oder so«, überlegte ich laut. »Das könnte man sich doch antun; vielleicht sind ein paar fitte Leute da.«

Wir tranken unsere Bierflaschen leer; Stefan steuerte das Auto durch Tübingen hindurch, am Epplehaus war nichts los, also fuhren wir tatsächlich heim. Bis wir in unserer Heimatstadt ankamen, war das Sixpack komplett weggeputzt und ich zumindest mittelstark angetrunken.

Stefan ging zu seiner Freundin Sanne, ich in meine Bude. Dort schüttete ich mir kaltes Wasser ins Gesicht, versuchte fit zu werden, trank Mineralwasser, klaute eine Viertelstunde später aus Martins Zimmer eine Flasche billigen Rotwein und schüttete gut ein Drittel davon recht schnell hinunter.

Ich hatte keinen Plan, ich wußte nicht, was ich tun wollte, ich wußte nur, daß ich keine Lust mehr auf diese kreuzlangweilige Stadt hatte. Mißmutig blätterte ich die Tageszeitung durch, mürrisch stöberte ich durch herumliegende Post; ein Grinsen stahl sich erst in mein Gesicht, als ich das total vergammelte Cotzbrocken-Tape fand und in den Cassettenrecorder schieben konnte.

»Ich weiß einen Platz, wo ich hingehör' – KZ!« röchelte die Stimme des Sängers aus dem Lautsprecher. »Ich weiß einen Platz, wo ich niemand stör' – KZ!«

Und während die Cotzbrocken mit ihrem miserablen aber dennoch lustigen Rumpelpunk durch mein Zimmer polterten, reifte in mir endgültig der Entschluß, in den nächsten Tagen nach Köln zu trampen. Dort kannte ich einige Leute, und das Wetter war noch nicht so schlecht, daß ich es nicht einige Tage auf der Domplatte und am Rheinufer aushalten konnte.

Köln war für mich früher immer wieder eine Reise wert gewesen. Die verschiedensten Geschichten fielen mir ein: Der Fernseher, der sich auf mehrere Stockwerke des Treppenhauses im Hercules-Hochhaus verteilte. Der Angriff der Hertha-Frösche auf unser fröhliches Trinkgelage auf der Domplatte. Die öde und kreuzlangweilige Betonstadt Chorweiler, in der man zwar Flaschen auf Beton zerschmeißen konnte, aber keinen Baum fand, an dem man pissen konnte. Die Kifferorgien auf den Rheinwiesen und im Volkspark. Die vielen Biere im »Schmeller«, im »Dschungel« und in anderen Kneipen unweit des Barbarossaplatzes.

Es wurde wirklich Zeit, daß ich mal wieder nach Köln kam, um mir all diese alten Erinnerungen neu einzuflößen. Schon aus purer Vorfreude verzog sich mein Gesicht zu einem breiten Grinsen.

Nur fiel mir immer noch nicht ein, was ich an diesem Samstagabend in dieser grauenvoll langweiligen Kleinstadt tun sollte. Daheim bleiben, Punk-Tapes hören, irgendwelche Krimis oder Science-Fiction-Romane lesen, Rotwein trinken, später onanieren und dann halbbesoffen ins Bett fallen – das wollte ich nicht. Vor allem deshalb nicht, weil der nächste Tag ein Sonntag war – da war traditionell stets weniger in dem Kaff los als sonst. Und auf ein Experiment wollte ich es nicht ankommen lassen: Wie lange konnte ich Langeweile ertragen, ohne an ihr zu sterben?

7.

Kurz entschlossen nahm ich mir die vorhin bei Martin geklaute Flasche Rotwein, zog meine Stiefel, die ich vor einer halben Stunde in eine Ecke gepfeffert hatte, wieder an und beschloß zu gehen. Ich blickte kurz in den Spiegel, fand, daß ich furchtbar aussah, fand aber ebenso, daß das zur aktuellen schlechten Laune ganz gut paßte, und ging zum Jugendzentrum.

»Tritt mich zwischen die Beine / erhäng mich mit ner Hundeleine / doch ich / liebe dich!«

(Toxoplasma, 1981)

Unterwegs trank ich weiter, hatte die Flasche aber gerade mal bis zur Hälfte leer, als ich im Jugendzentrum ankam. Das Frauen-Kabarett spielte bereits.

»Du mußt warten, bis Pause ist, dann kannst du dir zum halben Preis die zweite Hälfte der Vorstellung anschauen«, versprach Jule, die mit dem neuen Zivildienstleistenden an der Kasse hockte und den Filzhaar-Typen mit schmachtenden Blicken von der Seite ansah.

Ich brummte mürrisch vor mich hin. Es ergab keinen Sinn, sich aufzuregen. Sie hatte recht, sie war im Recht, zudem kostete es zwölf Mark Eintritt, und die hatte ich nun wirklich nicht. Zudem hätten mich und ihr neuer Freund mit der Flasche erst gar nicht eingelassen.

»Sind wenigstens ein paar Leute da?« fragte ich Jule,

»Schon!« Sie lachte; es klang künstlich, wie ich fand. »Das JuZ ist richtig voll, fast nur Frauen.«

»Ich hab' dich gefragt, ob Leute da sind«, erinnerte ich, »Leute, mit denen ich was anfangen kann, keine Tussen und keine Hippies.«

»Arschloch.« Es klang richtig freundlich.

Ich setzte mich – vollgestopft mit schlechter Laune – auf die Treppe, zwischen Tür und Kasse und nahm einen Schluck aus der Flasche. *So ein Dreck!*, dachte ich und überlegte krampfhaft, ob und wie man aus einem solchen Abend etwas machen könnte.

Hinter mir turtelten Jule und der neue Zivildienstleistende herum, daß mir fast schlecht wurde. Jule nannte den Kerl, dessen Name mir bislang kein Begriff gewesen war, ständig »Spatzel«. Als sie es zum ersten Mal sagte, erwartete ich einen Protest des Langhaarigen, das Wort schien allerdings ohne jegliche Ironie und jeden Spott eingesetzt zu werden. Die beiden kannten sich noch nicht sehr lange, gerade mal seit zwei Wochen, wenn ich das richtig wußte, und sie waren offenbar erst seit zwei Tagen »zusammen«. Normalerweise wäre mir das völlig gleichgültig gewesen, aber ich saß direkt vor den beiden und bekam das Schauspiel zumindest akustisch mit.

Die beiden küßten sich derart lautstark auf die Wangen und auf den Mund, bis mir fast schlecht wurde und ich einen neuen Schluck Wein nehmen mußte. Der Kerl namens »Spatzel« schien aus einem christlichen Elternhaus zu kommen, er erzählte ständig von »meinem Vater, der ist nämlich Pfarrer, und der hat kürzlich in der Kirche gesagt«, und dann kam irgendein Mist, der niemanden interessierte, außer Jule anscheinend, die gebannt den völlig nichtssagenden Geschichten lauschte. Es war absolut unglaublich.

Ich trank einen weiteren Schluck Wein und war heilfroh, als endlich die Tür aufging und zwei Frauen hereinkamen. Beide stammten für meine Begriffe direkt aus dem Handbuch der Alternativkultur: Latzhosen, Gesundheitsschuhe, wallende Haare, breite Gesichter. Sie ignorierten mich, gingen an mir vorbei, einen Geruch von Moschus hinter sich herziehend, die Treppe hoch, zur Kasse.

Jule wies sie darauf hin, daß die Vorstellung schon begonnen habe. »Na ja, aber wir können doch noch hinein«, sagte die eine Frau, »wir stören ja nicht.«

»Klar.« Jule klang sehr großzügig. »Zwölf Mark pro Nase.« Ich hörte, wie Geld klirrte und laut in der Kasse verstaut wurde. »Seid halt ein bißchen ruhig, wenn ihr hineingeht«, bat Jule, »die mögen es nicht, wenn man zu laut ist. Aber ihr wißt ja, daß rechts auf der Treppe immer noch einige Sitzplätze frei bleiben.«

Die beiden Frauen bedankten sich, verschwanden, wie ich an den Schritten hören konnte, nach links und kamen so durch den Zwischenraum gewissermaßen von hinten in den Veranstaltungsraum hinein. Kaum waren sie weg, da stand ich auch schon und nahm die paar Stufen zur Kasse fast auf einmal.

»Warum kommen diese Schlampen da einfach rein und ich nicht?« fragte ich und stützte mich mit beiden Fäusten auf dem Kassentisch ab. Die Weinflasche hatte ich vorsorglich an der Treppe stehen lassen.

Jule hielt empört die Luft an. »Erstens sind das keine Schlampen, und zweitens ist das was ganz anderes.«

»Genau!« pflichtete der Langhaarige bei.

»Dich hab' ich gar nichts gefragt, du Hippie-Wichser!« schnauzte ich ihn an und hielt ihm kurz den Stinkefinger vor die Nase. Dann wandte ich mich wieder Jules mittlerweile gerötetem Gesicht zu. »Warum ist das was anderes, wenn zwei Weiber reinwollen? Sind die mehr wert als ich?«

»Na ja, das kann man so ja nicht sagen«, sagte Jule und schaute auf den Tisch. »Es ist halt so, weißt du, da drin ist eben so Frauen-Kabarett, das heißt, das ist Kabarett von Frauen, vor allem für Frauen gedacht, und ...«

»Ich hab' aber kein Schild gesehen, daß Typen hier nicht reindürfen! Außerdem weiß ich von einigen Kerlen, die hierher wollten.«

»Ja ja, es ist ja auch nicht so, daß keine Männer rein dürfen.« Jule warf einen hilfesuchenden Blick auf den Zivildienstleistenden. »Es ist nur so, daß, ja, wie soll ich sagen, na ja, man, ähm, mensch kann davon ausgehen, daß die zwei Frauen jetzt ganz sicher die Veranstaltung nicht stören werden. Die setzen sich jetzt ganz ruhig auf die Treppe und schauen von dort aus dem Kabarett zu. Das ist nämlich echt klasse, weißt du. Und bei dir weiß mensch eben nicht so richtig genau, ob er sich zu benehmen weiß, ähm, wenn du weißt, was ich meine.«

»Ich versteh' schon ziemlich gut«, unterbrach ich sie, »völlig verblödet bin ich ja noch nicht.«

»Ja, und deshalb haben wir gedacht«, mischte sich jetzt der Langhaarige ins Gespräch, »daß es vielleicht sinnvoller ist, wenn du einfach die Pause abwartest und dann hineingehst. Vielleicht hast du bis dorthin deine Flasche leer und weißt auch, ob du überhaupt ...«

Ich drehte mich zur Seite, schnappte mit der rechten Hand einige seiner langen Strähnen und hielt sie fest, zerrte aber nicht daran. »Paß mal auf, du Wichser!« zischte ich. »Wenn ich mit dir reden will, dann sag' ich's dir schon selbst.«

In dem Moment ging wieder die Tür auf, und ich hörte eine bekannte Stimme in meinem Rücken. »Ja, wenn das nicht mein alter Freund Peter Pank ist, der schon wieder eine Schlägerei anzetteln will.«

Ich drehte mich nicht sofort um. »Mit solchen Schwänzen kann man sich nicht mal richtig prügeln«, murrte ich und fixierte »Spatzel« möglichst stinkig, bevor ich seine Haare losließ.

Palle kam die Treppe hoch, breit grinsend und eine Bierflasche in der Hand. Auf seiner Lederjacke war ein neuer Button zu sehen, aber ich war zu faul, ihn mir genauer anzusehen. Wir begrüßten uns, indem wir uns die Fäuste gegen die Schultern schlugen.

»Es war mir ja schon vorher hundert pro klar, daß ich dich hier finde«, sagte er. »Komm, nimm deine Flasche, laß uns anstoßen.«

Mit einem Ohr hörte ich, wie Jule zu dem Zivildienstleistenden raunte: »Der ist nicht mal so schlimm, nur ab und zu spinnt er halt.« Ich reagierte nicht, holte meine Weinflasche, ließ sie gegen Palles Bierpulle knallen. Wir tranken, dann setzten wir uns auf die Treppe, und als wir gerade saßen, hörten wir lautes Lachen und ebenso lauten Applaus hinter uns.

»Guten Witz gerissen, was?« spottete Palle, grinste breit und schaute mich direkt an. »Wie war's denn heute?«

Ich erzählte ihm die ganze Geschichte: von der Fahrt nach Reutlingen über die Demo, über das Treffen mit der Grünhaarigen bis hin zu der ziellosen Latscherei quer durch die Stadt. Der Tag hatte kein Ergebnis gebracht, es hatte nicht gescheppert, und ich hatte das Gefühl, dringend etwas machen zu müssen, irgendwas. Fragte sich nur, wo und wann.

»Wir könnten ja zu Stefan gehen«, schlug Palle vor.

»Der ist bei Sanne«, wandte ich ein. »Und da ist es besser, wenn wir nicht aufkreuzen.« Ich winkte ab. »Die lassen sich nicht so gerne stören, weißt du ja.« Es gab noch einen anderen Grund, aber den erzählte ich Palle wohlweislich nicht. Kurz erinnerte ich mich zurück ...

»Ich weiß nicht mehr, wer ich noch bin, ich kann nicht mehr, so hat alles keinen Sinn, keinen Sinn, keinen Sinn.«

(Neonbabies, 1981)

Wieder mal eine dieser zahlreichen Fahrten, zurück von einem Konzert. Exploited hatten wir uns angeschaut, in der »Röhre« in Stuttgart; der Pogo war heftig gewesen, und irgendein Idiot hatte mir bei der Zugabe sein Nietenarmband so durchs Gesicht gezogen, daß ich einen heftigen Striemen über der rechten Backe davongetragen hatte. Anfangs hatte es sogar geblutet.

»Blut-Pogo, wieder mal«, murrte ich vor mich hin. Ich war gut angesoffen, hatte schon vor dem Konzert einige Bierdosen getrunken und mir dann in der »Röhre« trotz der hohen Bierpreise noch einige Gläser hinter die Binde gekippt.

»Du mußt ja nicht mitmachen«, gab Sanne zurück. »Kannst dich ja an den Rand stellen, so wie ich's auch immer mach'.«

An diesem Abend mußte sie fahren, was ihr natürlich nicht paßte. Aber Stefan hatte schon wieder zuviel getankt, er hatte wesentlich mehr Bier getrunken. Jetzt lag er auf dem Rücksitz und schnarchte leise vor sich hin, seine Stiefel ragten hinter mir in die Höhe, er hatte sie auf die Lehne des Beifahrersitzes gelegt.

Sanne tat mir schon jetzt leid: Sie mußte den besoffenen Stefan irgendwann in der Nacht aus dem Auto herauszerren und in seine Bude hineinschleppen. Ob sie dann bei ihm blieb – die beiden hatten ein merkwürdiges Verhältnis, das mit Liebe nichts, mit Streit dafür umso mehr zu tun hatte – oder gleich heimfuhr zum Haus ihrer wohlhabenden Eltern, wußte ich nicht. Es war mir auch gleichgültig.

»Du weißt genau, daß ich's nicht aushalte, beim Pogo am Rand rumzustehen«, brummte ich. »Da muß ich einfach mitmachen.«

Sie seufzte theatralisch und hob die beiden ringverzierten Hände an; die Ketten am rechten Handgelenk klirrten leise. »Ich weiß«, sagte sie und seufzte erneut.

»Wir produzieren frank und frei, immer immer wieder am Bedarf vorbei ... wir sind die Hippies von morgen ... wir sind die Hippies von morgen ... --- In jeder Stadt ein Punk-Konzert - Atatak die neuen Herrn - das hätten sie wohl gern - Fortschritt New Wave Reggae Ska ...«

(Xao Seffcheque und die Pest, 1981)

Wir schwiegen einen Moment lang. Sanne fuhr recht flott, ihr kleiner Golf war zwar ein etwas betagtes Modell, aber er lief noch ordentlich. Sie hatte ihn von ihren Eltern geschenkt bekommen, die konnten sich solche Späße leisten. Das Scheinwerferlicht erhellte die Autobahn vor uns, ab und zu überholte sie, ab und zu wurden wir überholt. Wir hatten Sindelfingen und das Daimler-Benz-Areal neben der Autobahn bereits hinter uns gelassen und näherten uns der Heimat. So lange würde es nicht mehr gehen.

»Schade, daß du kein Radio und keinen Recorder hast«, sagte ich. Mir fiel im Moment nichts Besseres ein. Aber etwas reden wollte ich doch, dann war die Fahrt nicht so langweilig. »Ein bißchen Musik wär' jetzt echt nicht schlecht.«

Sanne nickte. »Ja, irgendwann kauf' ich mir einen. Und Musik wäre jetzt wirklich nichts dummes. Ich bin hundemüde, kann kaum noch die Augen offen halten.«

Ich grinste und nahm einen Schluck aus der Bierdose, die ich vorhin an der Tankstelle gekauft hatte. »Ich könnte dich ja ein bißchen kraulen«, schlug ich vor.

»Mach halt!« Es klang nicht so, als ob sie begeistert wäre.

Ohne lange zu zögern, hob ich die linke Hand und legte sie auf ihre violett gefärbten Haare, streichelte langsam ihren Hinterkopf. Dabei starrte ich weiterhin geradeaus. Ich streichelte Sannes Kopf, meine Hand rutschte nach unten, ich streichelte ihr linkes Ohr, ihre Wange, ihren Hals; ich ließ die Hand wieder nach oben rutschen, kraulte erneut ihre Haare, streichelte das rechte Ohr und die rechte Wange.

Und Stefan lag hinten auf dem Rücksitz und schlief. *Was für eine verrückte Situation*, dachte ich und grinste in mich hinein.

Sanne begann heftiger zu atmen, während es zwischen ihren Beinen immer wärmer wurde. Ich bemerkte, wie sie sich unruhig in ihrem Sitz bewegte. Ihre Beine gingen weiter auseinander, sie gab unvermittelt stärker Gas; das Auto beschleunigte und raste mit erhöhter Geschwindigkeit über die Autobahn.

»Gefällt's dir?« fragte ich, im törichten Bemühen, ein Gespräch anzufangen.

»Mach weiter, du Idiot!« zischte sie und atmete geräuschvoll aus. »Aber nicht zu schnell. Übertreib's nicht!«

Ich ließ meine Finger weiterarbeiten, immer hoch und runter, schön langsam, wie sie es wünschte. Sanne atmete laut und heftig, ich befürchtete schon, sie würde bald einen Unfall bauen.

Vorsichtig beendete ich das Massieren. Ich ließ meine Hand nach oben wandern. Keine Reaktion. Langsam tastete ich mich an den Bund der Strumpfhose heran, dann schob ich die Hand hinein. Nach wie vor keine Reaktion. Sanne und ich saßen da und stierten nach vorne auf die Autobahn, als geschähe gar nichts.

Ich schob meine zwei Finger nach unten, spürte, wie sie langsam durch die krausen Haare wanderten. Dann wurde es feucht, ich streichelte den Kitzler, fuhr sachte über die Schamlippen, bewegte die Hand tiefer. Es ging fast nicht mehr weiter, die Hose setzte mir Widerstand entgegen.

Sanne rutschte in ihrem Sitz nach vorne, machte die Beine breiter. »Weiter!« sagte sie, aber so leise, daß ich sie kaum verstand.

Meine Finger schoben sich fast von selbst nach vorne, ich bewegte sie in der Spalte auf und ab. Sanne war unglaublich feucht; als ich meinen Mittelfinger zwischen den Schamlippen hindurch in die Scheide gleiten ließ, spürte ich so gut wie keinen Widerstand. Dann schob ich ihn hinein, zog ihn zurück, schob ihn hinein, zog zurück.

Sanne holte tief Luft und rutschte noch tiefer. Aus den Augenwinkeln sah ich, daß ihr Gesicht schweißnaß war. Auch mir war mehr als warm, ich empfand die Nässe unter meinen Achseln als höchst unangenehm.

Mein Schwanz pochte unruhig in der Hose, ich spürte den Druck in den Hoden. Mit der Rechten fuhr ich mir zwischen T-Shirt und Hals, sorgte so für frische Luft.

In diesem Moment griff Sanne mit ihrer rechten Hand zu mir herüber, legte sie auf meine geschwollene Hose, streichelte meinen Schwanz. »Weißt du was ...?« fragte sie, hielt dann aber inne, als habe sie zuviel gesagt.

»Was ist?« fragte ich zurück; mir fiel nichts besseres ein.

»Ach nichts«, sagte sie. »Ich ...« Sie unterbrach sich erneut.

Dann nahm sie ihre Hand zurück, setzte den Blinker und fuhr nach rechts, steuerte einen Parkplatz mit Notrufsäule an, hielt abrupt an, machte den Motor und das Licht aus. »Ich will ficken«, flüsterte sie und beugte sich zu mir herüber. »Jetzt gleich!«

Es ging ganz schnell, obwohl die Vordersitze des Golfs für solche Aktivitäten nun wirklich nicht geeignet waren: Ich hatte Sannes Zunge im Mund und ihre Hand an meiner Hose, sie lag halb auf mir, und ich hatte eine Hand unter ihrer Strumpfhose, wo sie sich in der Pofalte nach unten bewegte; mit der anderen Hand stützte ich mich auf dem Boden ab, damit wir nicht abrutschten. Sanne versuchte, meine Hose zu öffnen; ich nestelte an ihrer Strumpfhose und wollte diese herunterstreifen.

Keine Sekunde lang dachten wir daran, wo wir waren und daß zu jeder Sekunde ein Autofahrer seine Karre hinter uns abstellen und das Schauspiel zweier fickender Punks beobachten konnte.

Bis Stefan aufwachte ... Auf einmal ragte sein Kopf zwischen den Sitzen auf. »Was issen hier los?« fragte er mit verschlafener Stimme, den Blick ungläubig auf die Szene gerichtet.

Sanne richtete sich auf, schien zu erstarren, drehte den Kopf. Sie sagte kein Wort, nahm meinen Arm, schob meine Hand von ihrem Hintern weg und holte tief Luft. Bevor sie aber etwas sagen konnte, verschwand Stefan wieder. Mit einem dumpfen Geräusch krachte er gegen die Wagenseite; am Rappeln hinter den Sitzen hörte ich, daß er Probleme hatte, seine Stiefel sinnvoll zu verstauen. Das war im Moment nicht mein Problem.

Jetzt zog sich Sanne hektisch wieder richtig an. »Scheiße, scheiße, scheiße«, flüsterte sie vor sich hin, während sie sich von mir herunterbewegte. Sie spähte über den Sitz nach hinten. »Immerhin pennt er gleich wieder. So eine Scheiße!«

Mir war die Laune gründlich vergangen. Mein Schwanz hing wieder so schlaff wie vor einer halben Stunde in der Hose. Auch ich brachte meine Klamotten in Ordnung, setzte mich auf den Beifahrersitz.

Wir schnallten uns beide an, stierten erneut geradeaus. Sanne startete den Motor, wir fuhren los. Die restlichen dreißig bis vierzig Minuten sprachen wir kein Wort mehr miteinander, es war eine sehr merkwürdige, sehr ungemütliche Heimfahrt. Stefan rührte sich nicht mehr; er schlief noch, als mich Sanne aussteigen ließ. Wir verabschiedeten uns mit einem nüchternen »Tschüß« voneinander, das war alles.

Das Thema wurde nie angesprochen, ich erfuhr auch nie, ob Stefan in seinem Suff überhaupt etwas wahrgenommen hatte. Weder Sanne und ich verloren je ein Wort darüber, und Stefan erst recht nicht. Aber vergessen würde ich diese Fahrt auf jeden Fall garantiert nie ...

Palles Stimme riß mich aus den Gedanken. »Stoß schon an!« sagte er barsch. Wir ließen die Flaschen klirren, nahmen einen Schluck. »Laß uns einfach hier bleiben«, schlug er dann vor, »vielleicht wird es doch noch ganz witzig.« Ich war skeptisch, nickte aber trotzdem. Besser als zuhause rumzulungern war es allemal.

Anscheinend hatte der große Applaus von gerade eben eine Fülle von lauten und launigen Gags eingeleitet. Das Publikum schien sich nicht mehr einkriegen zu können, eine Lachsalve jagte die andere, und immer wieder wurde applaudiert.

»Machen wahrscheinlich Witze über ihre Tage«, spottete Palle und verzog sein Gesicht zur schäbigsten Grimasse, die er hinbekam. Ein gehässiges Lachen folgte.

Ich hörte, wie Jule hinter mir lautstark die Luft einzog; sie sagte aber nichts. Dennoch ruckte ein Stuhl nach hinten. Der Langhaarige stand offenbar auf, er murrte, »ich kann die zwei Deppen nicht mehr ertragen«, dann hörte ich, wie er in Richtung Veranstaltungsraum verschwand.

Jetzt war ohnehin Pause; Stühle wurden lautstark gerückt, und die Stimmen von Menschen kamen näher. Einige Besucher kamen aus dem Flur hervor, gingen an der Kasse und an uns vorüber, hinaus ins Freie, wo sie etwas frische Luft schnappen und sich eine Zigarette anzünden wollten. Ich kannte niemanden.

»Alles Emanzenschlampen«, lästerte Palle und trank sein Bier leer, grinste mich erwartungsvoll an.

»Benimm dich!« warnte ich. »Sonst fliegen wir hier raus, und dann haben wir außer dem blöden Café Siff nix mehr, wo wir rein können, ohne daß uns gleich schlecht wird.«

»Hm.« Er rülpste. »Laß uns mal zum Bahnhof und zum Marktplatz gehen. Besser als hier ist's allemal.« Er drehte sich zu Jule herum. »Oder wieviel kostet's nach der Pause?«

Sie schaute ihn an, als ob sie ihn fressen wollte. »Sechs Mark. Aber ich überleg' mir sowieso, ob ich euch überhaupt noch reinlassen soll.«

»Ihr seid nichts als linke Spießer, ihr habt nichts dazugelernt«, versuchte sich Palle im Nachsingen eines alten Slime-Stückes. Ich zog ihn an der Schulter mit mir, nahm meine Weinflasche mit, und dann waren wir auch schon vor der Tür, ohne daß es ernsthafte Komplikationen gegeben hätte.

Die paar Meter bis zum Bahnhof bewältigten wir recht schnell, unterwegs leerten wir die Weinflasche, danach schleuderte ich sie in ein Gebüsch, wo sie zwischen den Zeigen hängen blieb. In der Bahnhofskneipe kannte man uns schon; der Wirt verzog zwar sein Gesicht, rückte aber zwei Flaschen Bier zu einem halbwegs erträglichen Preis heraus.

»Sei doch froh, daß überhaupt einer in deinen Scheißladen kommt«, maulte ich, weil er eine Fresse zog, als ob er uns am liebsten erschießen lassen würde. Mit einer Handbewegung wies ich auf die drei alten Männer, die sich an einem Tisch niedergelassen hatten und ihre Nasen fast in die Bierkrüge fallen ließen. »Bei so 'nem Publikum kommt hier ch keiner außer uns.«

Einer der alten Männer schreckte auf, stierte uns an. Dann stieß er seine zwei Begleiter an. Die Blicke von drei Weißhaarigen richteten sich auf uns; ihre Gesichter waren leer, sie wirkten trostlos, und ich hatte das ganz handfeste Gefühl, daß bei dem Trio der jahrzehntelange Alkoholkonsum ganz massive Spuren hinterlassen hatte.

Interessiert betrachtete ich das ganze Schauspiel. »Was'n los?« fragte ich nach einer Weile aggressiv. »Paßt euch unser Gesicht nicht?«

»Daß man so Gesindel wie euch frei rumlaufen läßt, ist echt eine Sauerei«, maulte der eine.

»Leute wie euch hätten sie früher vergast«, pflichtete ihm der andere bei. »Unterm Adolf hätt's das nicht gegeben.«

Ich hielt die Luft an, fuhr dann aber zu dem Typen herum. »Halt den Rand, du Arsch!« zischte ich und ging einen Schritt auf ihn zu. »Ich bin eh stinkig, und da hilft dir auch dein graues Haar nicht weiter.«

»Spinn nicht rum!« Palle hielt mich am Ärmel meiner Jacke fest. »Die sind besoffen, die kannst du nicht ernst nehmen. Laß uns abhauen!«

Ich schüttelte seine Hand ab, streckte dem Alten den Stinkefinger entgegen. »Dich haben sie im letzten Krieg vergessen umzunieten«, sagte ich. »Oder du warst zu feige. Hast dich gleich von der Ostfront gedrückt, erzählst lieber heut' von deinen Heldentaten.« Ich geriet in Rage, machte einen weiteren Schritt auf den Tisch mit den alten Männern zu. »Oder habt ihr lieber kleine Russenmädels totgefickt? Oder Juden vergast? Oder was?«

»Mensch, Peter, beruhige dich«, mischte sich Palle erneut ein. Normalerweise streßte er rum und mußte von mir beruhigt werden, aber an diesem Tag hatte ich zu viel Generve hinter mich gebracht. Einer mußte wohl das Opfer sein.

Ich ignorierte meinen Freund, erreichte mit zwei großen Schritten den Tisch, stellte meine Bierflasche ab, stützte mich mit beiden Fäusten auf die Platte und fixierte die drei alten Männer. »Jetzt noch mal!« forderte ich. »Wiederholt, was ihr vorhin gesagt habt. Schön langsam und deutlich.« Ich verzog hämisch das Gesicht. »Wenn ihr euch überhaupt traut, ihr Wichser ...«

Der alte Mann, der mir vor einer Minute das Vergasen als schönste Todesart gewünscht hatte, spuckte aus; der Speichel traf exakt die Mitte zwischen meine zwei Fäuste. Mir verschlug es die Sprache.

»Du Scheiß-Punker«, zischte er. »Leute wie dich haben wir in unseren guten Zeiten im Dutzend abgeknallt. Und das täglich. Ihr seid Deutschlands Untergang.«

»Das hoffen wir ja!« Palle lachte laut auf und packte mich erneut an der Jacke. »Deshalb lassen wir euch verrecken, am besten in einem Altersheim, wo sich niemand um euch kümmert. Wir gehen so lange auf die Straße.« Er schaute mich auffordernd an. »Komm schon, Peter!«

Jetzt war auch der Wirt bei uns. Sein dicker Bauch wackelte vor Anstrengung, sein Gesicht war gerötet, und sein ohnehin schon großer Schnurrbart schien sich verdreifacht haben. Er holte tief Luft, bevor er zuerst uns und dann die alten Männer anschaute.

»Ihr zwei Punker haut jetzt am besten mal ab«, sagte er dann langsam. »Ihr seid meine Gäste, auch wenn ihr euer Bier immer auf dem Marktplatz oder sonstwo trinkt, aber ihr habt euch hier anständig zu benehmen. Darauf haben wir uns ja mal geeinigt.« Er blickte Palle und mich an, und wir nickten gehorsam, als sei er ein Pfarrer, der seinen Konfirmanden eine Predigt hielt. »Und ihr drei hier ...«, der Wirt schaute die alten Männer an, »... ihr habt auch Rücksicht auf andere Gäste zu nehmen. Habt ihr mich verstanden?«

Die Gesichter der drei Alten wandten sich ihm zu. Keine Falte in den verrunzelten, teilweise durch geplatzte kleine Äderchen geröteten Gesichtern verzog sich. Einer des Trios schnaufte hörbar.

Dann sagte er langsam: »Mir ja alles egal. Untermenschen bleiben Untermenschen. Und die hier gehören dazu.«

Ich wollte schon wieder losbrüllen, aber jetzt schnappte mich Palle an beiden Armen und zog mich mit aller Gewalt zurück. »Halt dich zurück, verdammt noch mal!« zischte er. »Oder willst du, daß wir hier auch Hausverbot kriegen?«

Palle gab dem Wirt mit dem Kopf ein Zeichen; der schnappte sich meine Bierflasche. Während mich Palle in Richtung Tür bugsierte, ging uns der Wirt mit langsamen Schritten nach, immer bedacht, aus unserer Reichweite zu bleiben. Das Bier hielt er vorsichtig in beiden Händen, damit es ja nicht zu Boden fallen konnte.

Eigentlich hatte ich schon Lust, den Streit weiter hochkochen zu lassen, gleichzeitig wußte ich, daß ich mit alten Männern gar keine Schlägerei anfangen konnte. *Christliche Erziehung ist was feines, spottete ich über mich selbst, von wegen, Ehre dem Alter und so.* Zudem wollte ich wirklich kein Hausverbot erhalten; so nüchtern war ich noch, um meine Situation halbwegs korrekt einschätzen zu können.

Also ließ ich es zu, daß mich Palle zum Ausgang schob. Der Wirt öffnete die Tür, Palle drückte mich in den Vorraum, der Wirt reichte das Bier nach und schloß die Tür hinter uns ab. »Ihr könnt ja morgen wiederkommen«, schlug er vor; ich konnte ihn durch das Sicherheitsglas als Schemen erkennen. »Aber für heute reicht's, okay?«

»Ist in Ordnung«, bestätigte Palle. Der Wirt verschwand. Dann schaute mich Palle an, grinste sein wohlbekanntes Grinsen. »Auch bei dir alles in Ordnung?« fragte er.

Ich hob die Schultern. »Na ja. Auf ein bißchen Kraftprobe hätte ich's ja noch ankommen lassen können. Verprügelt hätt' ich die Deppen eh nicht. Du weißt, daß alte Leute für mich absolut tabu sind.«

»Ja ja, könnte ja ein entfernter Verwandter deines Großvaters sein oder ein alter Kumpel deiner Großmutter oder sonst was.« Palle lachte und hieb mir auf die Schulter. »Komm, wir gehen zum Marktplatz runter. Vielleicht tut sich da noch was.«

»Wenn's denn sein muß.«

Mit einem Feuerzeug, das ich aus genau diesem Grund immer in der Lederjacke stecken hatte, öffnete ich meine Flasche, dann reichte ich das Feuerzeug an Palle weiter. Er folgte meinem Beispiel, gab mir das Feuerzeug zurück, wir stießen an und nahmen jeweils einen kräftigen Schluck. Dann gingen wir los.

Es war mittlerweile ein bißchen kühler geworden, man brauchte die Jacken. Wir hatten immerhin schon September, und ich hatte es oft genug erlebt, daß im Oktober der erste Schnee gefallen war, wenngleich nie viel.

Gemütlich gingen Palle und ich über den Bahnhofsvorplatz, am Jugendzentrum vorbei, dann die kleine Straße zum Marktplatz hinunter. Nach zwei weiteren Schluck Bier wurde Palle offensichtlich mutiger: Er verbog die Spiegel einiger herumstehender Autos und klappte bei anderen die Scheibenwischer hoch.

»Völlig schwachsinnig, so was«, kritisierte ich ihn. »Das bringt doch nichts.« Ich war zwar schon gut angetrunken, aber albern fand ich ein solches Verhalten trotzdem.

»Scheiß drauf«, entgegnete Palle leidenschaftslos, »ist doch eh alles egal.« Er ging zu einem abgestellten Mercedes und legte seine Hand um den Stern.

»Laß das lieber!« riet ich. »Da unten kommen Leute. Und wenn die den Bullen sagen, was sie gesehen haben, wissen die eh Bescheid, wer's war. Oder sie fragen im Jugendzentrum nach, und irgendwelche Hippies sagen denen dann alles über uns.«

Palle brummte etwas vor sich hin und ließ den Mercedes-Stern los. Er reichte mir seine Flasche herüber, wir stießen erneut an. Als wir den Marktplatz und unseren Stammplatz erreichten, waren die Flaschen schon mehr als halbleer.

Wir setzten uns auf die Lehne einer der Bänke und beobachteten den spärlichen Verkehr an diesem Abend. Auf den Bänken neben uns lümmelten sich jugendliche Typen mit Popperfrisuren und noch nicht sonderlich ausgereiften Schnauzbärten, die Bierdosen in den Händen hielten. Sie hatten ein Auto so hinter sich abgestellt, daß sie die Musik aus dem Autoradio hören konnten; es war Pop-Musik, wie man sie täglich im Radio ertragen mußte.

»Punks in Stuttgart, die tote Welle rollt,
Punks in Stuttgart - sind so butterhart.«
(Ätzer '81, 1981)

»Klingt wie der Scheiß, der bei dir in deinem Supermarkt immer läuft«, lästerte Palle und grinste mich an.

»Erstens ist das nicht mein Supermarkt, zweitens arbeite ich da nicht mehr, und drittens ist die Musik hier noch beschissener!«

Einer der Jugendlichen schaute zu uns herüber, stieß dann seine Kumpane an und sagte etwas zu ihnen, was ich aber nicht verstehen konnte. Er stand auf, kam zu uns und baute sich vor unserer Bank auf, möglichst breitbeinig, wie mir schien. Ein bißchen schwankte er schon.

»Seid ihr Punks?« fragte er uns, blickte Palle und mich dabei abwechselnd an. Wir ignorierten ihn, diese Frage war sogar uns zu blöd. »Ich hör' nämlich auch die Ärzte und hab' eine Ramones-Platte zuhause.«

»In letzter Zeit häufen sich die Idioten, die meinen, Punk habe was damit zu tun, daß man Ärzte hört«, murrte ich, schaute den Kerl in seinem Lacoste-Hemd nicht einmal an, nahm lieber einen Schluck von meinem Bier. Viel war nicht mehr in der Flasche, wie ich feststellte.

»Vielleicht wird daraus noch eine Jugendrebellion«, spottete Palle. »Mit solchen Weicheiern kann die ja nur gut verlaufen.« Er schaute nach wie vor nach vorne, auf die Straße, direkt an der linken Schulter des Jugendlichen vorbei, ohne diesen auch nur in den Blick zu nehmen.

Der Typ stand etwas irritiert vor uns, sein spärlicher Schnauzbart wirkte in diesem Moment noch lächerlicher als zuvor. »Ihr seid ganz schön arrogant«, sagte er nach einiger Überlegung. »Dabei seid ihr zu zweit, und wir sind fünf. Wir könnten euch ordentlich was auf die Fresse geben.«

»Wär' ja mal was völlig neues.« Palle schaute mich jetzt direkt an. »Sollen wir hier bleiben und den Weicheiern den Hammer zeigen, oder gehen wir ins JuZ zurück?«

Ich trank den Rest der Flasche auf einen Zug leer und stand auf. »Wir gehen.« Ich sprang von der Bank, drehte dem Jungmann vor uns den Rücken zu und warf die leere Flasche locker über die

Schulter; sie zerschellte offensichtlich direkt vor seinen Füßen. Auch Palle trank sein Bier leer und warf seine Flasche weg. Sie landete direkt vor den Füßen der anderen Jugendlichen, zersplitterte dort. Wir kümmerten uns nicht um die Reaktionen, sondern gingen los.

»Komm gib mir Deine Hand / wir wollen zusammen verrecken ...«
(Schleim-Keim, 1984)

»He, ihr Ärsche!« schrie einer hinter uns her. »So lassen wir uns nicht anmachen. Wenn ihr euch noch mal hier blicken laßt, gibt's was aufs Maul.«

Palle drehte sich nicht einmal um, zeigte dem Kerl nur den Stinkefinger. »Wenn nachher die Bullen vorbeikommen und eine ihrer blöden Routinekontrollen machen, sehen sie die Scherben«, freute er sich leise. »Und dann müssen sich die Deppen hier zumindest einige blöde Fragen gefallen lassen.« Er kicherte vor sich hin.

Als wir das Jugendzentrum erreichten, saßen Jule und ihr langhaariger Freund nicht mehr am Eingang; die Kasse war abgeräumt. Lautes Gelächter und lang anhaltender Beifall bewies uns, daß die Kabarett-Vorstellung noch nicht vollends zu Ende war. Wir schauten uns an, ich hob die Schultern, Palle nickte, und dann gingen wir weiter. Irgendetwas mußte an diesem Abend noch passieren, sonst wäre alles umsonst.

Durch den Flur hindurch, zum Veranstaltungsraum hinüber – als wir an die Bar kamen, die an dieser Stelle zugleich den Eingang markierte, sahen wir, daß die Vorstellung tatsächlich am Ende zu sein schien: Die Akteurinnen auf der Bühne verneigten sich, das Publikum klatschte begeistert Beifall. Einige erhoben sich sogar von ihren Plätzen.

Kurz musterte ich das Publikum. Gut zwei Drittel waren Frauen, von denen ich den größten Teil nicht kannte. Der Altersschnitt war für ein Jugendzentrum relativ hoch, ich sah viele Menschen, die weit über dreißig zu sein schienen. Ein Kabarett-Programm von Frauen für Frauen zog natürlich anderes Publikum an als eine Punk-Band. Der Raum war bestuhlt, es standen aber immer wieder Tische dazwischen. Kerzen auf den Tischen sorgten für eine gediegene Atmosphäre, zu der zahlreiche Sektgläser beitrugen.

»Endlich haben sie in dem Laden das Publikum, das sie schon immer wollten«, lästerte ich. »Seriöse Menschen eben, die gut Geld leben lassen und hinterher überall in der Stadt erzählen, wie super-tolerant und weltoffen das JuZ ist.« Mir wurde schlecht.

»Laß uns erst mal ein Bier trinken«, schlug Palle mit klarem Blick für die Realität vor. »Wenn die mit ihrer blöden Klatscherei fertig sind, wollen die bestimmt alle Sekt oder Orangensaft oder sonst einen Scheiß, und wir stehen da wie die Deppen.«

Das hübsche Mädel hinter der Theke kannten wir. Katie ging seit gerade mal zwei Jahren ins Jugendzentrum und hatte sich in letzter Zeit engagiert, war einer der wenigen Menschen, bei denen ich das Gefühl hatte, daß sie uns sogar richtig gut leiden konnte. Mit freundlichem Lächeln reichte sie uns die geöffneten Bierflaschen.

Die Schauspielerinnen hörten mit ihrem Verbeugen auf und verschwanden, der Applaus versiegte, und das Publikum stand auf. Während gut die Hälfte zum Ausgang strömte, wohl um möglichst schnell heimzukommen, strebte der andere zur Theke. Im Nu herrschte ein ordentliches Gedränge. Palle und ich setzten uns ein bißchen ab, lehnten uns an die Säule, die mitten im Raum stand, und beobachteten den ganzen Trubel, tranken dazu gemütlich den ersten Schluck Bier. Ich merkte, wie mir langsam schummerig wurde, es wurde mit der Zeit doch zuviel.

Jule und ihr »Spatzel« gingen an uns vorbei, sie hielten sich an den Händchen. »Spatzel« würdigte mich keines Blickes, Jule grinste mich an. »Na, seid ihr jetzt doch hier?« fragte sie spöttisch.

»Siehst du ja doch. Mitgekriegt von der Show haben wir ja nichts, also konnten wir sie auch nicht stören.«

»Stimmt.« Bevor Jule weiter mit mir reden konnte, bekam sie von »Spatzel« einen aufmunternden Klaps auf den Hintern, den ich mit größtem Erstaunen zur Kenntnis nahm. Gemeinsam gingen die beiden weiter, drängten sich in ein Gespräch, das zwei Anzug-Typen anfangs der vierzig mit einer der Schauspielerinnen führten.

Irgendwann bemerkte ich, daß ich allein an der Säule stand. Palle hatte sich mitsamt seinem Bier verdrückt. Ich blickte mich um, konnte ihn nirgends entdecken. Wahrscheinlich war er zur Toilette gegangen, vermutete ich, oder er hatte Bekannte getroffen.

Für mich sah's eher mau aus. Zwar kannte ich eine ganze Reihe von Besuchern, aber die meisten doch eher nur vom Sehen; geredet hatte ich mit ihnen nur wenig. Ich galt ohnehin als verschroben und ein bißchen maulfaul – woher also sollte ich zu viele Bekannte bekommen, vor allem in diesen Kreisen?

In diesem Moment löste sich Micha aus einem Knäuel von Menschen und kam direkt auf mich zu. Micha kannte ich ebenfalls seit einigen Jahren, er war in etwa im selben Alter wie ich und der örtliche Vorsitzende der Jusos, der Jung-SPDler. Sein schmales Gesicht mit dem Gestrüpp um Kinn und Wangen, das er als Bart bezeichnete, wirkte fröhlich; er grinste und hatte ein Sektglas in der Hand.

»Ich hab' gehört, du warst heute in Reutlingen«, begann der junge Sozialdemokrat nach kurzer Begrüßung das Gespräch. Als ich nickte, fuhr er fort: »Du bist ja doch nur dahingefahren, um dich mit der Polizei oder den Nazis zu prügeln, oder ging's ausnahmsweise um ernsthafte Inhalte?«

Ich starrte ihn an, glaubte meinen Ohren nicht trauen zu wollen. »Hm«, machte ich nur, mir fiel nichts Besseres ein.

Micha grinste weiterhin. »Ich hätt' ja auch mal wieder Lust auf eine Demo, aber da sind mir zu viele Leute, die rumstressen. Und auf Streß hab' ich keine Lust.« Er war angetrunken, ich merkte es.

»Bist ja auch ein Weichei«, sagte ich trocken.

»Besser als jemand wie du, der sich sein Hirn absäuft und nur noch auf Gewalt und Randale aus ist.« Sein Tonfall war blasiert, sein Gesichtsausdruck arrogant. »Bist eben ein Gewalt-Depp.«

»Den Gewalt-Deppen kannst du gleich haben«, knurrte ich. Mit raschem Griff packte ich seine rechte Hand, in der er das nahezu volle Sektglas hielt, führte sie rasch nach oben, schüttete ihm die sprudelnde Brühe ins Gesicht.

Micha fuhr zurück, aber ich hielt ihn fest, verdrehte ihm das Handgelenk. Das Glas fiel zu Boden, ich zertrat es kurzerhand. Michas Handgelenk ließ ich nicht los, drehte stattdessen weiter.

»Panx gegen Werwolf / schmeißt die Nazis raus /

nie wieder Faschismus / hängt die Schweine auf!«

(ZSD, 1981)

Vor Schmerz laut aufheulend ging er zu Boden.

»Na, wie gefällt dir das?« zischte ich. »Von wegen Gewalt-Depp!« In diesem Moment registrierte ich erst wieder, daß ich in einem gut gefüllten Raum war und schon gut dreißig der Anwesenden auf die Szene starrten.

»Hör mit der Scheiße auf!« zischte Micha, während ich vor Schreck verharrte. Ich wußte für einen Moment nicht, was ich tun sollte, schaute nur nach unten. Micha stierte mich an, sein Gesicht war verzerrt, seine Unterlippe zitterte vor Schmerz.

Ich spuckte auf den Boden, ließ ihn los; er knallte vollends auf die Schnauze. In diesem Moment standen schon Jule und der Zivildienstleistende neben mir. »Spatzel«, dessen richtiger Name mir auch jetzt beim besten Willen nicht einfallen wollte, zitterte vor Wut; er wollte sich schon auf mich stürzen, aber Jule hielt ihn zurück.

»Du blöder Brutalo-Punk!« schrie er mich an. »Mußt du immer Streit suchen?« Kurz blickte er nach rechts und nach links, überzeugte sich davon, daß schon gut zwei Dutzend Menschen einen Ring um unsere Gruppe bildeten. Das machte ihn offensichtlich stark. »Am liebsten würde ich dich aus dem Jugendzentrum prügeln, du Arschloch.«

»Versuch's doch, du Wichser«, knurrte ich. Zwar war ich gut angesoffen, aber ich wußte, daß ich jetzt keinen Angriff auf den langhaarigen Deppen riskieren konnte. Im Nu hätte sich der ganze friedensbewegte Haufen zwischen mich und den Zivildienstleistenden gestellt. Zu allem Überfluß wäre mir ein sofortiges Hausverbot sicher gewesen.

»Traust dich doch nur, weil so viele Leute dabei sind.« Ich grinste kurz und spuckte erneut auf den Boden, direkt vor seine Schuhe. »Wir können ja rausgehen.« Einer der dümmsten Sprüche überhaupt, wie ich fand; in diesem Moment paßte er aber wunderbar.

»Mensch, Peter«, mischte sich Jule ein; im Grunde ihres Herzens war sie ein lieber Mensch. »Jetzt beruhige dich doch einfach. Wir wissen ja alle, daß du gerne einen trinkst, aber ansonsten ganz friedlich bist.«

»Viel lieber geh' ich in die Kneipe / und sauf' mich voll bis oben hin / treffe viele, tolle Leute / fernsehngucken hat ja doch keinen Sinn.«

(Rim Shout, 1986)

»Bei solchen Wichsern kann ich nicht friedlich bleiben«, maulte ich. Meine Wut war schon wieder verraucht; wie so oft war ich explodiert und wunderte mich wenige Sekunden später schon wieder über meinen Gefühlsausbruch. »Wer mich so blöd anlabert, kann froh sein, daß ich ihm nicht die Fresse poliere.«

»Spatzel« riskierte erneut ein freches Mundwerk und plusterte sich richtiggehend vor mir auf. »Wenn du dich nicht sofort bei Micha entschuldigst, erteile ich dir Hausverbot«, tönte er lauthals.

Immer mehr Menschen standen um uns herum; viele von ihnen grinsten, die meisten wußten wohl nicht so recht, was Sache war. Ich sah, wie Micha am Rand mit einigen Menschen sprach; so leise, daß ich ihn nicht verstehen konnte. Meine schlechte Laune kochte im Nu wieder hoch.

»Von dir lasse ich mir überhaupt nichts sagen«, schnauzte ich und schnappte den Zivildienstleistenden am Hemd, hielt meine Bierflasche drohend in der Hand. »Ihr linken Spießer kotzt mich eh alle an. Nur dumme Sprüche und nichts dahinter.«

Ich wollte den Langhaarigen gerade ordentlich schütteln, als mir von hinten einer in die Quere kam und meine Hände zurückriß. »Peter, benimm dich!« rief eine mir nur zu bekannte Stimme. »Das hier ist keine x-beliebige Kneipe, das ist unser Jugendzentrum.«

Martin! Wer denn sonst? Mein heißgeliebter Mitbewohner. Ich ließ »Spatzel« los, registrierte, wie der – sichtlich kleinlaut – sein Hemd geradezog und von Jule an der Schulter gestreichelt wurde, und wandte mich zu Martin um.

Es war eine reichlich blöde Situation, und das wußte ich genau. Keiner in diesem Raum war für mich, die meisten kannten mich nicht mal, aber sie konnten mich nach diesem Auftritt wahrscheinlich nicht leiden. Ich wußte in meinem Unterbewußtsein, daß ich ziemlich verdreckt und besoffen aussah und garantiert nicht sonderlich frisch roch, aber in meinem schwer angesoffenem Schädel setzte sich diese Erkenntnis nur äußerst mühselig durch.

»Du jetzt auch noch.« Ich musterte Martin und zog die Mundwinkel hoch. »Sind heute alle gegen mich? Mußt du mich heute Abend auch noch nerven?«

»Mann, Kerl!« Mein Mitbewohner schien richtig stinkig zu sein. »Du versaust hier allen Leuten durch deine scheißblöde Art den Abend. Trink in aller Gemütsruhe dein Bier aus, und dann ist Sense für heute.«

Eigentlich hatte er Recht. Ich nahm einen tüchtigen Schluck, leerte die Flasche gut bis zur Hälfte. »Willst mich wohl auch loshaben«, knurrte ich. »Nicht mal hier hab' ich meine Ruhe. Alles nur Scheiß-Spießer.«

Martin seufzte tief. »Au Mann, du nervst.«

Einige andere Männer kamen näher; die Art Mann, die ich überhaupt nicht ausstehen konnte. Jedem von ihnen sah man die Mitgliedschaft bei den Grünen, in der Gewerkschaft oder bei der SPD an, die meisten trugen Bärte und hatten ausgebeulte Jeans über Lederschuhen zu bieten. Schräg hinter ihnen stand Micha.

»Wir sind der Meinung, daß du jetzt besser gehen solltest«, sagte einer mit Vollbart in möglichst ruhigem Tonfall; ich nahm an, daß er Lehrer oder Sozialarbeiter war, irgendwas widerliches eben. »Du störst den schönen Abend, vor allem störst du die Frauen.« Solche Sprüche konnte ich besonders gut leiden.

»Wichser!« zischte ich nur. Jetzt ging ich erst recht nicht! Erneut nahm ich einen kräftigen Schluck, leerte die Flasche. Ich wollte es auf eine Kraftprobe ankommen lassen; also drehte ich mich zur Seite und ging in Richtung Theke.

»Ihr könnt mich alle mal«, schob ich laut nach.

Mittlerweile gefiel mir die Lage schon richtig. Alter Punkrock-Trick: Ich schaffte es mit lauten Sprüchen, eine ganze Kohorte an Leuten zu stören und aufzuregen. *Nur weiter so, Peter Pank!* flüsterte eine kleine, fiese Stimme in meinem Kopf.

Das Mädchen hinter der Theke blickte mich mit milder Verzweiflung an, als ich mich grob zwischen einigen herumstehenden langhaarigen Männern durchquetschte und die Ellbogen auf der Theke abstellte. »Ein Bier bitte!« sagte ich mit fast formvollendeter Höflichkeit und schob ihr meine leere Flasche zu.

Katie schaute mich weiter an, öffnete den Mund, wollte schon etwas sagen, brachte aber bloß ein hilfloses Lächeln heraus. »Wir haben beschlossen, daß du kein Bier mehr kriegst und jetzt besser heimgehst«, ertönte Martins Stimme von hinten. »Das ist für alle im Jugendzentrum besser so.«

Jetzt verstand ich auch den Gesichtsausdruck des Mädchens. Ich grinste sie an, hob die Schultern an, sie grinste kurz zurück. Wenigstens ein Mensch, dem ich nicht völlig unsympathisch war.

»Und wenn ich nicht gehe, sondern bleiben will?« fragte ich Martin, der mich nun mit einem halben Dutzend Leute umringte. »Prügelt ihr mich dann raus?« Ich war immer noch aggressiv, ich merkte selbst die merkwürdige Stimmung, in der ich schwebte, und ich wußte selbst, daß ich von dem Gewaltfilm herunter mußte – aber im Moment machte mir die Provokation einfach zu viel Spaß.

»Nein«, mischte sich eine Art Sozialarbeiter ein, den ich nicht zum ersten Mal im Jugendzentrum sah. »Wir rufen die Polizei. Die soll sich um dich kümmern. Das ist immer noch am sinnvollsten. Dafür werden die schließlich bezahlt.«

»Linke Wichser!« Es rutschte mir einfach so heraus, ich dachte keine Sekunde lang nach. »Die Bullen rufen! Ich glaub's nicht!«

Martin verzog sein Gesicht. »Und ganz nebenbei erinnere ich dich daran, daß du bei mir wohnst und der Mietvertrag auf mich läuft.«

Danach ging alles sehr schnell. Irgendeine Sicherung in meinem Hirn knallte durch, und ich sprang auf Martin zu, schmiß ihn um, war auf ihm drauf, bevor mich jemand halten konnte. Sie gingen aber dazwischen, bevor ich ihm die Fäuste ins Gesicht dreschen konnte; gut vier oder fünf Typen zogen mich zurück, schubsten mich gegen die Theke.

In diesem Moment tauchte Palle auf, der die ganze Geschichte nicht mitbekommen hatte, weil er sich vor der Tür einen hübschen Joint hineingezogen hatte; mein Freund packte mich an der Lederjacke, zerrte mich aus dem Pulk von Menschen heraus, bugsierte mich unter wüsten Beschimpfungen zur Tür, schleppte mich die Straße hinunter, möglichst weit weg vom Jugendzentrum.

Ich fluchte und schimpfte, ich wehrte mich, und ich wollte zurück, um allen die Fresse einzuschlagen, aber Palle setzte sich durch. Nach gut zwei Minuten hatte ich mich beruhigt; ich torkelte mit Palle durch die Nacht, bis wir in seiner Bude waren. Dort schütteten wir uns noch ein halbes Dutzend Bier pro Nase hinter die Birne, hörten zum hundertsten Mal die alten Black-Flag-Sachen an. Irgendwann war ich besoffen genug, um auf dem Fußboden einzuschlafen, während Palle auf seiner von Zigarettenkippen zerfressenen und mit leeren Bierdosen übersäten Matratze zu schnarchen begann.

Am nächsten Morgen – es war ein kühler Sonntag, und der Wind brachte feinen Nieselregen aus dem Westen – verabschiedete ich mich ohne zu viel Gerede von Palle, ging in meine Bude, sprach kein Wort mit Martin, holte meinen Schlafsack und marschierte mit einer tüchtigen Portion Wut zur Tramperstelle.

Ich hatte Glück, erwischte eine Stunde später ein Auto, das Richtung Karlsruhe fuhr, mußte unterwegs nie lange stehen und kam sofort auf die richtige Autobahn. Sieben Stunden später war ich in Köln.

8.

»Prost!« sagte Achmed und hob sein Früh Kölsch hoch; wir ließen die Flaschen gegeneinanderknallen und nahmen einen kräftigen Schluck. Grinsend strich Achmed mit der flachen Hand über seine rostroten Haarstoppeln, die seit neuestem sein Vollmondgesicht runder wirken ließen. »Was machen wir heute?« fragte er.

»meine worte sind vergiftete pfeile / dich zu zerstörn kenn ich keine eile / deine gefühle verraten dich.«
(New Born Babies, 1984)

»Keine Ahnung.« Ich hob die Schultern, schaute mich um. »Wir werden wohl einfach mal schauen müssen, daß wir was auf die Reihe kriegen.«

Wir fanden es an diesem Nachmittag auf der Kölner Domplatte recht angenehm. Der Himmel war von Wolken verhüllt, aber immer wieder kam die Sonne durch, so daß es nicht zu kühl war. Mit Pullover und Jacke konnte man es sogar jetzt noch, Ende September, aushalten. Touristen aus aller Herren Länder strömten vorbei, einige von ihnen stierten das kleine Häuflein Punks irritiert an, sagten aber nichts. Links von uns saßen einige Langhaarige mit Rucksäcken am Brunnen, rechts von uns, schräg vor dem Haupteingang des Doms, stand eine Gruppe südamerikanischer Indianer und musizierte in erträglicher Lautstärke vor sich hin.

Unsere Gruppe bestand aus gut einem Dutzend Punks, die meisten hatte ich erst in den letzten Tagen kennen gelernt; sie waren einige Jahre jünger als Achmed und ich, nervten aber nicht zu sehr herum. Es herrschte ein ständiges Kommen und Gehen: Immer wieder gingen einzelne Punks weg, stellten sich an die Treppen zwischen Dom und Hauptbahnhof, um dort Reisende anzuschnorren, oder gingen in die Fußgängerzone, um ihr Glück zwischen den Einkaufstempeln zu versuchen. Andere kamen zurück, Tüten mit Bier oder Fressalien unter dem Arm; Zigaretten und Bierflaschen kreisten, hinter uns lagen zwei Punks mit ihren Hunden neben der Mauer des Doms und schliefen.

»Es ist richtig schön heute«, sagte Achmed genießerisch und lehnte sich zurück, bleckte die Zähne zu einem breiten Grinsen. »So kann man das Leben ja richtig ertragen.«

Das schwarzrote T-Shirt spannte sich über dem Bierbach, die Lederjacke mit dem großen BLUTTAT-Logo hatte auch schon bessere Tage gesehen.

»Stimmt.« Ich nickte. »Wir haben schon andere Zeiten erlebt.« Für einen Moment wurde mir bewußt, daß wir schon wie alte Männer schwadronierten, die sich Geschichten aus dem Krieg erzählten. »Gerade hier auf der Domplatte ...«

Achmed nahm einen Schluck Bier, wirkte für einige Sekunden sehr nachdenklich. Er schien sich zu erinnern. »Du denkst an die Hertha-Frösche?« fragte er.

»Genau.« Es war eine interessante Erfahrung gewesen, und wir beide erinnerten uns sofort an das Geschehen. So lange war das ganze gar nicht mal her ... 1984, im Spätsommer, wenn ich mich recht entsann.

Wir hatten uns auf der Domplatte aufgehalten, wie so oft, und hatten dabei völlig vergessen, daß irgendein Zweitligaspiel in der Stadt ausgetragen wurde. Hertha BSC Berlin gegen Fortuna Köln oder so etwas; ich hatte mich für Fußball nie sonderlich interessiert. Wir tranken unser Bier, glotzten die Touristen an, rauchten und erzählten dummes Zeugs. Wie immer auf der Domplatte.

Auf einmal tauchten sie am Rand der Domplatte auf, direkt aus der Fußgängerzone: gut ein Dutzend großer glatzköpfiger Kerle mit grünen Bomberjacken, Aufnähern an den Ärmeln und Knüppeln in den Händen. Wir hatten sie nicht kommen sehen, sie tauchten zu schnell auf; ein Punk schrie auf einmal: »Scheiße, die Hertha-Frösche!«

Es ging verdammt schnell weiter: Wir schnappten uns herumstehende Flaschen und einige dürre Stöcke und stellten uns auf einen aussichtslosen Kampf ein, während die Glatzen auf uns zurannten. Und einmal in meinem Leben war ich froh, daß die Polizei in der Nähe war: Ein Dutzend Uniformierter rannte aus einer anderen Richtung über den Platz, es rappelte ganz kurz und nicht mal sonderlich häßlich, dann rannten die Glatzen davon, die Bullen hinter ihnen her, und wir standen da, die abgeschlagenen Flaschen in den Händen und ein blödes, aber erleichtertes Grinsen in den Gesichtern.

»Damals hab' ich mir fast in die Hosen geschissen vor Angst«, sagte ich versonnen und nahm einen Schluck.

»Und daß dir die Bullen letztlich geholfen haben, stinkt dir heut' noch«, lästerte Achmed und lachte kurz auf. »Gib's zu!«

»Wenn's denn sein muß ...« Ich hob die Schultern, hatte keine Lust, über ein Null-Thema wie dieses auch nur einen Satz mehr zu verlieren. Wir alle hatten unsere Erinnerungen, viele alkoholgeprägt, viele ziemlich häßlich, und es war nicht sinnvoll, ständig die alten Kamellen neu aufzuwärmen.

Stattdessen beobachtete ich lieber die Touristen, die vor uns umherbummelten, den Dom betrachteten und gelegentlich stehen blieben, um uns anzustarren. Vor dem kleinen Kiosk neben unserer Sitzgelegenheit stand eine Gruppe älterer Menschen, der

Kleidung nach aus der tiefsten Provinz stammend, die mit den Fingern auf uns wiesen und miteinander tuschelten. *Offenbar gibt's bei denen im Dorf keine Punks*, dachte ich nur, ohne mich auch nur andeutungsweise aufzuregen. Das war schon immer so gewesen; ich kam aus dem Dorf und aus der Kleinstadt, und ich wußte, was es hieß, von Dorfbewohnern blöd angestarrt zu werden.

Eine Gruppe Japaner spazierte vor dem Dom vorbei, blieb am Brunnen stehen. Ein europäisch aussehender Mann mit Hut stand zwischen ihnen, offenbar ein Reiseleiter; mit lauter Stimme gab er Erklärungen in englischer Sprache ab, die ein Japaner seinen Landsleuten übersetzte. Die Männer und Frauen, die den Reiseleiter umringten, hörten aufmerksam zu, applaudierten kurz, als er geendet hatte, und folgten ihm dann zur nächsten Station ihres Rundkurses.

Ich machte mir nicht einmal die Mühe, verächtlich gegen die Stirn zu tippen. Wer sich Deutschland – oder ganz Europa – in fünf Tagen geben wollte, der hatte es nicht anders verdient.

Eine andere Gruppe von Touristen näherte sich: vier Männer, drei Frauen, alle recht seriös, sogar ziemlich spießig gekleidet. Sie blieben bei dem Brunnen stehen, direkt neben den grauen Platten, die das Wasser gegen die eigentliche Domplatte abgrenzten. Einer der Männer hob die Kamera, die er sich um den Bauch gebunden hatte, hoch und richtete ihr Visier auf unsere Gruppe.

Ich war zu lasch, um mich aufzuregen. »Schau mal, wer da glotzt«, brummte ich halbwegs verständlich und zeigte der Touristengruppe meinen Stinkefinger.

Mein dezenter Hinweis stöberte die Gruppe rings um mich herum gehörig auf. Pepe, ein schätzungsweise 17 Jahre alter Punk aus einem Kaff nahe der holländischen Grenze, der sich seit einer Woche in Köln aufhielt, sprang als erster auf.

»Hört mit der Scheiße auf, ihr Spießer!« brüllte er und ging auf die Touristen zu. Ich hörte nicht, was er genau sagte, sah nur seine aufgeregte Gestik. Ein Mensch, der Pepe nicht genau kannte, hätte meinen können, daß er den Touristen Schläge androhte; so falsch war der Gedanke wohl nicht einmal.

Die Touristen wirkten nach einiger Zeit sichtlich beeindruckt, vor allem, nachdem weitere Punks aufstanden und entweder in ihre Richtung starrten oder sich langsam in Bewegung setzten. Alle sieben zogen sich langsam zurück, Schritt um Schritt nach hinten, während Pepe vor ihnen stand und mit seinen Nietenarmbändern vor ihren Augen herumfuchtelte. Dann drehten sie sich um und legten einen flotteren Schritt ein, gingen zur linken Seite, Richtung Rhein. Vielleicht fanden sie bei der alten Römerstraße einige nette Fotomotive.

Pepe war sichtlich stolz, als er zurückkehrte. »Die wollten mir

Geld geben, die Spießer, aber ich hab's abgelehnt«, verkündete er so laut, daß es alle mitbekamen. »Für ein Foto 'ne Mark, müßt ihr euch mal vorstellen. Die meinten, das sei ja ein guter Preis.«

»Ist nur die Frage, ob das so schlau war«, brummte Achmed halblaut. »Das Angebot abzulehnen, meine ich. An deiner Stelle hätte ich erstmal richtig mit denen verhandelt.«

»Wieso verhandelt?« fragte Pepe und kratzte sich verdutzt an dem roten Pickel, der am Kinn wucherte. Der Pickel sah fast so rot aus wie der frische Iro, den Pepe auf dem Kopf spazieren trug, aber das würde sich wohl bald ändern: Ich tippte den Burschen auf hochgradig schleppscheiße-gefährdet. Es würde nicht lange dauern, bis der harmlose Pickel sich entzündete.

»Annemarie - du bist blond wie Bier
- Annemarie - bitte fick mit mir ...«
(Extrabreit, 1981)

Achmed lehnte sich zurück und grinste wieder breit. »Na ja, ich hätte an deiner Stelle erst mal versucht, den Preis hochzutreiben.« Er nahm einen Schluck Bier. »Vielleicht auf fünf Mark pro Foto oder so. Dann hätten die pro Nase ein Bild machen können. Sieben Leute mit je fünf Mark, macht immerhin dreißig Mark, hätte für einiges Bier gereicht.«

»Fünfunddreißig«, erinnerte ich ihn sanft und trat ihm mit dem Stiefel gegen das linke Bein.

»Klugscheißer!« Achmed rülpste. »Nur weil du Abitur hast.«

Pepe stand völlig verdutzt neben uns, schien nicht so recht zu verstehen, um was es bei unserer Unterhaltung ging. »Du ... du meinst, ich hätte wirklich Geld nehmen sollen?« Achmed nickte nur. »Geld von den Spießern, allein dafür, daß sie Punks fotografieren?«

»Ja klar. Die Punks in London leben ja auch alle davon. Gibt schlimmere Möglichkeiten, sein Geld zu verdienen.« Achmed schaute mich kurz an und lachte auf. »Beispielsweise in einem Supermarkt.« Meinem erneuten Tritt wich er aus.

Pepe schien die Lage immer noch nicht zu blicken. »Aber das ist doch nicht okay«, meinte er dann. »Dann verkaufen wir ja unsere Szene.«

Achmed lachte erneut. »Schöner Gedanke, doch! Und wenn du zum Sozialamt gehst und dir deine Kohle abholst, das ist dann in Ordnung?«

Pepe schaute völlig irritiert; von dieser Seite hatte er die Sache offensichtlich bislang nicht betrachtet. »Na ja, zum Sozialamt muß ich ja noch nicht gehen«, sagte er leise, fast schon schamhaft.

»Ich weiß.« Achmed winkte großzügig ab. »Kriegst ja jeden Monat das Geld von deinen Eltern überwiesen. Ist auch besser so.

Für die, dann müssen sie dich nicht ertragen. Und für dich auch, dann kriegst du dein Geld und mußt dich dafür nicht gut benehmen. Ist völlig okay.« Er grinste schäbig.

»Und von was lebt ihr dann?«

»Ich bin seit Jahren arbeitslos, gelte beim Arbeitsamt als schwer vermittelbar, geh' aber immer mal wieder zwischendurch in irgendwelchen Lagern arbeiten, damit ich wieder ans richtige Geld rankomme.« Achmed hob die Hände an, als ob er sich entschuldigen wollte. »Einmal hab' ich sogar in 'ner Kölsch-Brauerei gejobbt. Mann! Ich sag' dir, da vergeht dir jeglicher Appetit auf Bier, wenn du siehst, wie die ihr Zeugs zusammenmantschen.« Als er sah, wie Pepe ihn erwartungsvoll anstierte, grinste er wieder breit. »Na ja, ich hab' in der Zeit eben mehr Rotwein und Korn getrunken, das haut ja auch ganz gut rein.« Achmed wies auf mich. »Und mein junger Freund hier, der hat zuletzt in 'nem Supermarkt gejobbt, ist jetzt arbeitslos, hat das ganze aber so schlau angestellt, daß er keine Arbeitslosenkohle kriegt. Wird wohl bald zum Sozialamt gehen müssen.«

Ich schnaubte nur. Sozialamt? Pah! Die konnten mich mal. Ich hatte schon Freunde in Stuttgart aufs Sozialamt begleitet, nur weil sie für irgendwelche abgewrackten Löcher die horrende Miete nicht mehr bezahlen konnten und deshalb Wohngeld beantragen mußten. Der miefige Geruch nach arroganten Beamten, besoffenen alten Männern und verzweifelten Menschen in den Fluren und Räumen des Sozialamtes hatte mich fast zur Explosion getrieben. Da wollte ich nie landen, das hatte ich mir damals geschworen.

Pepe hob die Schultern. »Sind ja alles ziemlich rosige Aussichten«, meinte er mißmutig, »und was mach' ich in fünf Jahren?«

»Dann siehst du so aus wie Peter Pank«, lachte Achmed und wich erneut einem meiner Tritte aus. »Der ist schon über zwanzig und immer noch nicht vernünftig geworden.«

»Und du trauerst ständig den schönen Tagen in Stadtallendorf nach«, lästerte ich zurück.

Das saß! Ich registrierte, wie Achmed sein Gesicht verzog. Das war ihm immer noch peinlich: Panzerfahrer bei der Bundeswehr war er gewesen, verpflichtet auf zwei Jahre, freiwillig also; weil er das Geld brauchte, hatte er damals behauptet. So viel wie in den zwei Jahren hatte er danach nie wieder gesoffen, seine Leber hatte beim Barras schwer gelitten, und heute schämte er sich richtiggehend dafür, als Vaterlandsverteidiger über die grüne Wiese gehoppelt und gefahren zu sein.

Kurz schien Achmed zu überlegen, was er machen sollte, dann reagierte er: Mit einem Ruck schüttete er mir das restliche Bier aus seiner Flasche ins Gesicht; während ich noch blinzelte, stellte er seine Flasche ab und sprang mich an. Im Nu war die schönste

Prügelei im Gange. Wir flogen über die Treppenstufen, ich merkte, wie meine Flasche irgendwo nach hinten flog und mit hellem Klirren zersplitterte, meine Schulter knallte gegen eine Steinkante, Achmed versuchte mich am Hals zu packen, sein Gesicht rot vor halbherziger Wut und vor unterdrücktem Lachen, ich schob ihm meine Hand ins Gesicht und hielt ihn mir so vom Leibe, und so rollten wir Treppenstufe um Treppenstufe nach unten, bis wir auf den Platten vor dem Dom lagen, direkt vor den Füßen irritiert herumstehender Passanten.

»Das Hemd verschwitzt die Birne voll /
So steht er da und fühlt sich toll ...«
(Blut & Eisen, 1984)

Achmed hatte es schlauer angefangen; er lag halb auf mir, hatte mich in einer Art Schwitzkasten, aus dem ich mich nur mit echten Fiesheiten hätte befreien können, und drückte mir den Kopf auf die Steinplatten. Ich hatte keine Chance mehr.

»Aufhören!« japste ich. »Aufhören!« Er reagierte nicht. »Bitte, großer Achmed, hör auf!« flehte ich in jammervollen Tönen, als ginge es wirklich um mein Leben. »Bitte, verschone mich.«

»Was krieg' ich dafür?« fragte Achmed, der schon die ganze Zeit vor sich hinkicherte. Die Situation war auch wirklich zu absurd.

»Ein Bier«, versprach ich, und er ließ mich los. Wir standen auf, lachten uns an und gingen zu der Treppe zurück.

Pepe war mittlerweile verschwunden, offensichtlich waren wir ihm zu blöde, zu wenig ernsthaft. Das erlebte man oft genug bei den jungen Punks, von denen es in diesem Herbst 1986 in Köln genug gab: Sie sahen die ganze Punk-Geschichte furchtbar ernsthaft. Sich selbst in Frage zu stellen, über sich selbst und den ganzen Müllhaufen Welt rings um einen herum zu lachen – das kam für sie so gut wie nicht in Frage. Punk war für sie eine wichtige Sache, die wohl wichtigste in ihrem Leben. Und ich hatte bei vielen von ihnen das Gefühl, sie in einem Jahr nicht mehr zu sehen; dann würden sie nämlich ihre bürgerlichen Karrieren zwischen Stadtsparkasse und Supermarkt, zwischen Automechaniker-Lehre und Schreinerei suchen.

Manchmal hatte ich wirklich das Gefühl, die ganze Punk-Szene würde bald an ihrem ganzen Ernst zugrunde gehen. *Früher war's eben schon besser*, spottete ich in Gedanken über mich selbst. Dennoch konnte ich nicht verhindern, daß ich mich an den Sommer 1983 erinnerte ...

Vik beugte sich über das Geländer der Zoobrücke und schaute in die Ferne. »Sieht ganz schön scheiße aus, der Rhein«, spottete er lauthals, »kein Wunder, daß die Leute bei diesem Pißwasser kein anständiges Bier brauen können. Dieses Kölsch ist ungenießbar.«

»Wobei die Brühe hier noch geht«, schob ich nach und setzte einen kräftigen Schluck aus der Weinflasche nach. »In Düsseldorf fischen sie das, was die Kölner wieder in den Rhein gepißt haben, erneut aus dem Fluß und brauen ihr Alt daraus.«

Fusel nickte beipflichtend. »Entsprechend sieht das Gesöff auch aus. Eine Aufgabe für die UNO-Menschenrechtskonvention. So was sollte man verbieten.«

Wir waren einer Meinung, wieder einmal. Es war Hochsommer 1983, später Nachmittag, wir hatten nichts zu tun, und wir hatten uns am Rande eines merkwürdigen Treffens in Köln-Deutz getroffen. Die Party war um diese Zeit reichlich schlapp, aber wir hatten einige merkwürdige Dinge gefunden, ein interessantes Gemisch daraus produziert und in unsere Taschen gestopft.

Wäre doch gelacht, wenn wir aus diesem Tag nicht doch noch was machen könnten, dachte ich und fuhr mir durch die borstigen braunen Haare. Für meinen Marokko-Trip im Juni hatte ich mir eine Fast-Glatze scheren lassen, mittlerweile waren die Haare gut nachgewachsen und standen schon wieder zentimeterweit in alle Richtungen ab. Das gute Haschisch aus dem Rif-Gebirge war schon weggekifft, und Freund Alkohol hatte mich in diesem Sommer gleich doppelt in seinen schmierigen Pfoten.

»Schau mal, wer da kommt!« rief Fusel, und ich drehte mich in die Richtung, in die er wies. Ein Polizeifahrzeug kam von der linksrheinischen Seite über die Brücke. Die zwei Beamten in dem Auto schauten prompt herüber, ihr kritischer Blick war eindeutig.

Wie auf Kommando winkten wir, als hätten wir die besten Freunde vor uns. Während der eine Polizist eine saure Miene zog, grinste der andere und winkte zurück; wir lachten alle, und die Beamten fuhren weiter.

»Puh!« machte Fusel. »Noch mal Glück gehabt.« Er grinste uns an. »Wenn die uns erwischt hätten ...«

Es wäre natürlich nichts passiert. Das einzige, was die Beamten gesehen hatten, waren drei verwahrlost aussehende Punks auf der Rheinbrücke, aber von der Sorte gab es in der Kölner Innenstadt in diesem Sommer an jeder zweiten Straßenecke ein Dutzend. Kein Vergleich zu der Kleinstadt, aus der ich kam, in der ich mit meinen zerfetzten Klamotten immer noch auffiel wie ein bunter Hund.

»Die könnten ja 'ne Leibesvisitation machen«, schlug Vik vor. »Wär doch mal wieder was: feuchte Bullenfinger in der Unterhose.« Er stöhnte vor gespielter Lust auf und griff sich an die Eier, verdrehte die Augen und ging langsam in die Knie. Es war albern, es sah albern aus, aber wir waren besoffen genug, uns vor Lachen auf den heißen Asphalt zu schmeißen.

»In Marokko hab' ich zwei Brüder aus Freiburg kennengelernt«, japste ich, »die haben aus so 'ner Situation in Spanien glatt einen Sketch gemacht.« Es waren zwei große blonde Typen mit langen Haaren gewesen, Brüder, die ein »Chaos-Theater« namens »Ohropax« oder so gründen wollten. Ich versuchte allerdings erst gar nicht, meinen Begleitern den Witz der Freiburger zu vermitteln; das mußte man gesehen haben, das konnte ich nicht erzählen.

»Pack mal aus!« schlug Fusel vor. »Ich will mich am Anblick des Mathmos berauschen.« Er winkte mir, ich reichte ihm die Weinflasche, er nahm einen kräftigen Schluck und gab sie zurück. Auch ich nahm einen Schluck.

Vik griff in eine der Taschen und holte einen Plastikbecher hervor. Sein Talent zum Basteln war wieder durchgebrochen, andächtig beobachtete ich den Becher. Es war einer dieser ver-

»Abgelenkt von deinem Leben / fühlst du dich so stark. / Anarchie, Anarchie. (...) Anarchie, Anarchie / ist die reinste Onanie ...«

(Beerdigung, 1981)

schließbaren Dinger, wie man sie in Imbissketten bekam; wir hatten auf jedem Becher auch den Deckel befestigt. Dann blieb die rötlich-dicke Soße garantiert im Innern und schwappte nicht unkontrolliert über den Rand hinaus.

»Sieht gut aus«, versicherte ich und zeigte auf Viks Becher. »So hat sich das Barbarella nicht vorgestellt.«

Schuld an allem war nämlich ausgerechnet Barbarella, genauer Jane Fonda, die im gleichnamigen Science-Fiction-Film nicht nur einen hinreißenden Strip gleich zu Beginn hinlegte, sondern auch eine Fickmaschine zu Tode fickte. Gegen Ende tauchte der Begriff »Mathmos« auf, auf diesem merkwürdig vor sich hinschwappenden Matsch war die Stadt der Bösewichter erbaut, die gegen Ende in ebendiesem »Mathmos« versank – wobei keiner von uns so richtig wußte, wie man den Begriff denn eigentlich richtig schrieb.

Im Rahmen der Party, die wir besucht hatten, war auch eben der Film gezeigt worden – und es hatte einen absolut widerlichen Ketchup gegeben. Nicht faul, wenn es darum ging, Blödsinn zu veranstalten, hatten Vik, Fusel und ich von einem Imbiss in der Kölner Innenstadt die Plastikbecher organisiert und dann den ekelhaft schmeckenden und darüber hinaus klebrigen Ketchup in die Becher umgefüllt. Ein Verrühren mit Wasser sowie Senf- und anderen Speiseresten hatte eine bizarre Mischung ergeben, die rötlich aussah, widerlich roch und sicher gut an allem möglichen kleben blieb.

Wir waren jetzt schon gespannt wie kleine Jungs auf das, was uns erwartete. Wir mußten dafür sorgen, daß wir diesen Tag nie aus unserer Erinnerung streichen würden!

»Da kommt ein Schiff«, sagte Vik, der gerade in Richtung Dom spähte. »Die sind bald unter uns; wenn wir Glück haben, fahren sie direkt unter uns durch.«

Wir bückten uns, öffneten unsere Taschen. Jeder hatte zwei Ladungen mit Mathmos eingepackt, natürlich viel zu wenig, wie wir schon im voraus ahnten; aber mehr Material hatten wir nicht auftreiben können. Wir stellten die Plastikbecher so hin, daß wir sie schnell greifen konnten.

Fusel beugte sich über das Brückengeländer, bis ich fast fürchtete, er würde das Gleichgewicht verlieren, Vik schaute immer noch in Richtung Dom, während ich einen erneuten Schluck aus der Weinflasche nahm.

»Wir haben Glück«, brummte Vik, »der Kerl kommt genau auf uns zu. Das wird gut.« Wir nahmen unsere Plastikbecher in die Hand, stellten uns ans Brückengeländer.

»Du glaubst an die Menschen, du bist ein Idiot, ein armer Naivling, Liebe ist tot.«
(ZSD, 1981)

Da kam das Schiff auch schon; Vik hatte recht gehabt: Es fuhr fast exakt unter unserem Standort durch. Ich erkannte den vorderen Teil, danach einige Aufbauten, es folgten die ersten Sitzbänke, und dann erblickte ich auch die Menschen, die auf dem Oberdeck des Schiffes saßen und umherspazierten.

Wir hatten ein Ausflugsschiff unter uns, eines der besseren Klasse sogar, und auf genau so etwas hatten wir gehofft. Ich erkannte Männer in hellen Anzügen, Frauen in hellen und gemusterten Kleidern, Röcken und Blusen, dazwischen Service-Personal, das Getränke an die Plätze brachte. Musik drang zu uns hoch, ich kannte das Stück nicht, es wirkte auf mich absolut schleimig.

Kurz wechselten wir Blicke. Unser »Mathmos«-Geschrei kam im Chor, dann flogen die Becher nacheinander auf das Schiff hinunter.

Wie ich beobachten konnte, landete mein Becher direkt auf einem Tisch; er zerplatzte unter der Wucht des Aufpralls, sein Inhalt verstreute sich über die Gesichter und die Kleidung der Menschen, die um den Tisch saßen, gut fünf Meter im Umkreis, wenn nicht sogar mehr. Viks Becher landete zwischen mehreren Tischen und erwischte damit das Beinkleid verschiedener vornehm gekleideter Menschen, während Fusels Becher auf dem Rücken eines dicken Mannes zerplatzte; die rot-braune Soße lief an dem Mann herunter, die Umstehenden wandten sich angeekelt ab.

Im Nu herrschte totales Chaos auf dem Schiff. Offenbar verstand niemand, was genau abging. Menschen sprangen von ihren Stühlen auf, schrien durcheinander, Frauen kreischten, Männer versuchten hektisch, ihre Kleidung zu säubern.

Es dauerte einige Sekunden, in der das Schiff weiter unter uns vorfuhr, bis überhaupt jemand auf die Idee kam, in die Richtung zu schauen, aus der der merkwürdige Beschuß gekommen war. Die zornigen Blicke zahlreicher Menschen richteten sich auf uns.

Ich wußte, was sie sahen: eine Gruppe abgerissener Jugendlicher mit abstehenden und bunten Haaren, die hysterisch brüllten und johlten und neue Becher in ihren Händen hielten. Als die Menschen auf dem Schiff erkannten, daß wir eine neue Ladung in den Händen hielten, zogen einige die einzig richtige Konsequenz: Sie versuchten sich zu verstecken, bevor wir die nächste Ladung auf sie hinabschleudern konnten; andere blieben stehen, zeigten uns mit zornigen Gesichtern ihre erhobenen Fäuste, beschimpften uns.

Wir lachten nur, gaben die Drohrufe mit dem Stinkefinger zurück. Es war eine grandiose Show – und das Schiff fuhr weiter unter uns hindurch.

Nacheinander flogen die nächsten drei Becher auf das Schiff hinunter; auch jetzt war der Erfolg durchschlagend. Überall rannten Menschen, es wurde geschrien wie am Spieß, und die roten und braunen Flecken verteilten sich durch das ganze Chaos noch viel besser über weiße Jacketts und halb-durchsichtige Blusen.

»Keine Chance für die ewigen Verlierer / keine Namen für die Schwachen unter uns ... «

(Male, 1980)

Wir lagen vor Lachen auf dem Boden. »Mathmos!« japste Vik und hieb mit der Faust gegen das Stahlgitter an der Brücke, und »Mathmos!« schrien Fusel und ich, trommelten wie die Geisteskranken auf dem Asphalt herum.

Wir sahen die Autofahrer an uns vorbeirollen, bemerkten die irritierten Blicke, die sich auf die drei Punks richteten, die sich auf dem Boden wälzten; wir sahen, wie das Schiff langsam an Fahrt gewann und so aus unserer Reichweite kam. Es wurde Zeit, daß wir verschwanden.

Mühsam zogen wir uns am Brückengeländer hoch. Das Schiff war mittlerweile weit weg, aber wir sahen, wie immer noch Menschen auf dem Deck standen, ihre Fäuste schwenkten und wüste Beschimpfungen zur Brücke herüberschleuderten.

Meine Bauchmuskeln schmerzten vom vielen Lachen, meine Gesichtsmuskeln ebenso. »Noch mal so was, und ich sterb'«, schwor ich und begann sofort wieder zu lachen.

Vik hieb mir leicht gegen den Hinterkopf. »Red keinen Scheiß, sonst bring' ich dich auf die Methode ganz einfach mal rum!« Er schnappte sich die Weinflasche, die wir vorhin unbeachtet auf dem Asphalt abgestellt hatten, und nahm einen kräftigen Schluck, rülpste kurz und wischte sich den Mund ab.

»Will noch jemand?« Als Fusel und ich nur den Kopf schüttelten, nahm Vik einen letzten Schluck, dann war die Flasche ohnehin leer. Mit einer lockeren Handbewegung warf Vik die Flasche über die rechte Schulter, sie drehte sich zwei-, dreimal in der Luft und flog in den Rhein. »Treffer, versenkt«, stellte er trocken fest.

Die leeren Taschen ließen wir liegen, ohne sie eines Blickes zu würdigen. Wir eilten über die Zoobrücke, weil uns klar war, daß irgendwann die Bullen erscheinen mußten. Die Leute vom Schiff hatten garantiert Anzeige erstattet, und unsere Personenbeschreibung konnte ja nicht so schwierig gewesen sein. Auf der »richtigen Seite«, also schon fast in der Nähe der Innenstadt, flitzten wir die Fußgängertruppe hinunter, wobei uns deren Windungen fast ein Schwindelgefühl im schon gut angesoffenen Hirn besorgten.

Beim Zoogelände kletterten wir relativ flott über einen Zaun, rannten dort durch eine Art Botanischen Garten, bevor uns auch nur ein Mensch stoppen konnte. An einem Busch, der besonders große und stabil wirkende Blätter aufweisen konnte, hielten wir an Jeder riß eines dieser Blätter herunter, öffnete den Hosenladen weit genug, daß er es hineinstecken konnte, und zog dann den Reißverschluß zu. So gingen wir weiter: jeder mit einem überdimensionalen grünen Blatt vor den Eiern hängend.

Wir verließen den Garten, dann auch die nähere Umgebung des Rheins. Wir hatten die fixe Idee, uns quer durch die Stadt zum Barbarossaplatz durchschlagen zu können; dort, in der Nähe, genauer in der Ubierstraße, bei der Bahnstation Poststraße »ums Eck«, hatten wir uns einquartiert. Ganz so einfach war's nicht, ohne Stadtplan durch halb Köln zu marschieren. Wir schafften es letztlich, brauchten aber Stunden dafür ...

An einer Bude besorgten wir uns Dosenbier, in der Nähe eines Supermarktes klauten wir einen Einkaufswagen, in den sich abwechselnd einer von uns setzte. Und immer wieder blieben Menschen stehen und starrten mit großen Augen auf die drei besoffenen Punks mit den Einkaufswagen und den dicken grünen Blättern vor den Eiern. Wir sahen richtig bescheuert aus.

Achmed und ich hockten uns wieder auf die Stufen. Er reichte mir seine Flasche. »Da«, sagte er, »nimm mal einen Schluck; du mußt mir ja eh eine neue bezahlen. Und deine hat sich gut zerlegt.«

Ich nickte nur, noch etwas kurzatmig nach der hektischen Auseinandersetzung, nahm einen Schluck, gab die Flasche zurück. Auch Achmed trank, leerte das Früh und stellte die Flasche neben sich ab.

»Und jetzt?« fragte ich. Es war eine dämliche Frage, aber ich wußte nicht, wie ich den restlichen Tag verbringen sollte. Auf die Dauer wurde die Domplatte langweilig, mehr als drei, vier Stunden am Stück hielt ich es nie aus.

Achmed hob die Schultern. »Gehen wir halt schon mal Richtung Milljöh«, schlug er vor. Von mir gab's keinen Widerspruch.

Wir verließen die Domplatte, gingen in den Hauptbahnhof hinein, schnappten uns die erstbeste Bahn Richtung Barbarossaplatz, stiegen dort aus, gingen über die Straße. Einige Punks lungerten vor der Bankfiliale herum, direkt neben den Taxiständen; wir grüßten sie und stellten uns kurz zu ihnen.

»Wie läuft's heute?« fragte Achmed Freggel, einen dürren Punk mit grünen Stoppeln, der in etwa in unserem Alter war. Ein »echter« Punk in unseren Augen, der sich seit Jahren auf der Straße herumtrieb, dem Konzerte und Musik nahezu egal waren, für den Punk etwas war, das mit Straße, Outfit und Rumhängen zu tun hatte, aber so gut wie nichts mit Musik.

Freggel schaute ein bißchen hilflos. »War schon besser«, brummte er. »Beim Schnorren springt heute nicht so viel raus, die Leute sagen alle, sie haben kein Geld. Dafür wird man hier nicht von blöden Touris fotografiert.« Wir wußten, daß er voller Verachtung auf die Punks herabschaute, die auf der Domplatte herumhingen, und daß er uns nur akzeptierte, weil wir schon ein bißchen älter als die Kid-Punks auf der Platte waren.

Wir erkundigten uns nach der Lage im Viertel, die war offenbar so wie immer. Vor dem »Blue Shell« drückten sich um diese Zeit schon die Skins herum, taten aber niemand was, im »Luxor« würden die Grufties und Mode-Punks erst später aufkreuzen, und schräg gegenüber in dem Laden, dessen Namen ich stets vergaß, würden sicher bald die Schwarzen auflaufen, bei denen man das beste Haschisch in ganz Köln kaufen konnte. Bei den Metal-Deppen im »Dschungel« herrschte auch ordentliche Ruhe, also keine Gefahr für unsereiner, durch die Straßen zu gehen.

Wie immer eigentlich. Köln war in dieser Hinsicht, zumindest im Innenstadt-Bereich, friedlicher als andere Städte. Den dauernden Ärger, den man als Punk in Hannover oder München, in Düsseldorf oder in Teilen Stuttgarts kriegen konnte, gab es hier nur selten.

Achmed und ich verabschiedeten uns von den Punks und gingen los. Wir warfen einen Blick ins Café Schmeller, aber nur deshalb, weil in dem Laden gelegentlich eine Bedienung arbeitete, auf die Achmed völlig scharf war; immerhin tranken wir nichts, denn ich wollte an diesem Tag nicht schon wieder mein ganzes Geld verpulvern. Einen kleinen Umweg nahmen wir aber übers »Harlekin«, dort kannte Achmed ebenfalls einen Menschen, bei dem wir pro Nase ein Kölsch schnorren konnten.

»Das klappt immer ganz gut«, versicherte der Typ hinterm Tresen, ein völlig normal aussehender Kerl mit strähnigen blonden Haaren. »Mein Chef darf natürlich nicht merken, daß ihr bei mir gratis was abkriegt, sonst komm' ich in Teufels Küche. Punks und ähnliches Gesocks kann der nämlich gar nicht leiden. Und die zwei Bier, die schreib' ich heute abend bei irgendwelchen Vieltrinkern auf den Deckel; dann stimmt die Bilanz, und die sind eh zu besoffen, um das noch zu merken.«

Ein guter Trick, wirklich; vor allem sicherte er Achmed und neuerdings mir immer mal wieder einen Schluck Bier extra. Ich war zwar nach wie vor kein Kölsch-Fan, würde das wohl nie werden, konnte mich aber an das Gesöff gewöhnen. Und nach dem fünften Liter merkte man ohnehin nicht mehr so viel.

In einem Imbiß hauten wir uns pro Nase einen Döner rein, dann waren wir endlich im »Milljöh«. Mir war nie so richtig klar geworden, warum der Laden ausgerechnet Achmeds Stammkneipe geworden war. Das Publikum rekrutierte sich aus stinknormalen Kölner Innenstadt-Prolls, viele davon mit Schnauzbärten; die Musik war eine schlimme Mischung aus Bap und anderem Kölsch-Rock sowie ebenso schrecklichem Hardrock-Gedöns. Immerhin konnte man es aushalten, und ab und zu kamen irgendwelche Mädels in die Kneipe, die Achmed natürlich kannte; mit denen konnte ich zumindest rasch Kontakt aufnehmen.

Wie immer hockten wir uns in die Nähe des Spielautomaten. Mir waren die Dinger gleichgültig, aber Achmed opferte stets einige Markstücke; zu meiner großen Überraschung holte er sogar ab und zu Geld heraus. Unterm Strich verlor er natürlich trotzdem, aber das war ihm gleichgültig. Ich saß neben ihm, schaute zu, beobachtete den schnauzbärtigen Typen mit der blauen Hose und dem gelben Hemd, der allein an einem Tisch saß und den ich tatsächlich *riechen* konnte; wenn ich eines nicht ausstehen konnte, waren es süßlich parfümierte Männer.

Es sah als, als ob der Abend nichts mehr bringen würde. Wieder mal würde ich mein Geld versaufen und mich am nächsten Morgen fragen, für was ich das alles getan hatte. Wenn ich so weitermachte, war ich innerhalb weniger Tage total pleite, konnte heim trampen und mir einen neuen Job suchen. Oder mich gar wirklich arbeitslos melden. *Gräßliche Vorstellung!*

Wir saßen gerade am vierten Glas Kölsch, als Markus hereinkam. Der kleine Kerl mit den kurzen Haaren bezeichnete sich selbst als Anarchist, war aber durchaus verträglich, solange man ihm nicht mit politischen Themen kam. Dann konnte er stundenlang nerven, meist mit völlig kruden Theorien, die außer ihm wohl keiner so richtig verstand. Sprach Markus nicht über Politik, war er durchaus unterhaltsam.

Er kam direkt zu uns und beugte sich mit verschwörerischer Miene vor. »Habt ihr heute abend schon was vor?«

Achmed schaute ihn an, als sei er ein wundersames Insekt. »Sag mal, meinst du allen Ernstes, wir würden hier rumhocken, wenn wir was besseres wüßten?«

»Okay, dann könnt ihr ja in Kürze was erleben.« Markus erzählte eine völlig verworrene Geschichte, die er wohl selbst nicht mehr so richtig auf die Reihe bekam. Es ging um eine Hochzeit, um einen geplanten Polterabend und um zwei große Container, die randvoll seien mit Glas und Porzellan. Nachbarn hatten sich beschwert, daraufhin war die Polizei aufgetaucht und hatte den Polterabend gleich im Ansatz verboten. An dieser Stelle seiner Erzählung leuchtete Markus' Gesicht auf. »Jetzt stellt euch das mal vor: Da stehen zwei große Container rum, in einer der besseren Gegenden Kölns, und beide sind voll mit Glas und Porzellan. Alle möglichen Gläser, Teller, Flaschen, Tassen, sogar Waschbecken und ganze Klos sind dabei. Das mußt ihr euch mal vorstellen! Was meint ihr, was das für einen Krach gibt.«

Er brauchte uns die Frage erst gar nicht zu stellen. »Natürlich gehen wir da mit«, versicherte ich voller Vorfreude. »Gehen wir gleich los?« Achmed unterbrach sein Spiel.

»Klar doch«, bremste mich Markus ein. »Ich soll halt zwei Leute mitbringen, die das Maul halten können, und die hab' ich jetzt. Wir treffen uns um die Ecke bei 'nem Kumpel, von dort aus fahren wir.«

Achmed und ich zahlten, dann gingen wir. Es war nicht sonderlich weit; in einem Haus in der Luxemburger Straße stiegen wir unzählige Treppenstufen hoch, bis wir in einer total verrauchten Wohnung ankamen. Aus zwei Lautsprechern dröhnte Iron Maiden, der Müll türmte sich in den Ecken fast meterhoch, überall gammelten Zigarettenkippen vor sich hin, der Teppichboden war von Löchern zerfressen, und an den Wänden hingen Flecken, deren Ursprung ich erst gar nicht wissen wollte. Der Mieter, ein Langhaariger Mitte der zwanzig, der sich seit einer Woche nicht mehr rasiert hatte, begrüßte uns mit einem dumpfen Grunzen, drückte jedem eine Flasche Pils in die Finger, was von mir mit ungläubigem Stieren quittiert wurde.

Wir hockten uns in eine Ecke und warteten. Sonderlich gesprächig schien unser Gastgeber nicht zu sein: Er hockte auf einer Matratze, rauchte hektisch, trank ab und zu aus seiner Bierflasche und blickte vor sich hin. Bei dem Lärm, den seine Stereoanlage machte, war eine normale Verständigung nicht möglich; ich konnte Iron Maiden ohnehin nicht ausstehen, aber in der Lautstärke war der Metal-Sound eine echte Qual. Zumindest das Bier schmeckte, endlich mal kein Kölsch!

Nach einiger Zeit öffnete sich eine Tür an der Seite, das Klo offensichtlich, wie ich am strengen Geruch wahrnehmen konnte, und ein weiterer Langhaariger kam hervor. Er begrüßte uns ebenfalls mit einem Grunzen und setzte sich hin. Somit waren wir zu fünft.

»Merkwürdige Gesellschaft hier, findest du nicht auch?« fragte ich Achmed. Der hob nur die Schultern und wies auf die Flasche; das war in der Tat eine Antwort.

Nach einiger Zeit waren die Flaschen leer, ohne daß auch nur ein Wort gesprochen wäre. Ich überlegte schon, wo ich in dieser Wohnung eine neue herbekommen könnte, als ich das Klingeln wahrnahm. Dreimal hintereinander ertönte das Zeichen, es klang wie abgesprochen.

Unser Gastgeber gab uns einen Wink, wir gingen die Treppe hinunter. Auf der Luxemburger Straße stand ein Auto, vollbesetzt, also ebenfalls fünf Leute. Der Langhaarige ging ohne ein weiteres Wort zu einem Auto auf der anderen Straßenseite, öffnete die Fahrertür, winkte uns.

Ich schaute Markus an. »Du bist sicher, daß das in Ordnung ist?« fragte ich irritiert.

»Ganz sicher. Pille ist schon in Ordnung, der weiß, was er tut. Auch wenn er nicht so aussieht.« Er hob die Hand. »Komm schon!«

»Bei so 'nem Namen muß man wohl so sein«, grummelte ich und folgte Markus. Zu dritt quetschten wir uns auf den Rücksitz des Kleinwagens, während die beiden Langhaarigen vorne Platz nahmen.

Kaum saßen alle, fuhren beide Autos auch schon los. In halsbrecherischem Tempo ging es quer durch Köln, durch Straßen, die ich noch nie gesehen hatte. Wir verließen die Kernstadt nicht, näherten uns aber ziemlich rasch den nördlichen Randbezirken. *Solange es einen Bahnanschluß gibt, kann nicht zu viel schief gehen*, dachte ich in einem Anflug von Pessimismus.

Irgendwann hielt der japanische Kleinwagen an; der Fahrer lotste das Auto in eine Parklücke auf einem kleinen Platz direkt neben einem Park. Es war unglaublich ruhig in dieser Gegend; einige Straßenlampen beleuchteten menschenleere Straßen. Großzügig gebaute Mehrfamilienhäuser und Reihenbauten bildeten die eine Seite der Straße, die andere wurde durch den Park markiert.

Ich schaute Achmed an, der wirkte ebenso irritiert wie ich. Beide nahmen wir Markus in Augenschein. Der hob nur die Achseln und grinste. »Wird schon stimmen«, sollte das wohl heißen.

Unser Fahrer wartete einen Moment, bis das überreizte Gebläse seiner Motorkühlung sein lautes Geräusch eingestellt hatte. Dann öffnete er seine Tür. »Wir sind da«, sagte er. »Ihr könnt rauskommen. Aber sorgt dafür, daß niemand was mitkriegt.«

Keine zehn Sekunden später stand unser kleines Häuflein neben dem Wagen; die anderen kamen einen Augenblick danach um die Ecke gebogen. Es war eine bunte Gruppe: zwei Typen mit Schnauzbärten Mitte zwanzig, zwei Typen, die auf den ersten Blick wie Hooligans wirkten und uns Bunthaarige kritisch musterten, der Fahrer, auch ein Langhaariger. Eine merkwürdige Mischung, zu der wir gut paßten.

Pille wartete, bis wir uns alle um ihn geschart hatten. Dann hob er die Hand, offensichtlich machte ihm die Pose eines Anführers Spaß.

»Wir gehen jetzt da vor, da zwischen den zwei Häusern kommt man bequem auf die Straße raus.« Seine Hand wies in die Richtung, ich konnte einen Zwischenraum erkennen, der offensichtlich als Weg genutzt werden konnte. »Da vorne gehen wir dann gleich links. Da ist ein kleiner Platz, da stehen die Container. Jede Gruppe nimmt sich einen, wir schmeißen die einfach um, bis das

»Fieses Gelächter, dummes Schaun / n Pank in der S-Bahn, Spießeralptraum / Panx seid nicht feige, haut ihnen aufs Maul / Fieses Gelächter, dummes Schaun.«

(ZSD, 1981)

Zeugs darin über die Straße fliegt, dann hauten wir gleich ab. Wenn wir zwischen den Häusern durchrennen, sind wir bei den Autos, bevor uns jemand sieht. Und dann nichts wie weg!«

Ein schlauer Plan, überlegte ich für mich, *verspricht ein bißchen Spaß und Spannung.* Wir folgten Pille; mit raschen Schritten gingen wir zwischen den Häusern hindurch. Eine kleine Straße öffnete sich vor uns, rechts und links standen dieselben Ein- und Mehrfamilienhäuser wie in der Straße zuvor; überall parkten Autos auf den Gehsteigen. *Sehr bürgerliche Wohngegend, wirklich,* dachte ich.

Wir gingen nach links, dort standen in der Tat zwei große Container, direkt vor einem Mehrfamilienhaus; rechts und links standen Autos, gegenüber leuchteten die Scheiben eines Billig-Supermarktes. Es war absolut ruhig, auch hier waren keine Menschen auf der Straße; wir konnten allerdings überall erhellte Fenster sehen, hinter denen teilweise die Fernseher flimmerten.

Wir blieben in den bisherigen zwei Gruppen zusammen und gingen zu den Containern. Diese waren randvoll mit Glas und Porzellan, das sah man auf den ersten Blick. Unsere Gruppe mit Markus, Achmed, Pille, dem anderen Langhaarigen und mir nahm den rechten Container, die anderen stellten sich an den linken. Wir packten die Metallverstrebungen am Rand und hoben auf ein gezischtes »Hauruck!« von Pille gemeinsam die Blechbehälter an.

Es ging leichter, als ich erwartet hatte, vor allem schneller. Fünf Mann auf einmal, das gab schon eine gewisse Wucht, und die Container waren nicht so schwer, wie sie aussahen. Es knirschte leicht, als die Porzellanladung hochgehoben wurde, dann neigte sich der Container zu der einen Seite. Wir hoben und schoben weiter, jetzt wurde es doch ein bißchen schwierig.

Irgendwann, nach wenigen Sekunden, war der Punkt erreicht, an dem die Ladung von selbst ins Rutschen kam; das Schwergewicht des Porzellans verschob sich etwas. Auf einmal rutschten einige Steingutteller von der Ladung und fielen auf die Straße; es schepperte vernehmlich.

»Jetzt aber los!« rief Pille mit unterdrückter Stimme. »Gleich gehen hier alle Lichter an!«

Mit vereinten Kräften warfen wir den Container um, ebenso die andere Gruppe. Es war ein infernalischer Krach, als Teller, Tassen, Untertassen, ganze Gläser-Sets, Waschbecken und haufenweise anderer Kram auf die Straße krachten, sich verteilten und in immer neuen Kaskaden von klirrendem Lärm den Asphalt bedeckten.

Wir ließen die Container auf der Seite liegen, blieben einen Moment stehen, bestaunten mit offenen Mündern unser Werk. Überall gingen Fenster auf, streckten Menschen die Köpfe heraus, waren überraschte Rufe zu hören.

Direkt vor meinem Fuß lagen einige Teller, erstaunlicherweise nicht mal zerdeppert. Ein kleiner Teufel ritt mich: Ich trat mit dem Stiefel gegen die Teller, sie flogen durch die Luft, prasselten mit erneutem Krach auf den Asphalt; einer erwischte einen parkenden VW Golf in der Seite und hinterließ auf dem Blech eine Schramme.

»Geil!« rief einer der Langhaarigen und trat nach weiteren Tellern. Wieder flog Porzellan, wieder prasselte es auf den Asphalt, wieder schepperte es irgendwo.

Und dann drehten wir durch, ohne Plan, ohne Absprache, ohne gemeinsames Ziel. Wir sprangen zwischen das herumliegende Steingut und Porzellan, zertrampelten noch übrig gebliebene Teller und Tassen, schleuderten die Gegenstände herum, kickten sie über die ganze Straße. Im Nu verwandelte sich die ruhige Wohngegend in ein mittleres Chaos.

Markus schnappte sich ein halbes Waschbecken, das er mit wuchtigen Tritten von darauf liegenden Tellern befreit hatte, nahm es auf den Arm und schleuderte es quer über die Straße. Die Scheibe des Supermarktes krachte überlaut, als sie in tausend Stücke zersprang. Weitere große Stücke Porzellan und Steingut flogen in die Scheibe des Supermarkts und zertrümmerten Teile der Ware, die im Fensterbereich stand.

Teller prasselten gegen parkende Autos, Flaschen zersprangen auf Windschutzscheiben und an Bäumen, Tassen flogen in die Luft und stürzten an vorher nicht zu planender Stelle wieder auf den Boden. Irgendwo im Hintergrund registrierte ich bereits, daß sich Anwohner aufregten, daß Menschen auf die Straße rannten und uns mit offenem Mund zuschauten, aber das war mir in dem Moment völlig egal. Ich trat, ich sprang, ich warf und ich freute mich, wenn irgendwelche noch halbwegs intakten Porzellanstücke gegen irgendwas knallten und zersprangen.

Der ganze Rausch dauerte vielleicht zwei oder drei Minuten, länger nicht. Ich sah Achmeds breites Grinsen, während er Tassen schleuderte, ich registrierte Pille, der ein Waschbecken quer über die Straße kickte, ich beobachtete Markus, der erneut eine Scheibe des Supermarktes zertrümmerte, und mit einem Teil meines Hirns nahm ich wahr, daß ich mitten im Geschehen steckte und eifrig mitmischte.

Bis irgendwann Pilles Stimme an mein Gehör drang. »Jetzt aber nichts wie weg, Leute!« rief er. »Aber schnell!«

Ich sah zwar keine Polizei, kapierte aber, daß wir es ein bißchen übertrieben hatten; ich rannte sofort los. Aus den Augenwinkeln sah ich, daß die anderen ebenfalls die Flitze machten, während mehrere Anwohner auf die Straße traten und das Tohuwabohu anschauten.

Wir erreichten sehr schnell den Durchgang zwischen den Häusern, dann die Autos, stiegen ein; ohne viel Gerede gab Pille Gas. Zuerst ließ er das Licht aus, wir rollten im Dunkeln durch die kleine Straße. Als wir einen ausreichenden Abstand gewonnen hatten, schaltete er das Licht ein und gab Vollgas. Der andere Autofahrer verhielt sich ähnlich.

Dann entlud sich Pilles Spannung. »Geil war das!« rief er und hieb auf das Lenkrad. »Was für eine Show!« Er begann schallend zu lachen, und wir fielen in das Gelächter ein. Rasch gewannen wir eine größere Straße und fuhren nun wieder nach Süden, Richtung Stadtmitte.

»Hat sich doch gelohnt, die kleine Aktion!« rief Markus und schlug mir in die Seite, während Achmed wie ein Irrer vor sich hin kicherte.

»Stimmt. Saugute Aktion!« bestätigte ich.

Ich wollte noch was hinzufügen, als Pille plötzlich die Hand hob. »Seid mal ruhig!« sagte er. »Da vorne kommen schon die Bullen.«

Zwei Polizeiautos schossen auf uns zu; ihre Insassen beachteten uns aber nicht und fuhren an uns vorbei. Die Beamten waren unter Garantie von den Anwohnern alarmiert worden.

»Meinst du, daß uns jemand beobachtet hat?« fragte der Langhaarige auf dem Beifahrersitz.

Pille lachte auf. »Logisch. Waren ja genug Leute am Fenster. Fragt sich nur, ob's für einen Personenbeschreibung reicht. Wahrscheinlich nicht.«

»Und die Autos?« fragte ich vorsichtig nach. »Was ist mit denen?«

»Wird schon nichts passieren.« Pille winkte großzügig ab. »Wir haben in der Seitenstraße geparkt, da war ja kein Schwein. Das einzige, was uns passieren kann, ist, daß die Bullen jetzt dann Straßensperren errichten oder daß die zwei von vorhin sich unsere Kennzeichen gemerkt haben.«

»Klingt schlau«, brummte Markus. »Und was machst du?«

Pille lachte. »Wir haben gleich ein gutes Alibi. Wir stellen die Autos in der Nähe der Poststraße ab, dort bei der Haltestelle in der Nähe.« Er wandte sich kurz um, blickte uns an. »Habt ihr Lust auf 'ne Party?« Als wir nickten, fuhr er fort: »Ich glaub' zwar nicht, daß überhaupt irgendwas passieren wird. Aber bei der Party wird hinterher jeder meinen, wir seien von Anfang an dabeigewesen, weil sich eh alle zusaufen.«

Der Plan klang wirklich vernünftig. Ich glaubte zwar nicht an besonders intelligente Polizisten und konnte mir beim besten Willen nicht vorstellen, daß uns überhaupt einer so richtig registriert hatte. »Aber der Teufel isch a Eichhörnle«, hatte meine Mutter immer gesagt: Lieber doppelt aufpassen, als kopfüber in die Scheiße purzeln.

Allerdings war mir die ganze Vorsicht Pilles relativ egal. Ich kannte niemand in Köln außer einer Handvoll Punks und Bundesgenossen, ich konnte morgen schon wieder in einer anderen Stadt sein, und ich wollte jetzt unbedingt und dringendst ein Bier. Lieber als eines dieser vielen Kölsch-Flaschen und -Gläser wäre mir ein anständiges süddeutsches Bier gewesen, ein Fürstenberg Pilsener oder ein Alpirsbacher Klosterbräu vielleicht. Allein beim Gedanken daran leckte ich mir über die Lippen.

»Träumst du schon wieder?« Achmed knallte mir seinen Ellbogen in die Seite.

»Ja ja«, gab ich unwirsch zurück. »Von netten Menschen und hübschen Frauen, mit denen ich mich unterhalten kann, aber ich muß mich ja mit Leuten wie dir abgeben.«

Achmed lachte. »Du bist ja nur deswegen in Köln gelandet,

weil in deinem Kaff kein Schwein mehr mit dir reden will.«

So unrecht hatte er nicht, das wußte ich auch. Köln war anonymer als meine Heimatstadt. Wenn ich hier irgendeinen Mist baute, bekam das nicht gleich jeder mit. Gleichzeitig ging mir eine große Stadt aber sehr schnell auf die Nerven – ständig wechselten die Leute, und der Beton rings um mich rum machte mich ohnehin langsam krank. Immerhin konnte ich bei Achmed pennen und mußte mir nicht die Nächte in Chorweiler, der Betonstadt im Norden Kölns, um die Ohren schlagen.

Als völlig überdrehte, ständig über doofe Witze lachende Truppe fielen wir in einer völlig überfüllten Wohngemeinschaft in der Nähe der Poststraße ein. Sitzplätze gab es keine, in jeder Ecke standen Leute, knutschten irgendwelche Paare.

Die Musik kam vom Band und war eher unter der Rubrik »unerträglich« einzuordnen, pendelte zwischen Bruce Springsteen, Bap und Genesis wild hin und her, aber das war mir relativ gleichgültig. Der Lärmpegel war enorm, und mich wunderte, daß sich die Nachbarn in dem Mehrfamilienhaus nicht beschwerten.

»Ohne Ziel ohne Halt / Ohne Zukunft tot kalt ...«
(Scala 3, 1981)

Pille lotste uns zu den Getränken, dort fand ich tatsächlich Pils. Ich öffnete sofort eine Flasche, leerte sie mit einem langen, durstigen Zug, holte mir die nächste. Neben mir standen am Anfang noch Markus und Achmed, die aber verschwanden sehr schnell; keine Ahnung, wohin. Ich orientierte mich ein bißchen, trank einige Schlucke von meinem Bier und ging in die Richtung, in der ich die Fressalien vermutete.

Die Gastgeber, die mir den ganzen Abend lang unbekannt blieben, hatten gut vorgesorgt: Auf einem langen Tisch lagen Berge von Chipstüten, Erdnußflips und anderem Kram. Wer wollte, konnte sich Käse, Salate oder Wurst reinhauen. Da ich nicht wußte, was ich mit meinem Bier machen sollte, trank ich es hektisch aus und stellte die leere Flasche in eine Ecke. Dann holte ich mir einen Teller, häufte Frikadellen, Kartoffelsalat und ein Brötchen darauf, stellte mich irgendwo an eine Wand.

Denn jetzt erst bemerkte ich, wie hungrig ich war. Das viele Bier, das ich den ganzen Tag über konsumiert hatte, sorgte zwar garantiert für einen Nachschub an Kalorien und verschaffte mir über kurz oder lang sicher einen enormen Bauch; richtig essen war aber durch Bier nach wie vor nicht zu ersetzen. *Vielleicht sollte man da mal Langzeit-Experimente anstellen*, überlegte ich.

Die Musik wechselte, die Tom Robinson Band lief. Das überraschte mich, den Sound hätte ich bei dieser Party nicht erwartet. Während ich mir Frikadellen reinschaufelte und Kartoffelsalat hinterherschob, wackelte ich mit dem Kopf vor mich hin und tippte mit dem rechten Fuß auf den Boden. *Wie in einer Disco, richtig cool,* dachte ich.

Die meisten Leute auf der Party waren allerdings richtig cool; viele von ihnen sahen aus, als seien sie Studenten und gingen oft genug in irgendwelche Diskotheken. Mir sollte das egal sein, das war jedem seine eigene Sache – ich hatte darauf auf jeden Fall keine Lust.

»Die Stadt ist voll Asphalt / sie macht vor keinem Halt / Abgase verpesten die Luft / ich liebe diesen Duft.«
(Bildstörung, 1980)

Ein Mädchen, schätzungsweise 16 Jahre alt und einen Kopf kleiner als ich, ging an mir vorbei, stellte sich ebenfalls an den Tisch, holte sich ein Brötchen und eine Frikadelle. Sie suchte einen Platz, wo sie sich hinstellen konnte; ich rückte ein bißchen zur Seite, und sie stellte sich neben mich. So standen wir da, kauten beide vor uns hin und schauten die Leute an.

Von der Seite her betrachtete ich sie. Ihr schulterlanges Haar war in der Mitte gescheitelt, was sie sehr brav aussehen ließ; ihre Kleidung wirkte ebenfalls recht bürgerlich und sauber. Mir fiel erneut auf, daß ich mit meinen abgerissenen Klamotten und der beschmierten Lederjacke in diesen Kreisen ein Fremdkörper war und negativ aus der Menge heraus stach. Doch, die Kleine war hübsch, sie wirkte nur sehr jung. Ich schaute zu, wie sie von ihrer Frikadelle abbiß, wie sie ihr Brötchen in den Mund schob, wie sie kaute und dabei die Menschen betrachtete. Fast hätte ich vergessen, selbst weiter zu essen.

In diesem Moment trafen sich unsere Blicke, ich war kurz verunsichert. Sie lächelte mich leicht an, ich wich ihrem Blick aus, schaute an ihrer Schulter vorbei auf ein Pärchen, das in der Ecke stand und sich angeregt unterhielt. Dann biß ich in meine Frikadelle.

Soll ich, oder soll ich nicht? überlegte ich. *Vor allem, wie krieg' ich da ein Gespräch hin?* Es hatte sich nichts geändert in all den Jahren. Mir fiel nie etwas intelligentes ein.

Ich schaute das Mädchen direkt an, ein verwunderter Blick traf mich von schräg unten. »Ich geh' mir ein Bier holen«, sagte ich. »Soll ich dir eins mitbringen?« Sie nickte nur.

Ich stellte meinen noch nicht ganz leer gegessenen Teller ab und ging los. Kurz stand ich vor den Bierkästen, ein bißchen unentschlossen. Mir war nicht klar, welche Biersorte das Mädchen bevorzugte. Vielleicht Kölsch? Dann hatte ich ohnehin schlechte Karten. Achselzuckend griff ich nach zwei Pilsflaschen und ging zurück.

Ich knallte die zwei Flaschen an einer Tischkante auf und reichte ihr eine. »Hier bitte«, sagte ich und versuchte mich an der Verarsche eines Bücklings.

Sie lächelte mich an. »Danke«, sagte sie leise. Wir stießen die Flaschen kurz gegeneinander und tranken jeder einen Schluck. Dann kicherte sie los, es wirkte ein bißchen unvermittelt.

»Was ist denn los?« fragte ich und nahm erneut einen Schluck aus der Flasche.

Sie lachte erneut. »Weißt du«, begann sie, um durch einen Lachanfall unterbrochen zu werden, »weißt du, du siehst einfach aus wie Falschgeld.«

Ich schaute wohl reichlich verdutzt aus der Wäsche, denn sie lachte zum wiederholten Mal auf. Gleichzeitig merkte ich, wie ich mich ärgerte. Es war nicht meine bevorzugte Abendbeschäftigung, mich von jungen Mädchen verarschen zu lassen, und ich überlegte mir schon eine geharnischte Antwort.

»Weißt du«, fügte die Kleine mit den hellbraunen Haaren hinzu, »du siehst halt nicht aus wie die anderen, du bewegst dich nicht wie die anderen, du ziehst ein anderes Gesicht, du trinkst dein Bier so ganz anders, und deine Sprache ist auch ganz anders.« Sie nahm einen Schluck Bier. »Bist du aus Bayern?«

Ich stöhnte theatralisch auf und nahm einen Schluck Bier, danach gleich noch mal einige. Immer diese Nordlichter! Sie würden es nie verstehen, den Unterschied zwischen den einzelnen süddeutschen Dialekten herauszuhören. In dieser Hinsicht unterschieden sich Rheinländer nicht von Berlinern, Sachsen, Hamburgern oder Niedersachsen – die hatten für meine Verhältnisse überhaupt kein Gehör.

»Natürlich nicht«, brummte ich mißmutig. »Ich bin Schwabe. Hört man doch.«

»Kein Einfluß auf die Macht / ohnmächtige Wut / nur die Zerstörung um uns rum / keine Kraft / in aller Stille eingeplant / keine Chance mehr ...«

(Nichts, 1983)

»Ich nicht.« Das Mädchen lachte erneut; ihre Haare tanzten um das Gesicht, und sie zeigte ebenmäßige Zähne.

Irgendwie hatte sie einen in der Klatsche, das war mir schon klar. Entweder hatte sie sich schon vor der Party gut die Birne zugeraucht, oder aber sie war von Natur aus leicht beschränkt. So oft lachte ein nüchterner Mensch nicht, und so amüsant war die Situation nun wirklich nicht.

»Irgendwie bist du aber auch ganz schön merkwürdig«, sagte ich und hielt ihr die Flasche vors Gesicht. Sie stieß an, wir tranken. »Na ja, weil du die ganze Zeit lachst«, fügte ich hinzu, etwas lahm, weil mir nichts besseres einfiel.

»Viel schlimmer als ständig »s« und »sch« zu verwechseln wie du, ist das aber nicht.« Erneut dieses Lachen! Es machte mich wahrscheinlich im Verlauf der nächsten halben Stunde wahnsinnig. Das Mädchen grinste mich an. »Ich heiße übrigens Ulli. Und du?«

Ich verbiß mir die Bemerkung, daß Ulli auch der Name für einen Jungen sein könnte. »Meine Freunde sagen Peter Pank zu mir«, sagte ich brummig.

Wieder lachte sie. »Du redest, als seist du ein Filmschauspie-

»Die Puppen tanzen das letzte Mal - am Anfang war Hoffnung, am Ende bleibt Qual.«
(Klischee, 1984)

ler. Wie James Bond. Mein Name ist Bond, James Bond. Whisky gerührt und nicht geschüttelt. Oder so.«

Mein Bier war nach dem nächsten Schluck leer. »Ich hol' mir noch eins«, sagte ich und schaute Ulli kurz an.

Sie hob ihre Flasche; diese war auch fast leer. »Bis du zurückkommst, hab' ich die intus«, sagte sie und interpretierte damit meinen fragenden Blick richtig. »Bring mir also eine neue Flasche mit. Okay?«

Ich nickte nur. Als ich zurückkam, wiederholte sich die Prozedur von vorhin: Wir stießen an, tranken, lachten uns an. Dann stellte ich die Flasche auf den Boden, direkt zwischen meine zwei Stiefel, griff nach meinem Teller und futterte erst einmal weiter. Aus den Augenwinkeln sah ich, daß Ulli meinem Beispiel folgte und ebenfalls aß.

»Ich hab' einen tierischen Hunger«, stöhnte sie theatralisch und mit vollem Mund.

»Ich auch«, nickte ich und ging einige Schritte zur Seite, füllte den Teller erneut. »Ich hab' den ganzen Tag nichts gegessen, zumindest nichts Ordentliches. Da kommt so 'ne Party gerade recht.«

Als ich wieder neben Ulli stand, bemerkte ich, daß sich der Abstand zwischen uns deutlich verringert hatte. Ich aß mit großem Appetit weiter, schaufelte Kartoffelsalat, Brot, Fleischsalat, Frikadellen und haufenweise anderen Kram in mich hinein, immer wieder unterbrochen durch das Bier, das ich hinunterschüttete.

Ulli kam, nachdem sie ihren Teller geleert und erneut gefüllt hatte, zurück, stellte sich wieder neben mich. Ich konnte ihre Haare riechen, sie waren keine zwanzig Zentimeter von meiner Nase entfernt.

Ich beobachtete die anderen Besucher der Party, trank immer wieder. Die meisten fand ich vom rein optischen Standpunkt aus schon sehr langweilig, kein Mensch reizte mich dazu, ein Gespräch anzufangen; ich bekam das Gefühl nicht los, auf einer völlig falschen Veranstaltung gelandet zu sein.

Wenige Schritte von mir entfernt, auch in Reichweite des Tisches mit all den Fressalien, knutschte ein Pärchen. Beide wirkten, als seien sie aus gutem Hause: ordentliche Jeans, Halbschuhe in modernem Design, Polo-Shirts, halblange Haare. Der Typ, vielleicht 18 oder 19 Jahre alt, hielt das Mädchen eng umschlungen, hatte seine Zunge tief in ihrem Mund versenkt und streichelte mit der rechten Hand über ihren Kopf. Ich schmunzelte.

»Findest du das witzig, was die beiden da machen?« fragte Ulli auf einmal von der Seite her. »Oder warum glotzt du sie so an?«

Ich hatte nicht einmal bemerkt, daß sie mich betrachtete. Wie ertappt drehte ich mich zu ihr und grinste – eine reine Verlegenheitsgeste. »Na ja«, sagte ich, »die beiden sind so ineinander verknotet ... ist ja schon ein hübscher Anblick.« Ich hob die Schultern. »Witzig ist das nicht gerade, aber anschauen kann man sich's ja. Besser als so rumstehen.«

»Die Welt ist ein Wühltisch / und alle wühlen mit. /
Den langsamen Tod, den sehen sie nicht.«
(Rabatz, 1984)

»Stimmt.« Ulli lachte auf. »Wie wir beiden beispielsweise.« Sie stieß mir ihre Faust in die Seite. »Wie wär's denn mit uns beiden?« Ein weiterer Hieb folgte, dann lachte sie wieder los und trank einen Schluck Bier.

Auch ich nahm einen kräftigen Zug. »Super-Witz!« brummte ich, mir fiel nichts besseres ein.

»Bist du so ein Trottel, oder tust du nur so?« Forschend schaute mich Ulli an. Sie stellte ihre Flasche zur Seite, stellte sich direkt vor mich. »Küß mich! Mach schon!« sagte sie.

Mit einem kräftigen Schluck sorgte ich dafür, daß meine Pilsflasche nahezu leer war. Ich stellte sie zur Seite, lächelte, wie ich selbst meinte, etwas dümmlich und legte meine Hände um Ullis Hüfte.

Sie zischte ein »Au Mann!« und schlang mir beide Arme um den Hals, preßte ihren Körper gegen den meinen; unsere Münder trafen sich, und ihre Zunge flutschte in meinen Mund. Sie roch nach Bier, ich garantiert ebenso, und in ihren Augen stand ein gefährliches Funkeln, während sie ihre Zunge an meinem Gaumen entlang führte.

Ich bemerkte, wie der Tisch gegen den ich mich lehnte, langsam nach hinten ruckte. Um eine Katastrophe durch umfallendes Geschirr und Besteck zu verhindern, stellte ich mich aufrecht hin, konnte aber nicht verhindern, daß ich mit der Jacke gegen meine Bierflasche stieß. Die Flasche kippte, schlug auf den Boden, zerbrach glücklicherweise nicht, rollte zur Seite; ich sah aus den Augenwinkeln, wie die Flüssigkeit über den Teppichboden lief. Mir sollte das egal sein.

Nach vielleicht einer Minute ließ Ulli von mir ab, sie löste sich von mir und strahlte mich an. »Gut war das!« sagte sie leise; ich kam mir vor wie in der Schule. »Sehr gut sogar. Du gefällst mir.«

Wieder fiel mir keine schlaue Reaktion ein, zudem drückte meine Blase. Wie immer in solchen Situationen. »Ich muß aufs Klo«, brummte ich, »und dann hol' ich mir gleich ein neues Bier.«

»Komm wieder«, flüsterte sie. Ulli stellte sich kurz auf die Zehenspitzen, drückte mir einen sanften Kuß auf die Nase und lachte erneut auf. »Komm wieder, ja?«

Ich nickte und ging. Als ich zurückkam, stand sie tatsächlich noch da. Wir unterhielten uns ein wenig, knutschten immer mal wieder herum; ich trank in aller Gemütsruhe mein Bier aus und merkte gar nicht, wie die Zeit verging. Ulli war erfrischend: Sie ging, wie sie erzählte, zwar noch zur Schule, trieb sich allerdings mehr auf der Straße als im Klassenzimmer herum und hatte eine starke Vorliebe für gewisse Rauchwaren entwickelt; von Tabletten hielt sie sich bislang noch fern.

Nach ungefähr einer halben Stunde kam ein Langhaariger vorbei, der eine Whiskyflasche unterm Arm trug. Ich nahm ihm die Flasche kurzerhand weg und riskierte einen Schluck, gab ihm danach die Flasche wieder zurück.

»Willst du auch?« fragte ich Ulli.

Sie schüttelte den Kopf. »Nein, kein Whisky, überhaupt keine harten Sachen. Ich will ja nicht völlig besoffen werden.« Das hunderttausendste Lachen an diesem Abend. »Außerdem muß ich jetzt ausnahmsweise mal aufs Klo.«

Während Ulli verschwand, holte ich mir das nächste Bier. Ich registrierte, daß ich die Welt um mich herum recht verschwommen wahrnahm. Das viele Bier machte sich massiv bemerkbar und schlug mittlerweile auf den Gleichgewichtssinn durch. Gleichzeitig lullte es mich ein, machte mich ruhig und gemütlich. Ich hatte nichts dagegen, die nächsten paar Stunden mit Ulli und einigen Bieren auf dieser Party zu verbringen. Der Rest der Gäste um mich herum langweilte mich zwar, störte mich aber auch nicht. So ließ es sich durchaus aushalten.

Um die Zeit zu überbrücken, begann ich damit, mich systematisch durch die Fressalien zu arbeiten. Ich futterte leicht angegammelten Wurstsalat, schob mir mehrere trockene Käsescheiben ohne Brot in den Mund, aß eine halbe Tüte mit Kartoffelchips leer, und irgendwann stellte ich fest, daß ich allein in meiner Ecke stand und mein Bier schon wieder leer war.

Wo zum Teufel war denn Ulli abgeblieben? Sie wollte nur auf die Toilette und gleich wieder zurück sein. Mittlerweile war gut eine halbe Stunde vergangen, ein bißchen viel Zeit für ein bißchen pissen. Nicht, daß ich mir ernsthaft Sorgen um sie gemacht hätte – auf dieser Party konnte ihr nun wirklich nichts Gefährliches passieren. Ulli würde schon wieder auftauchen, da war ich mir ganz sicher.

Aber ich kam mir ein bißchen verarscht vor: Völlig isoliert stand ich in meiner Ecke, besoffen und orientierungslos, ohne Bekannte, denn ich hatte weder Achmed noch sonst einen derjenigen wieder getroffen, die sich an der Container-Aktion beteiligt hatten. Ich hatte das Gefühl, in dieser Nacht noch ganz furchtbar abstürzen zu müssen.

Da ich mir ohnehin ein neues Bier besorgen mußte, verließ ich meine Ecke. Ich ging einen kleinen Umweg, schaute bei der

»Manchmal will ich nicht mehr leben /
manchmal will ich nichts mehr sehen ...«
(Lachende Seelen, 1985)

Toilette vorbei. Niemand hatte sich in dem kleinen Raum eingeschlossen; zwar hatte jemand seine Kotze im Waschbecken vergessen, aber das interessierte mich nicht.

Ich hatte mir gerade eine Flasche aus dem Kasten geangelt, als ich Ulli erblickte. Sie lag in einer Ecke, eingekeilt zwischen einem Sofa und einem sehr bürgerlich aussehenden Schrank, und knutschte mit einem mir völlig fremden Typen herum. Beide schienen die Umgebung völlig vergessen zu haben, Ulli hatte sogar die Augen geschlossen, während der Typ eine Hand in ihrer Hose hin- und herbewegte.

Mir reichte es auf einmal. Die Bierflasche behielt ich in der Hand, dann verließ ich die Party. Auf dem Weg zur Tür lief mir der Kerl über den Weg, der schon vorhin mit einer Whiskyflasche unterm Arm an mir vorbeigekommen war. Die Flasche hatte er immer noch, nur war sie mittlerweile fast leer.

Ich sagte kein Wort, stoppte ihn nur mit der rechten Hand. Während er mich noch irritiert und völlig besoffen anstarrte, nahm ich ihm die Flasche weg. Sie war ohnehin offen, ich setzte sie an und trank drei Schlucke. Mit einem ziemlich verschobenen Grinsen gab ich dem Unbekannten die nun leere Flasche zurück. Er nahm sie verdutzt in die Hand, ich klopfte ihm leutselig auf die Schulter und ging endgültig.

Als ich vor der Tür stand, in einer mir völlig unbekannten Wohngegend, und die frische Luft auf einmal abbekam, kapierte ich erst so richtig, wie besoffen ich eigentlich war. Kurzzeitig wurde mir schlecht, ich lehnte mich neben der Haustür gegen die Wand. Graue Schlieren wogten vor meinen Augen, in meinem Kopf drehte sich alles, und ich überlegte, ob ich mir sicherheitshalber den Finger in den Mund stecken sollte.

»He, schaut euch mal den besoffenen Punker an«, hörte ich eine Stimme von der Seite. Da standen zwei Jugendliche, die wohl auch zu der Party gehörten und sich eine Prise frischer Luft sowie einen Joint gönnten. »Der kotzt bestimmt gleich los.«

Nicht mit mir! schwor ich mir. So leicht wollte ich es zwei Stadt-Jugendlichen mit schicken Klamotten nun wirklich nicht machen. Die konnten mich mal. Ich war Punkrocker, und ich kotzte nicht so einfach los.

Tapfer hielt ich meine Bierflasche in der Hand, als ich durch den kleinen Vorgarten ging, an den zwei Jugendlichen vorbei. Rein instinktiv wandte ich mich nach links, ich hatte keinerlei Ahnung, wohin ich eigentlich gehen mußte.

Als ich mit dem Auto eingetroffen war, hatte ich mich nicht um meine Umgebung gekümmert. Das war jetzt mein Problem. *Ich hab' mich in Marrakech und Tanger nicht verirrt, also werd' ich mich auch in Köln zurechtfinden,* sagte ich mir selbst und ging einfach mal los.

Ich kam nach wenigen Metern bereits an eine kleine Kreuzung. Ich hatte die Wahl zwischen drei Richtungen: geradeaus, links oder rechts, aber alle Richtungen sahen gleich aus: Ein- und Mehrfamilienhäuser, Vorgärten, parkende Autos, Zierbüsche und Bäume.

Wahrscheinlich mußte ich nach links oder geradeaus, mein Instinkt sagte mir, daß rechts völlig falsch sein mußte. Auf dieser Strecke müßte ich wieder zum Rhein kommen, nahm ich an, und dort wollte ich im Moment nun wirklich nicht hin.

Um für weiteres Nachdenken Zeit zu gewinnen, trank ich einen Schluck Bier. Das Pils war gut gekühlt, normalerweise nicht schlecht. Dummerweise war es jetzt spät in der Nacht und leicht kalt, Herbst in Deutschland eben. Es fröstelte mich, und ich zog meine Jacke enger um mich. Schließen wollte ich sie noch nicht, das wäre in meinen Augen ziemlich unpunkig gewesen.

Ich ging nach links, an der nächsten kleinen Kreuzung ging ich nach rechts, an der nächsten kleinen Kreuzung ging ich geradeaus. Dann erreichte ich eine etwas größere Straße, der ich spontan nach rechts folgte. Ich hatte keine Ahnung, wo ich genau war, aber ich hoffte, irgendwann mal ein bekanntes Haus oder ein bekanntes Straßenschild zu finden.

Das kleine Problem dabei: Ich war zu besoffen, um Straßenschilder überhaupt lesen zu können. Auf den blauen Schildern registrierte ich nur noch weiße Krakeleien, wenn ich überhaupt die wahrnehmen konnte. Nicht so ganz einfach, stellte ich fest. So ging ich – rein vom Zufall gelenkt – durch das nächtliche Köln.

Gut eine Viertelstunde später, mein Bier war schon leer, gestand ich mir ein, daß ich mich hoffnungslos verlaufen hatte. Ich schleuderte die Flasche in einen Vorgarten, wo sie zwischen irgendwelchen Büschen liegen blieb, und lehnte mich an eine Litfaßsäule.

Nachdenken, Peter! redete ich mir ein. *Einfach mal nachdenken! Du wirst es schon noch schaffen. Nur nicht aufgeben! So schwer kann es nicht sein.*

Wahrscheinlich war ich sogar im Kreis gegangen, die Wohngegend sah viel zu ähnlich aus. Da ich aber aufgrund meines Zustandes nicht schnell gegangen war, konnte ich nicht weit gekommen sein. Kein Problem also.

Kurz entschlossen ging ich in eine Nebenstraße hinein und folgte dieser, ohne mich um irgendwelche Abzweigungen zu kümmern. Der Plan war nicht schlecht: Keine fünf Minuten später erreichte ich eine größere Straße mit Straßenbahnschienen. *Nicht schlecht*, dachte ich. Jetzt mußte ich nur noch herauskriegen, in welcher Richtung der Barbarossaplatz lag.

Ich entschloß mich, erneut nach rechts zu gehen. Rein gefühlsmäßig mußte das eigentlich stimmen; irgendwann würde ich bei der Poststraße vorbeikommen, von dort aus war es nicht mehr so weit bis zum Barbarossaplatz. Irgendwie würde ich es schon schaffen. *Bist ja nicht blöd*, redete ich mir ein.

In diesem Moment stolperte ich über die Straßenbahnschiene. Orientierungslos griff ich um mich, versuchte mich an etwas festzuhalten und knallte doch nach vorne. Ich schlug auf die Knie, mein alkoholgeschwächter Körper kippte nach vorne. Gerade noch rechtzeitig bekam ich eine Hand hoch, sonst wäre ich ungebremst auf den Asphalt gekracht.

Dennoch schlug ich mit dem Gesicht auf harten, kühlen Stein; abgemildert durch die Hand war mein Sturz zwar, aber es schmerzte dennoch. Ich zerquetschte einen Fluch zwischen den Lippen und war heilfroh, die Zunge nicht eingeklemmt zu haben.

Sterne kreiselten vor meinen Augen. Ich überlegte mir ernsthaft, einfach liegenzubleiben. Bis die nächste Straßenbahn kam, vergingen garantiert Stunden. Vielleicht hatte mich bis zu dieser Zeit Ortskundige gefunden, die mir den Weg zeigen konnten.

Einfach nur liegen bleiben ... Der Gedanke gefiel mir. Es war zwar ein bißchen zu kühl, um auf dem Asphalt zu schlafen, aber es war besser, als weiter ziellos durch die Gegend zu irren. Vor allem konnte ich im Schlaf den Schmerz zwischen Gesicht und Schädeldecke besser eindämmen.

»Weißt du noch in 77 / du hattest solche großen Pläne / du wolltest endlich anders sein / anders leben endlich leben.«
(Maniacs, 1983)

Ich breitete meine Arme aus, bis mein Kinn direkt auf der Straßenbahnschiene lag. Es war ein angenehmes Gefühl, fand ich. Gar nicht mal so kalt; vor allem kühlte es den überhitzten Schädel ein bißchen ab. *Nicht mal so schlecht, die Idee,* dachte ich.

»Schläfst du ein, oder was soll das?« Die männliche Stimme kam von vorne, von oben zugleich; wer es war, konnte ich in meinem Zustand nicht erkennen. »Das ist doch mein guter alter Freund Peter Pank«, fügte die Stimme hinzu.

Ich drehte den Kopf, schaute schräg nach oben. Gegen das Licht einer Straßenlaterne zeichnete sich eine Silhouette ab. Irgendwo hatte ich die Person schon mal gesehen; das wußte ich. Nur wo? Die Person bewegte sich, kam näher.

»Laß mich doch einfach schlafen!« forderte ich. »Ich bin eh völlig am Arsch.«

»Was soll ich denn sagen?« Der andere schwankte, wie ich jetzt erkennen konnte. »Ich hab' da vorne auf der Parkbank schon 'ne Stunde oder so gepennt. Und jetzt will ich heim. Willst du mitkommen?«

»Was?« Ich verstand nichts. »Wieso? Und wohin?«

»Mann!« Der andere stöhnte laut auf. »Erkennst du mich nicht mehr?« Er beugte sich zu mir herab, packte mich an den Haaren, zog meinen Kopf zur Seite. »Ich bin's, Achmed! Erkennst du mich jetzt?«

Tatsächlich, er war's. Noch nie hatte ich mich so gefreut, den Kölner Freund zu sehen. Zwar war es nicht gerade sehr freundlich, mir an den Haaren zu ziehen, dafür aber wußte er garantiert, wie man in Richtung Barbarossaplatz kam. Mein Schlafplatz im Warmen war somit gesichert.

»Schön, daß du da bist«, sagte ich und versuchte ein Grinsen. Es mißlang. »Ich bin ein bißchen betrunken, weißt du.«

»Das seh' ich.« Achmed lachte. Dann packte er mich an der Lederjacke und zog mich hoch. Er hatte einige Probleme damit, wäre fast nach vorne umgefallen. »Du siehst gerade ziemlich scheiße aus.«

»Danke für das Lob.« Ich konnte tatsächlich stehen, auch wenn die Straßenlaternen einen wilden Tango um meinen Kopf tanzten. »Wird schon wieder. Außerdem solltest du mal in den Spiegel sehen. Da wird dir ganz anders.«

Wir standen uns gegenüber, grinsten uns schäbig an. Mein Gesichtsfeld war deutlich eingeschränkt, ich konnte rechts und links nicht mehr alles so richtig wahrnehmen, aber Achmed sah in der Tat völlig zerknittert aus. Seine Klamotten glänzten vor Feuchtigkeit; wahrscheinlich hatte er sich nicht nur auf die Parkbank zum Schlafen niedergelegt. Wie so oft.

»Komm schon, du Arschgeige!« sagte Achmed und schlug mir mit der Faust gegen die rechte Schulter. »Laß uns zulatschen. Dann hauen wir uns noch ein Bier rein und dann in die Falle.«

»Hast du überhaupt noch Bier zuhause?« fragte ich. So viel Hirn brachte ich noch auf: Bei Achmed war der Kühlschrank stets leer, das Geld reichte meist gerade für das Bier auf der Straße.

»Scheiße, du hast recht.« Er stierte vor sich hin, einige lange Sekunden lang, dann richtete er seinen Blick auf mich. Ein Grinsen huschte über Achmeds Gesicht. »Scheiß drauf. Irgendwas kriegen wir schon noch.« Er hob die Hand. »Komm schon! Oder willst du hier doch pennen?«

Das wollte ich natürlich nicht. Gemeinsam gingen wir los, Schritt um Schritt, immer schön brav neben den Straßenbahnschienen. Nach etwa hundert Metern, für die wir gut zehn Minuten gebracht hatten, weil wir ständig stolperten, hielt ich an.

»Ich bin ja nicht gerade schlau«, sagte ich schwerfällig, »und ich kenne mich hier nicht aus. Aber meinst du nicht auch, daß wir besser auf der Straße gehen?«

»Hm.« Achmed nickte. »Oder auf dem Gehweg. Dafür ist der doch eigentlich da. Schlauer Plan.«

Wir verließen den Schienenbereich, torkelten über die Straße, die zu dieser Zeit glücklicherweise nicht befahren war, und erreichten den Gehweg. Fast wäre ich beim Versuch, über den Bordstein zu steigen, auf die Schnauze gefallen, aber Achmed fing mein Taumeln auf.

Mißbilligend musterte er mich. »Du solltest nicht so viel saufen«, tadelte er lallend.

»Du mich auch«, gab ich zurück und schlug spielerisch nach ihm. Er wich aus, der Schwung des eigenen Schlages trieb mich nach vorne; fast wäre ich gestürzt.

Achmed hielt mich erneut. »Kerl, paß auf«, sagte er. »Jetzt latschen wir weiter. Schön ordentlich, okay? Deutsch und ordentlich.«

Ich nickte nur noch. Dann ging ich neben ihm her, mit vorsichtigen Schritten, immer schön langsam. Achmed kannte die Strecke in der Tat, das war bei seinem Zustand schon etwas wert.

Nach einiger Zeit erkannte ich Gebäude, die ich schon oft gesehen hatte, wenige Minuten später waren wir in der Nähe des Barbarossaplatzes angelangt, gut zweihundert Meter von der Haltestelle entfernt.

Achmed brauchte einige Zeit, bis er seinen Schlüssel aus der Hosentasche gefischt hatte. Er öffnete die Tür, wir fielen in den Flur des mehrstöckigen Wohnhauses hinein und kämpften uns an der geplättelten Wand entlang. Der Fahrstuhl war unten, wir stiegen in die Kabine. Achmed drückte auf den Knopf, die Tür schloß sich, der Fahrstuhl schoß nach oben.

Kurz bevor wir angelangt waren, hieb ich mit der Faust auf den Alarmknopf. »Vielleicht wird der Hausmeister wach«, sagte ich und kicherte albern. »Ist ja eh ein Arschloch.«

»Stimmt.« Achmed torkelte zuerst aus dem Fahrstuhl hinaus, blieb kurz auf dem Flur stehen. »Sind wir überhaupt auf dem richtigen Stock?«

»Ich denke schon. Die Scheiß-Türen sehen in eurem Haus eh alle gleich scheiße aus.«

»Die Musik dringt aus dem Keller / aggressiv und laut / und der Takt wird immer schneller.«

(Äni(x)väx, 1984)

Achmed stöhnte. »Und ich muß dringend pissen. Ich denk', meine Blase platzt gleich. So ein Dreck!« Er ging zu einer Tür, fummelte mit seinem Schlüssel herum.

»Laß die Tür da!« riet ich ihm. »Da steht ein Name an der Tür, aber bei dir gibt's so was nicht. Du hast doch 'nen Aufkleber oder so was außen drauf.«

»Ach egal.« Achmed machte eine wegwerfende Handbewegung, steckte seinen Schlüssel in die Tasche und bewegte sich taumelnd zu der Tür, die auf den kleinen Balkon führte; von dem aus konnte man über die Nottreppe nach unten gehen. Wir hatten es bei früheren Gelegenheiten gelegentlich getan, wenn wir zu viel überschüssige Energie im Körper verspürt hatten – aber das schien ewig lange herzusein. So richtig viel Energie hatte ich schon lange nicht mehr aufgebracht.

»Was hast du vor?« fragte ich alarmiert. Ich folgte ihm; zwar war ich besoffen, aber ich wollte dennoch verhindern, daß mein Kumpel in seinem Suff über den Balkon fiel und sich den zermatschten Schädel endgültig einschlug.

»Ach, leck mich!« Achmed blieb stehen, direkt vor der Tür; er schwankte. Dann öffnete er seine Hose, holte seinen Schwanz hervor und pißte gegen die Ecke.

Die Pisse traf die Tür, die Mauer daneben, wanderte über die Wand, lief dünn nach unten; es plätscherte leise. Es roch streng. In diesem Moment ging das Licht aus.

»Scheiß Abschalt-Automatik!« schimpfte ich. Wo zum Teufel war der Lichtschalter?

Ich tastete um mich, hatte Glück, daß ich nicht versehentlich bei einige anderen Mietern klingelte, traf irgendwann mit den tapsenden Fingern einen schwach rot leuchtenden Knopf und drückte diesen. Es wurde wieder hell.

Achmed machte sich gerade die Hose zu. »Drecks-Klo!« maulte er. »Nicht mal 'ne Wasserspülung hat's hier.« Er stierte mich aus glasigen Augen an. »Oder siehst du irgendwo eine?« Als ich den Kopf schüttelte, spuckte er auf den Boden. »Na ja, vielleicht hilft das.«

Manchmal überraschte mich Achmed. Von einem Augenblick auf den anderen schien er nüchtern zu werden. Seine Körperhaltung straffte sich, er zog den Schlüssel aus der Tasche und ging schnurstracks auf eine Tür zu. Es war die richtige, wie ich zu meinem größten Erstaunen feststellte. Achmed öffnete sie ohne Schwierigkeiten, trat ein. Ich folgte ihm.

In Achmeds Bude empfing uns das übliche Chaos und der übliche Geruch nach kaltem Rauch, vergammelnder Wäsche und verschüttetem Bier. Während ich schnurstracks das Klo ansteuerte, um am richtigen Ort Flüssigkeit abzusondern, hörte ich, wie Achmed seine Jacke in eine Ecke pfefferte und dann den Kühlschrank öffnete.

»So ein Scheiß!« schrie er. »Schon wieder kein Bier da.«

»Ist doch logisch«, gab ich zurück, während ich meinen Schwanz aus der Hose holte und in die völlig verdreckte Kloschüssel pißte. »Wir haben seit Tagen keins mehr gekauft. Woher soll's dann kommen?«

»Ich will aber noch was saufen!« Achmed lamentierte vor sich hin. Ich hörte, wie er Schränke öffnete, wie er sich bückte, wie er wieder hochkam und wie er mit dem Kopf gegen eine geöffnete Schranktür knallte. »So eine Scheiße!« schrie er, und dann hörte ich, wie er zu Boden ging.

Ich verstaute meinen Schwanz wieder in der Hose, schmiß meine Jacke auf einen Haufen von Klamotten, leeren Bierdosen und Punk-Fanzines und eilte in die Miniatur-Küche. Achmed lag auf dem Boden, machte einen reichlich verdutzten Eindruck, wirkte aber nicht so, als habe er einen ernsthaften Schaden davongetragen. *Zumindest keinen der schlimmer wäre als der Schaden, den er ohnehin schon hat,* flüsterte mir eine gehässige leise Stimme zu.

»Laß das mal den guten Peter machen«, murmelte ich, zog Achmed an der Hand vom Fußboden hoch und griff hinter den wackeligen Küchentisch, den er so in eine Ecke bugsiert hatte, daß er nicht umfallen konnte. Dort fand ich, was ich gesucht hatte: eine Flasche Korn, noch mehr als halbvoll. »Wenn die heute Nacht nicht noch genügend reinbirnt, dann weiß ich auch nicht«, meinte ich.

Achmed nickte bloß, dann griff er zu. Er schnappte sich die Flasche, öffnete sie, nahm einen großen Schluck, verzog das Gesicht zu einer Grimasse. »Schmeckt wie immer gräßlich«, maulte er, »aber hat Alkohol und ist billig.« Er reichte mir die Flasche.

Nachdem ich ebenfalls einen Schluck genommen hatte, gab ich ihm die Flasche zurück. »Ich will pennen«, sagte ich. »Wir können ja morgen frisches Bier kaufen. Ein bißchen Geld haben wir ja noch.«

Während Achmed einen weiteren Schluck nahm, ging ich in sein Zimmer hinüber. Eine Matratze lag in der einen Ecke, die andere Ecke wurde von einem selbstgebauten Regal eingenommen, in dem Achmeds Klamotten lagerten. Die anderen zwei Ecken wurden durch einen Müllberg und den Plattenspieler mit einigen Platten eingenommen.

Ich drückte auf die START-Taste des Cassetten-Recorders, und die Dead Kennedys dröhnten mit »Kill The Poor« los. Mein Schlafsack lag quer im Zimmer, ich packte ihn so neben Achmeds zerlöcherte und miefige Matratze, daß zwischen uns der Aschenbecher, die Wasserpfeife und ein Haufen Science-Fiction-Romanhefte liegen blieben.

Achmed kam jetzt ebenfalls ins Zimmer, die Flasche in der Hand. Er reichte sie mir, ich nahm einen weiteren Schluck. Das Gesöff schmeckte wirklich furchtbar, aber ich war schon so jenseits von gut und böse, daß mir das nichts mehr ausmachte.

Zumindest die Stiefel, den Pullover und die Hose bekam ich noch ausgezogen, dann kroch ich auch schon in den Schlafsack. Ich blätterte ein bißchen in einem der Romanhefte, konnte nicht einmal mehr das fettgedruckte entziffern, was unter dem großen Kopf des Romanhelden stand, legte das Heft zur Seite. Achmed reichte mir erneut die Flasche, deren Inhalt sich bedenklich schnell reduzierte, ich nahm wieder einen Schluck.

Ich rülpste. Fast wäre ein Kotzanfall gefolgt, aber ich konnte mich noch einbremsen. Ich legte mich zurück, stierte an die Decke, sah die nackte Glühbirne über mir und fragte mich zum tausendsten Mal, was ich mir eigentlich vom Leben erwartete. Achmed stolperte zu seinem Bett, legte sich mit Stiefeln und Jacke darauf, setzte die Flasche an.

Das letzte, was ich wahrnahm, bevor ich endgültig einpennte, war Achmed, der irgend etwas vor sich hinbrabbelte und die Flasche zum wiederholten Male ansetzte.

9.

Als ich wach wurde, ging es mir wieder einmal verdammt schlecht. Mein Kopf war schwer, vor meinen Augen wallten alle möglichen düsteren Wolken, und neben mir lag Achmed, schnarchte vor sich hin und stank, als würde er langsam in Verwesung übergehen. Ich selbst fühlte mich so, als sei ich der Verwesung näher als dem Leben.

Langsam richtete ich mich in meinem Schlafsack auf. In meinem Mund schmeckte es nach Fäulnis, und mit leichtem Schaudern versuchte ich mir in Erinnerung zu rufen, welche Sorten von Alkohol ich in der Nacht in welchen Mengen zu mir genommen hatte. Immerhin fiel mir die geniale Aktion mit den Containern ein, und ein breites Grinsen stahl sich in mein Gesicht. Zumindest das hatte geklappt; das war besser als vieles andere in letzter Zeit gewesen.

Zwischen Achmed und mir lag die leere Kornflasche; wir hatten in der Nacht offensichtlich einen Teil des Inhalts verschüttet. Eine kleine feuchte Fläche, von der ein strenger Geruch ausging, deutete zumindest darauf hin.

Mit beiden Fäusten stützte ich mich auf dem dreckigen Teppichboden auf und wuchtete langsam meinen Körper hoch. Als ich endlich stand, drehte sich erst recht alles in meinem Kopf. Die Rolläden waren oben, Achmed hatte sie am Abend zuvor erst gar nicht heruntergelassen. Ein Blick auf die Uhr: Es war kurz nach zwölf Uhr, also noch nicht sehr spät, fast mitten in der Nacht.

Ich nahm mir vor, an diesem Tag endlich mal kein Bier mehr zu trinken, und schaute zum Fenster hinaus. Grau sah die Straße von oben aus, grau blickte der Himmel insgesamt auf mich herunter, grau wirkten Häuser, Bäume und Wolken. Es sah aus, als würde es bald regnen. Mich schüttelte es. Wieder einmal stand mir offensichtlich ein schrecklicher Tag bevor.

Ich überlegte, ob ich wieder in den Schlafsack kriechen sollte, entschied mich aber dagegen. Die Blase drückte, und in meinem Rachen kroch das Gefühl hoch, bald kotzen zu müssen. Mühsam wankte ich zur Toilette.

Anscheinend hatte ich in der Nacht nicht richtig getroffen: Eine gelbliche Spur zog sich über beide Seiten der Klobrille hinweg und verlor sich auf dem grau-verschmierten, ehemals weißen Kachelboden der kleinen Toilette. Obwohl natürlich auch Achmed der Verursacher der Pißspur sein konnte, überlegte ich mir eine Sekunde lang, den Dreck wegzuwischen.

Laß es lieber, riet mir eine unsichtbare Stimme. *Außer du willst wirklich gleich kotzen.* Darauf hatte ich nun wirklich keine Lust.

Auch wenn allerlei Experten immer wieder das Kotzen als eine Art Medizin gegen den Kater empfahlen – mir persönlich ging es danach stets schlechter. Also verzichtete ich im Regelfall darauf, mir den Finger absichtlich in den Hals zu stecken.

Mühsam fischte ich meinen Schwanz aus der Hose und pißte; es tat richtig gut. *Schon lange nicht mehr gefickt*, huschte mir ein trübsinniger Gedanke durchs Hirn, während ich mir selbst beim Pissen zuschaute. Ich hatte nicht einmal etwas in Aussicht, das war mir bewußt, und in der vergangenen Nacht hatte es ja wieder nicht geklappt. Mir fiel nicht einmal mehr der Name des Mädchens ein, mit dem ich zeitweise rumgeknutscht hatte, zumindest nicht sofort.

»Ein Tag, der so beginnt, kann ja nichts werden«, maulte ich vor mich hin, packte meinen Schwanz ein und machte mich mit eiskaltem Wasser im Gesicht einigermaßen frisch. Danach torkelte ich zurück in das Schlafzimmer, zog mir Hose und Stiefel an. Zwar hatte ich einige Probleme, meine Springerstiefel zu schnüren, aber ich schaffte es nach gut fünf Minuten.

Ich ging zum Kühlschrank. Daß kein Bier drin war, wußte ich noch, ich konnte mich sogar an Achmeds Gebrüll in der Nacht erinnern. Leider sah es mit Nahrungsmitteln ähnlich schlecht aus. In einer Ecke des unteren Fachs gammelte eine Plastiktüte vor sich hin, deren Inhalt ich lieber nicht genauer unter die Lupe nehmen wollte; allein der Geruch sorgte dafür, daß ich genügend Abstand hielt. Eine angebrochene Tafel Schokolade, ein angegammelter Streichkäse, ein halbes Pfund Butter, Dosenmilch, eingepackte Salami – das war alles, was ich fand. Brot hatte Achmed ohnehin nie zuhause.

Die Schokolade schnappte ich mir, dann knallte ich die Tür zu. Ich setzte mich auf den Boden, brach ein Stück ab, schob es in den Mund. Langsam, fast genüßlich aß ich vor mich hin. *Trauben-Nuß, immerhin.*

Irgendwann tauchte Achmed aus dem Schlafzimmer auf. Ich sah, wie er ins Bad ging, sich in die Schüssel erbrach und dann mit kalkweißem Gesicht herauskam. »Ist mir schlecht«, flüsterte er mit ersterbender Stimme. »Ich sollte nicht so viel saufen.«

»Genau das hab' ich mir eben auch vorgenommen«, unternahm ich den Versuch eines schwachen Scherzes. Achmed lächelte nicht einmal.

Wir schafften es nach gut einer halben Stunde, marschfertig zu sein. Achmed torkelte noch, während ich schon in der Lage war, ohne auffallende Probleme geradeaus zu gehen. Beide wiesen wir allerdings einen käsigen Gesichtsausdruck auf.

Die Wohnungstür fiel hinter uns ins Schloß, und Achmed schnüffelte. »Sag mal, hier stinkt's doch ziemlich«, murmelte er mißmutig. »Was stimmt hier eigentlich nicht?« Sein Blick wanderte suchend durch den Flur. Er zog die Nase hoch. »Hier stinkt's doch nach Pisse«, behauptete er.

Ich grinste zuerst nur schäbig, dann lachte ich los. »Erinnerst du dich nicht mehr?« fragte ich vorsichtig nach.

»An was soll ich mich denn erinnern?« gab Achmed barsch zurück, während wir zum Fahrstuhl gingen.

»Du hast hier heute Nacht in die Ecke gepißt«, erzählte ich. »Genau hier, an der Ecke. Wir waren beide ziemlich besoffen, wie du dich vielleicht noch erinnern kannst.«

Achmed blieb stehen, drehte sich auf dem Absatz zu mir herum, starrte mich an. »Sag mal, spinnst du?« fragte er mich und starrte mich wütend an. »So was würd' ich nie tun, und das weißt du ganz genau.«

»Na ja, das dachte ich bislang auch.« Ich lachte. »Aber heute nacht hast du eben einige gute Vorsätze ziemlich gründlich über Bord geworfen.«

»Willst du etwa behaupten, daß ich dich anlüge?« Achmed drückte auf den Knopf, das Licht zeigte, daß sich der Fahrstuhl in Bewegung setzte.

»Äh, natürlich nicht.« Es war vergeblich, ich sah es seinem Gesichtsausdruck an. »Natürlich lügst du nicht. Du bist dir sicher, daß du die Wahrheit sagst. Aber es gibt so was wie subjektive Wahrheit, das weißt du doch.«

»Jetzt laberst du wie ein gottverdammter Student.« Achmed war ernsthaft wütend. »So ein blödes Geschwätz!«

Der Fahrstuhl kam, wir stiegen ein, fuhren nach unten. Dort verließen wir das Haus, gingen zum Barbarossaplatz hinüber. Wir verharrten in eisigem Schweigen, niemand sagte auch nur ein Wort. Achmed konnte unangenehm werden, das wußte ich, deshalb hielt ich es für das intelligenteste, einfach die Klappe zu halten.

Was nützte ein sinnloser Streit? Und das alles wegen einer zu kleinen Blase ...

Vom Barbarossaplatz aus nahmen wir die nächstbeste Bahn und fuhren zum Hauptbahnhof, wo wir erst einmal Reibekuchen futterten. Während ich noch völlig orientierungslos auf dem Vorplatz stand und nicht so recht wußte, was ich den ganzen Tag lang machen sollte, verschwand Achmed. Ich wußte nicht, wohin er ging, es war mir im Moment auch gleichgültig.

Als er nach einer knappen Viertelstunde zurückkam, trug er ein Sixpack unterm Arm. »Da!« sagte er nur und reichte mir eine Flasche.

Ich nahm sie, grinste kurz, öffnete die Flasche mit einem alten Feuerzeug. Wir prosteten uns zu, nahmen den ersten Schluck an diesem Morgen. Die Freundschaft war wieder gerettet.

Dennoch war an diesem Tag nicht sonderlich viel los mit uns beiden. Es begann zu nieseln, kühl und unangenehm, und wir hatten keine Lust, auf den Treppen und auf der Domplatte irgendwelche Touristen anzuschnorren. Das überließen wir lieber den Jüngeren, die weniger Geld und größeren Hunger als wir hatten. Nebeneinander standen Achmed und ich in der Bahnhofshalle herum, tranken in aller Ruhe unser Bier, schwiegen uns an, beobachteten die Passanten. Es gab nichts zu tun, und unsere Köpfe schmerzten immer noch. Keine gute Voraussetzung für einen erfolgreichen Tag.

Plötzlich standen zwei Bahnpolizisten vor uns. »Ihre Ausweise bitte!« schnauzte einer der beiden, ein großer Kerl mit adretten blonden Haaren und einem dichten Schnauzbart. Sein Kollege hielt sich ein bißchen abseits, die Hand bereits am Knüppel.

»Keine Sorge«, wollte ich die beiden schon beruhigen, »wir haben unsere Ausweise immer dabei, wollen Ihnen ja keinen Ärger machen.« Ich hatte wirklich keine Lust auf Streß, wollte diesen langweiligen Tag nur einigermaßen herumbringen, ohne schon wieder in Depressionen zu verfallen.

Ein Kontrollgriff in meine Hosentasche: Ich hatte nicht einmal meinen Geldbeutel dabei, und in diesem steckte normalerweise mein Personalausweis. Auch Achmed hatte keine Papiere am Mann. Kein Wunder, nach der Sauforgie der letzten Nacht; mich wunderte, daß ich überhaupt noch denkfähig war. Wahrscheinlich lagen der Ausweis und das Geld in der Wohnung herum; zwischen all dem anderen Gerümpel, das sich dort angesammelt hatte.

»Ich hab' meinen Ausweis nicht dabei«, sagte ich und hob die Schultern. »Was machen wir nun?«

»Ich darf nicht meinen Namen tragen / ich darf nichts tun, ohne die Bullen zu fragen.«
(Daily Terror, 1981)

»Dann verschwindest du am besten ganz schnell vom Gelände«, knurrte der andere Bahnpolizist und zwirbelte mit der linken Hand seinen Backenbart. »Sonst fängst du ein paar.«

Achmed grinste lahm. »Wißt ihr was?« fragte er die Bahnpolizisten. »Wir nehmen euch den Spaß und gehen einfach so.« Er hieb mir gegen die Schulter. »Komm, laß uns abhauen!«

Wir trollten uns. In der Tat hatte keiner von uns Lust, sich mit den beiden ernsthaft zu streiten. Achmed und ich verließen den Hauptbahnhof durch den vorderen Eingang, direkt am Blumengeschäft dabei; dort stellten wir die leeren Bierflaschen ordentlich auf dem Boden ab.

Draußen nieselte es nicht mehr. Immerhin. Aber der Himmel war nach wie vor grau, es war kühl, und ich hatte das undefinierbare Gefühl, mich bei nächster Gelegenheit umbringen zu müssen. Ich schaute zur Uhr hoch; schon kurz vor 16 Uhr. Der Nachmittag war schon weit vorangeschritten, und ich wußte immer noch nicht, was der Tag bringen würde. Köln war nicht spannender als das Kaff, aus dem ich gekommen war.

»Was für ein Scheiß-Tag!« murmelte Achmed mißmutig.

Ich nickte. »Nicht mal zum Schnorren hab' ich Lust.« Ich fühlte mich so weit unten wie selten zuvor. Irgendwie war das alles nichts.

In diesem Moment rief Achmed einen mir unverständlichen Namen und rannte los. Ich folgte ihm deutlich langsamer. Achmed eilte an den Taxiständen vorbei und hielt beim Nebeneingang neben einem Mann an, der etwa 25 Jahre alt zu sein schien. Auf den ersten Blick wirkte der andere völlig normal: Jeans, Turnschuhe, eine dunkle Jacke, die vorne verschlossen war, hellbraune Haare, die einen durchschnittlichen Schnitt aufwiesen.

Achmed und der Fremde schauten sich an, beide lachten. Als ich herankam, umarmten sie sich kurz.

Achmed strahlte, als er zuerst auf mich und dann auf den anderen wies. »Das ist mein guter Freund Peter Pank aus dem Schwarzwald«, sagte er, und dann: »Das hier ist mein ganz alter Kumpel Nolle. Der war schon '77 Punkrocker.«

Nolle verzog unwillig das Gesicht. »Ist lange genug her«, brummte her. »Ich hab' keine Lust mehr auf das ganze Zeugs, keine Lust mehr auf bunte Haare, keine Lust mehr auf Rumhängen und Nichtstun, keine Lust mehr auf Saufen und Pogo, keine Lust mehr auf den dauernden Streß.«

»Na ja«, wehrte Achmed ab, »es gibt ja genügend lustige Dinge, die man tun kann.«

»Kann man.« Nobbe grinste. »Die Musik hör' ich ja immer noch gern, aber ich hab' kein Interesse an den ganzen Asselköppen. Die ganze Szene ist mir zu blöd geworden, das ist nicht mehr so wie früher.«

»Du redest ja schon wie mein Alter im Dorf«, rutschte mir auf einmal heraus. »Der redet auch immer von den guten alten Zeiten.«

»Ach Scheiße!« schnauzte mich Nobbe an. »Was weißt du schon? Ich hab' Punk schon mitgekriegt, da habt ihr fast noch in die Hosen gepißt. Ich war Ende '78 zum ersten Mal in London, und ich hab' die ganzen Bands anfangs der 80er Jahre gesehen. Das war vielleicht geil! Aber mit diesen ganzen Pennern, die mir heute erzählen wollen, was Punk ist, will ich nichts mehr zu tun haben. Verstehst du das?«

»Na ja, dann bist du aber selbst kein Punk mehr.« Mein Einwand erschien mir logisch, obwohl ich Nobbes Abneigung gegen einige Kids verstehen konnte.

»Scheißegal!« brauste er auf. »Ich bin tausendmal mehr Punk als die Scheiß-Kids, die heute mit bunten Haaren rumlatschen!« Er spuckte demonstrativ aus. »Die sind jetzt vielleicht 16, ich bin 25 – und wir schreiben das Jahr 1986. Was wollen mir diese Hüpfer erzählen?« Er schüttelte den Kopf. »Nichts, rein gar nichts. Die haben Punk übernommen, und sie werden ihn kaputt machen. Du wirst's sehen: Bis in fünf Jahren ist Punk endgültig tot.«

»Hm.« Ich hob die Schultern. »Das wäre 1991 ... Na ja, das, was du sagst, das haben die Leute schon 1977 gesagt. Und Punk gibt's immer noch.«

»Aber es ist nicht mehr der Punk, der es früher einmal gewesen ist. Das ist ein Haufen von Arschlöchern, die nur Saufen und Randalieren im Kopf haben. Wir ... wir hatten damals noch Ideen, ein kämpferisches Bewußtsein, wir wollten die Gesellschaft verändern. Und jetzt?« Nobbe hob die Arme, als ob er den Himmel anklagen wolle.

»Du bist ein blödes Spießerschwein / kriechst jedem in den Arsch hinein ...«

(A&P, 1981)

Mir reichte es mittlerweile. Ich wollte darauf verzichten, Nobbe zu erklären, daß ich nicht viel jünger war als er. Und Achmed erst recht nicht. Aber das schien mir zwecklos zu sein.

»Leute, die nur von früher erzählen«, sagte ich ganz langsam, »sind alles lahme Säcke. Was zählt, ist das Heute – und 'ne Zukunft hast du mit deinem schönen Job genauso wenig wie wir.«

Ich drehte mich um und ging. Hinter mir hörte ich, wie Achmed irgendwas von wegen »der ist nur schlecht drauf« murrte, aber das war mir egal. Ich ging gemütlich über den Bahnhofsvorplatz, kaufte mir zum achwerweißwievielten Mal Reibekuchen an der Bude und setzte mich damit auf die Treppe zum Dom, kaute bedächtig, spürte, wie mir die Kälte durch die zerschlissene Hose an den Hintern kroch.

Was für ein Scheißtag!

Irgendwann kam Achmed. Er sagte nichts, setzte sich nur neben mich, reichte mir ein Bier, das er irgendwo aufgetrieben hatte. Wir öffneten die Dosen, nahmen jeder einen Schluck. Es wurde langsam dunkel.

Bevor uns die Kälte von der kalten Treppe aus über die Ärsche in die Knochen kroch, leerten wir unsere Dosen; wir nahmen uns aber viel Zeit, sprachen nicht viel, beobachteten statt dessen die Menschen, die auf dem Bahnhofsvorplatz hetzten und rannten, als gelte es, die letzten Dinge vor dem Tod zu regeln. Es war alles so lächerlich in meinen Augen.

»Komm!« sagte Achmed irgendwann. Ich schaute auf die Uhr am Bahnhof. Kurz vor 18 Uhr; es war mittlerweile schon richtig dunkel. »Bevor du hier endgültig noch deinen Frust kriegst und mir völlig versauerst«, fügte Achmed hinzu.

Ich nickte und stand auf. Die Dosen ließen wir liegen, dann gingen wir los. Auf die Bahn hatten wir beide keine Lust, also nahmen wir den Fußweg in Richtung Barbarossaplatz; es war ja nicht weit.

»Alles schön und monoton / alles Leben verreckt unter grauem Beton.«
(Die Ausgebombten, 1983)

Wie ein Trottel folgte ich Achmed, der immer eigene Wege ging, die mit der normalen Straße so gut wie nichts zu tun hatte. Mir sollte das recht sein, ich war ohnehin depressiv. Es war einfach ein Scheißtag.

Bis auf einmal die zwei Polizisten vor uns standen; es waren keine Bahnpolizisten, sondern ganz normale Streifenbeamte. Ich sah ihre Uniformen, registrierte die Knüppel, konnte aber nicht die Gesichter erkennen; die nächste Straßenlampe war zu weit entfernt. Der eine sagte halblaut etwas, was ich nicht verstand, der andere lachte kurz und häßlich.

»Herkommen, Punker-Pack!« bellte der eine. »Ausweiskontrolle!«

Achmed und ich sahen uns kurz an, hoben dann fast synchron die Schultern. *Schon wieder*, dachte ich mürrisch. Die dauernden Kontrollen nervten mich. Als ob wir Schwerverbrecher seien. *Wird Zeit, daß die in Köln auch ihre Punkerkartei anlegen, mit der sie uns sofort erfassen und erkennen können.*

»Wir haben keine Ausweise dabei«, sagte Achmed langsam. »Das haben wir vorhin schon zu Ihren Kollegen im Bahnhof gesagt.«

Einer der Beamten hob die Hand mit dem Knüppel. »Ihr wißt ja, daß in diesem Land die Pflicht besteht, sich regelmäßig auszuweisen.« Er winkte kurz. »Kommt mal her, damit wir euch anschauen können. So geht's ja nicht.« Seine Stimme klang empört.

Achmed schaute mich an, ich hob die Schultern. Wenn die beiden uns unbedingt kontrollieren wollten, konnten sie's haben. Kurz überlegte ich mir, ob wir einfach abhauen sollten. *Du bist langsam und angesoffen, die beiden sind trainiert,* fiel mir ein, *du hast gegen zwei sportliche Bullen keine Chance.*

Mit gemächlichen Schritten näherten wir uns den Polizisten. Achmed murmelte irgendetwas vor sich hin; ich verstand es nicht.

»Was sagst du?« fragte einer der Beamten; Achmed reagierte nicht einmal darauf.

Als wir direkt vor den beiden Beamten angelangt waren, fielen mir in meinem benebelten Hirn zwei Dinge gleichzeitig auf: Wir standen jetzt als kleine Gruppe neben einer Hofeinfahrt, die dunkel war, stockdunkel sogar; sie gehörte zu einem Handwerksbetrieb, in dem um diese Zeit niemand mehr zugegen war. Und, was viel wichtiger war: Normalerweise gingen Polizisten nicht einfach so mit den Knüppeln in der Hand durch die Gegend. Da stimmte etwas nicht ...

Aber dann war es schon zu spät. Warum uns die beiden Polizisten aufgelauert hatten, erfuhr ich nie, und ob es überhaupt richtige Bullen waren, interessierte mich nicht. Sie waren größer als wir, sie waren kräftig und entschlossen, sie trugen Knüppel, sie überraschten uns, und wir hatten nicht einmal den Hauch einer Chance.

»Dreckiges Punker-Pack!« schnauzte der eine Polizist. Und bevor ich's überhaupt kapierte, drosch er mir seinen Knüppel in den Magen. Ich kippte nach vorne, wollte in purem Reflex nach meinem Bauch greifen. *Schlechter Straßenkämpfer!* huschte mir ein zynischer Gedanke durchs Hirn, da traf mich auch schon der nächste Schlag.

»Gib mir deine Langeweile / gib sie mir / ich will deine Langeweile.«
(R.A.F. gier, 1984)

Der Polizist prügelte mich mit zwei Fausthieben in die Hofeinfahrt hinein. Ich torkelte gegen eine Wand, er packte mich an der Schulter, riß mich herum und knallte mir den Handrücken frontal ins Gesicht. Es brannte, ich konnte schon fühlen, wie meine Wange anschwoll.

»Denk dran: keine offensichtlichen Verletzungen!« hörte ich die Stimme des anderen Beamten, der offenbar gerade mit Achmed das durchexerzierte, was sein Kollege mit mir anstellte.

Ein Tritt traf mein Schienbein, ein Schlag erwischte mich in der Magengrube; ächzend kippte ich nach vorne. Ein weiterer Schlag, und ich fiel. Mit voller Wucht wurde mir die Luft aus den Lungen getrieben; der Kerl hatte mir in die Rippen getreten. Ich versuchte mich auf dem Boden abzurollen, wie im Film, aber natürlich klappte es nicht. Zwei Knüppelschläge trafen mich, einer auf dem Rücken, der andere am Hinterkopf.

Mein Kopf knallte endgültig auf den Asphalt, ich merkte, wie mein Kinn über Steine kratzte; der Schmerz schoß ruckartig an die Schädeldecke hoch, und ich stöhnte; das erste Geräusch, das ich bewußt von mir gab. Ein letzter Reflex huschte durch mein Hirn, *jetzt aufraffen, du Arsch!*, aber es war zu spät, ich bekam weitere Schläge. *Spring schon endlich auf, du Arsch, geh auf den Bullen los*, befahl mir mein Hirn, aber es ging nicht, ein weiterer

»Ich geh jetzt in die Freiheit / verdammt noch mal /
ich bin es leid / ich hau jetzt ab aus dieser Scheiße /
der Weg in die Freiheit ist nicht mehr weit.«
(Wohlstandsschaden, 1986)

Tritt traf mich in die Seite, ich krümmte mich wie ein Wurm und versuchte mein Gesicht gegen den herabknallenden Knüppel zu schützen.

Noch zwei Schläge auf den Hinterkopf, der sich in eine Wolke aus rot glühendem Schmerz verwandelte, noch ein Tritt gegen die Nieren, der mir fast das Kotzen hochjagte, zwei Hiebe auf die Oberschenkel, dann ein Stoß mit dem Knüppel von hinten zwischen die Schulterblätter. *Hört das denn gar nicht auf?* huschte irgendwo ein Gedanke rum, und: *Warum zum Teufel machen die das eigentlich?*

Das Ganze dauerte nicht lange, höchstens mal zwei, drei Minuten. Dann ließen die zwei Polizisten von uns ab. Ich registrierte Achmed, der auf dem Boden lag, knapp fünf Meter von mir weg. Die zwei Angreifer sagten irgendetwas, es kam nur wie hallende Echos bei mir an, und ich verstand kein einziges Wort. Am Rande meiner Wahrnehmung bekam ich mit, daß sie ihre Knüppel verstauten, sich gegenseitig auf die Schultern klopften und dabei laut lachten.

Dreckskerle! dachte ich. Immerhin konnte ich sie noch verfluchen, also war ich unter den Lebenden. Sie hatten mich nicht völlig erledigt.

Der eine Polizist trat zu mir heran. Speichel traf direkt mein Gesicht, die Soße lief mir über die Nase und tropfte auf den Asphalt. »Drecks-Punker!« hörte ich noch. »Die Stadt kriegen wir sauber, das versprech' ich dir.« Dann verschwanden die zwei Kerle.

Es dauerte eine Weile, bis wir uns aufgerappelt hatten. Achmed und ich lehnten nebeneinander an der Wand, wir atmeten schwer und starrten vor uns hin. Ich spürte, wie mir Blut vom Kinn tropfte.

»So ein Dreck!« flüsterte ich. »So ein gottverdammter Dreck.« Mehr fiel mir nicht ein.

»Was wollten die Scheißkerle denn von uns?« fragte Achmed. »Einfach nur Punker klatschen, oder was?«

»Scheiß auf Alfred und die Bande / Punk Rock ist der Herr im Lande«
(Buttocks, 1980)

»Ich weiß es nicht.« Ich war nur noch müde. Ich hatte die Schnauze jetzt endgültig voll von Köln; es reichte. Noch in derselben Nacht schlug ich mich bis zu Achmeds Wohnung durch, während der sich irgendwo Geld zusammenschnorrte und sich dann wieder die Birne zusoff.

In seiner Wohnung wusch ich mir das Gesicht und suchte in seiner Bude meinen Kram zusammen; sogar den Ausweis und den Geldbeutel fand ich wieder. Eine Unterhose fand ich dafür nicht mehr, und von einem Paar Socken existierte anscheinend nur ein Stück; das drapierte ich passenderweise über der Kühlschranktür, die immer noch offen stand – drin war ohnehin nichts.

Bis zum Kölner Kreisel kam ich mit der letzten Straßenbahn, die letzten paar hundert Meter latschte ich durch die kühle Nacht, dann trampte ich los. Es dauerte eine mittlere Ewigkeit, ich stand mir sehr lange die Beine in den Bauch, und die Bullen kamen auch zweimal vorbei, überlegten sich wohl, ob sie mich gleich einsacken sollten oder ob es besser sei, darauf zu warten, bis mich eine arme Seele mitnahm.

Die kam irgendwann, ein besoffener Diskothekenbesucher auf dem Heimweg, und er fuhr mich bis zu einem Rasthof auf der Höhe von Bonn, wo ich erst einmal strandete. Den Rest der Nacht verbrachte ich frierend auf dem Rasthof; kein Mensch nahm mich mit, ich hatte kaum noch Geld und leistete mir deshalb keinen Kaffee, und der Typ im Kassenraum drohte schon, die Bullen zu rufen.

Irgendwann kam ich doch weiter; ich strandete in Koblenz, wo ich mich zwei Abende lang im »Logo« rumtrieb. Den ersten Abend danach verbrachte ich im Schlafsack in irgend einem Park in der Nähe, rotzebesoffen und total hinüber; aber ich überlebte trotz der Kälte und konnte mir am nächsten Tag vor dem Hauptbahnhof soviel Kleingeld zusammenschnorren, daß ich am Abend wieder in den Laden gehen konnte.

In der Nacht soff ich mich wieder bis zur Halskrause zu, ging dann mit einer Grünhaarigen mit derben Spikes auf der Lederjacke zu ihr, pennte dort. Wir fingen in der Nacht nichts miteinander an, ich war auch zu besoffen dazu, und ich wachte am nächsten Morgen auf, packte mein Zeugs und trampte weiter. Sie hatte mir ihren Namen gesagt, ich hatte ihn sofort vergessen, und als ich ging, schlief sie noch.

Am späten Abend war ich zuhause; die Wohnung war leer, aber mein Schlüssel paßte noch. Wenn ich die Notiz auf meinem Bett richtig verstand, dann hatte mir Martin gekündigt – auf ihn lief schließlich der Mietvertrag –, und ich hatte exakt drei Tage, mein Zimmer zu räumen. Ich trat ihm die Zimmertür ein, er war nicht da, aber ich trank seine zwei Weinflaschen her und ging ins »Siff«.

An diesem Abend besoff ich mich völlig rettungslos, dann irrte ich durch die Nacht, legte mich in einen Hauseingang schlafen, denn heim wollte ich nicht. Morgens gegen drei oder vier Uhr etwa griffen mich die Bullen auf, schmissen mich in ihren Wagen, gaben mir, als ich meuterte, noch zwei auf die Fresse und eine in die Eier, dann warfen sie mich in eine Ausnüchterungszelle.

Am nächsten Morgen gab's Frühstück, wäßrigen Kaffee und alten Brot und einige schleimige Worte des Bedauerns; wahrscheinlich beeindruckte sie mein blaues, verschwollenes Auge und mein nach wie vor zerkratztes Kinn. Sie verzichteten darauf, mir die Nacht in der Ausnüchterungszelle in Rechnung zu stellen, wenn ich auf eine Anzeige wegen Körperverletzung verzichtete; mir war alles egal, ich nickte und ging.

Ich war wieder zu Hause.

Ende

Nachwort:

Wie kam es zu diesem Buch?

Der Sommer 1994 war nicht besonders. Ich wohnte in einem grausig langweiligen Dorf in der badischen Provinz, in das es mich aus beruflichen Gründen verschlagen hatte. Die Wochenenden verbrachte ich nahezu ununterbrochen auf der Straße: Punk-Konzerte, Demos, Action bis zum Umfallen. Zwar war ich schon knapp dreißig Jahre alt, aber irgendwie mußte ich etwas gegen die Langeweile tun, die mich in diesem Dorf zu erdrücken drohte.

Abends fuhr ich oft nach Karlsruhe: Dort ging ich in die »Steffi«, das besetzte Haus in der Innenstadt, um dort Bier zu trinken oder eines der unzähligen Konzerte zu besuchen. Im Herbst zog ich deshalb nach Karlsruhe, direkt in die Innenstadt. Da ich Single war, blieb ich in diesem Sommer sehr häufig zu Hause, fuhr wie ein Blöder mit dem Rad durch die Gegend und schrieb oft bis spät in die Nacht, Punkrock im Ohr und ein Bier neben dem Computer.

Unter anderem schrieb ich in jener Zeit viel für das ZAP, das Hardcore- und Punk-Fanzine aus Homburg an der Saar. Der unermüdliche Moses Arndt, der das Heft jahrelang herausgab, fabrizierte tatsächlich das Szene-Magazin schlechthin, ein Heft, das wirklich alle lesen wollten. Und vor allem *mußten*, wenn sie mitreden wollten. Man kam als engagierter Szene-Mensch am ZAP nicht vorbei.

Für Interviews und sachkundige Musikberichterstattung fühlte ich mich nicht zuständig, dafür gab es bessere und aktivere Schreiber. Ich war derjenige, der über Fanzines schrieb, über Konzerte und Aktionen auf der Straße, häufig unter Pseudonym. Irgendwann in diesem Sommer kam ich auf die Idee, eine Fortsetzungsgeschichte zu schreiben, und ich tippte diese Idee vor einer kleinen Party zusammen.

Hier die ersten zwei Absätze aus dem Konzept, das ich Moses bei dieser Party vor die Nase hielt. Es läßt sich leicht feststellen, daß ich zu diesem Zeitpunkt selbst noch nicht so recht wußte, wohin ich mit der Geschichte wollte, obwohl ich schon eine inhaltliche Konzeption erstellt hatte:

> »Der Roman skizziert die Entwicklung der Punk-Szene anhand einer Person, die sich selbst den Namen Peter Pank gegeben hat (nach einem alten Trio-Song). Er basiert zu einem Teil auf persönlichen Erlebnissen, die das Gerüst des Geschehens bilden; ebenso

viele Teile des Romans sind selbstverständlich erfunden. Orte und mit Datum bezeichnete Geschehnisse sowie Personen der Zeitgeschichte, also Bands und so, sind authentisch; alles andere ist frei erfunden. Das als Vorbemerkung.

Der Roman schildert diese Entwicklung mit Hilfe einer Haupt- und einer Rückblend-Ebene; praktisch die einzige Methode, rund zehn Jahre in einen glaubhaften Zusammenhang zu bringen, ohne daß irgendwelche Längen auftauchen. Der Stil ist romanhaft - das heißt, professionell geschrieben und nicht mit irgendwelchen sprachlichen Punk-Gags aufgemotzt.«

Moses Arndt fand die Idee trotzdem gut, und im Sommer 1994 ging es mit dem PETER PANK los. Der Roman erschien im ZAP, und er überlebte die verschiedensten Entwicklungsstufen des Magazins. Vor allem in jener Zeit, in der das Heft jede Woche an die Abonnenten verschickt wurde – wir sprachen selbstironisch von der »Punk-BRAVO« –, kam die Schreiberei irgendwann einem echten Streß gleich: Damals schickte ich noch Disketten sowie einen Ausdruck ein, den ich mit meinem alten Nadeldrucker anfertigte: jede Woche eine Folge, häufig sehr hektisch geschrieben.

Trotzdem war es ein berauschendes Gefühl, donnerstags in die »Katakombe« zu gehen. Die ZAP-Abonnenten hatten das Heft schon gelesen, ebenso auch meinen Text, und sie sprachen mich unweigerlich darauf an. Da wurde diskutiert und gestritten – es war wie bei einer Romanheft-Serie, bei der es ebenfalls Leserreaktionen gibt.

Genau so hatte ich mir das auch vorgestellt, genau so schrieb ich es in meinem Konzept:

»Die Leute, die das wöchentliche ZAP lesen, brauchen Lesefutter, mit dessen Hilfe sie bei der Stange bleiben. Ein Fortsetzungsroman ist dafür nicht das Dümmste, jede Zeitschrift hat Fortsetzungsgeschichten, und die wissen alle, warum. Jede Woche in jedem ZAP eine Fortsetzungsgeschichte, maximal zwei Seiten lang (Umfang kann abgecheckt werden - ich müßte ohnehin mindestens vier bis fünf Folgen »im voraus« liefern, um jeden Engpaß zu vermeiden).«

Leider klappte eine ganz wesentliche Idee nicht, die der zeichnerischen Umsetzung. Zum Ausgleich schrieb ich zu jeder Folge eine Textzeile einer alten Punk- oder Neue-Deutsche-Welle-Band, die irgendwie zu der Szene paßte. Wichtig war natürlich, daß die Band deutsche Texte hatte und ihr Stück nicht neuer als 1986 sein durfte. Die einzige Ausnahme waren die Skeezicks, und deren englischsprachiger Text war eine klare Auseinandersetzung mit der Szene.

»Für jede Folge wird ein anderer Zeichner zur Illustration gesucht (ein Bild pro Folge); aufgrund meiner Kontakte zu Zeichnern ist das kein Problem. Chef Moses macht mit Vorspann zu jeder Folge und Vorschau auf die nächste Folge den Leuten den Mund wässerig.

Die Folgen für die Leser: Ich behaupte, sie kriegen eine zumindest lesbare Geschichte, der Frick-Schreibstil gilt als durchaus passabel. Darüber hinaus kriegen die Leser ein dickes Stück Lifestyle vermittelt, mit dem Punk und Hardcore rüberkommen, so wie es eigentlich mal war, mit allen positiven und negativen Seiten.

Die Folgen für das ZAP: Zwei Seiten pro Ausgabe sind mit einer netten Geschichte gefüllt, die Leser-Blatt-Bindung erzeugen kann. Du hast damit so gut wie keine zusätzliche Arbeit.«

Möglicherweise fragt sich der eine oder andere Leser, warum der Roman denn eigentlich ausgerechnet 1986 spielt. Einer der wesentlichen Gründe ist tatsächlich der, daß in diesem Jahr – zumindest für mich – die Punkrock-Szene in Deutschland endgültig abzudanken hatte. Was jetzt kam, war der Hardcore, der dem selbstgefälligen und alkoholverseuchten Deutschpunk einen feisten Tritt in den Hintern versetzte.

Bands wie Negazione aus Italien, Heresy aus England, Kafka Proses aus Norwegen oder auch die deutschen Spermbirds waren einfach viel rasanter und spannender als all das, was ich bislang an Deutschpunk, altem England-Punk oder New Wave gehört hatte. Der Slamdance war aggressiver und gleichzeitig lustiger, und man mußte als Konzertbesucher nicht unbedingt strunzehackepallebreit sein, um dazu gehören zu können.

In diese Zeit paßt dann der Held des Buches sehr gut. Viele Szenen in »Vielen Dank, Peter Pank« waren direkte Reflexionen auf Dinge, die sich in der normalen Welt abspielten, während die Fortsetzungen erschienen. So ist die Abneigung Peter Panks gegen Baseball-Kappen eine Anspielung auf die Hardcore-Kids, die 1994/95 in einem stärkeren Maß zur Uniformierung neigten, als Punks das jemals getan hatten. Und die Wackersdorf-Episode in diesem Roman wurde einen Monat vor den Chaostagen 1995 veröffentlicht ...

Ebendiese Chaostage führten das ZAP, den Schreiber dieses Buches und den Herausgeber des Fanzines wieder weg vom konservativ und langweilig gewordenen Hardcore und zurück zu

Punkrock. Zu einem anderen Punk allerdings als den, den viele der sogenannten Bahnhofs-Punks um diese Zeit zelebrierten. Wir versuchten unsere eigene Szene zu leben, abseits der kommerziellen Strömungen, die sich breitmachten, und abseits der Ideologie-Kritik, die von seiten mancher Autonomer auf Punks ausgeübt wurde.

Amüsant liest sich übrigens im Nachhinein der Abriß des geplanten Buches, den ich hier nur auszugsweise wiedergeben will. Letztlich spielen einige der hier skizzierten Ereignisse auch eine Rolle in dem Roman »Chaos en France«, der die direkte Fortsetzung zu »Vielen Dank Peter Pank« bildet.

»Die Haupthandlung beginnt im Herbst 1986: Peter Pank, gerade von einer Chaos-Reise zum Bonner Kaiserplatz zurück in seine Heimatstadt im Schwarzwald (ha!) gekommen, verliert seinen Job als Lagerarbeiter (Jobber) in einem Supermarkt, weil er u.a. eine Kundin beleidigt hat und die geforderte Entschuldigung verweigerte. In der Folge kippt Peter, ohnehin schon reichlich desolat, total ab. Versuche, sich aus dem Sumpf der ohnehin immer mehr versackenden Punk-Szene hochzurappeln, scheitern. Hier werden diverse Ereignisse dieses Herbstes eingearbeitet, angefangen von einem Tote-Hosen-Konzert (dem letzten guten) bis hin zur FAP-Blockade in Reutlingen, die ja in erster Linie von Punks getragen wurde. (...)

Soweit die Haupthandlung, die in weiten Teilen depressiv geprägt sein wird, also auch mit vielen zerstörerischen Aktionen. Damit das nicht zu negativ rüberkommt, müssen die positiven Segmente in der Rückblend-Ebene auftauchen.

Diese Ebene zeigt, wie Peter Pank überhaupt zum Punk kam, damals 1977 bis 1979, wie er als junger Punk in Stuttgart No-Future-Aktionen am laufenden Band machte, wie ab 1982 die jungen Punks mit ihren »lächerlichen Nietenjacken« kamen und die älteren Punks auch verschreckten, wie die Szene in Stuttgart bereits ab 1983 anfing, ins Drogen-Umfeld abzukippen, wie Peter Pank immer mehr in den Kreislauf aus Alkohol und No-Future-Denken hineinsteuerte, wie er sogar meinte, mit der Bundeswehr dagegensteuern zu können, und sich dadurch immer mehr ins Loch brachte. Die Rückblend-Ebene landet irgendwann im Herbst 1986, also an dem Punkt, an dem die Haupthandlung anfängt.«

Was aus den geplanten Kapiteln überhaupt geworden ist, kann jetzt jeder in dem hier vorliegenden Buch selbst nachlesen ...

Klaus N. Frick
Karlsruhe, im Oktober 2005

Der Autor:

Klaus N. Frick ist Jahrgang 1963; er wuchs in Freudenstadt im Schwarzwald auf. Kurzgeschichten und andere kurze Texte verfaßte er seit frühester Jugend. Im Herbst 1979 begann er mit der Produktion eines Fanzines, das im Februar 1980 erschien. Es folgten zahlreiche Fanzines sowie unzählige Artikel und Kurzgeschichten, die in kleinauflagigen Zeitschriften, in Tageszeitungen und Anthologien erschienen.

Die »bürgerliche« Karriere führte Klaus N. Frick in den neunziger Jahren zur PERRY-RHODAN-Serie. Seit 1992 arbeitet er als Lektor und Redakteur für die größte Science-Fiction-Serie der Welt, seit 1995 ist er für den redaktionellen Inhalt aller PERRY-RHODAN-Reihen verantwortlich.

Für die Zeitschrift ZAP, herausgegeben von Moses Arndt, schrieb Frick seit Gründung des Heftes im Jahr 1988, anfangs sehr sporadisch, später regelmäßig. Das selbsternannte »Kampfblatt des internationalen Rotzlöffeltums«
war zeitweise das wichtigste Heft für die Punk- und Hardcore-Szene im deutschsprachigen Raum.

»Vielen Dank, Peter Pank« erschien als Fortsetzungsroman im ZAP, auch als dieses im wöchentlichen Rhythmus herauskam. Für die vorliegende Buchfassung wurden die einzelnen Fortsetzungen überarbeitet, teilweise ergänzt.

Das Berliner Archiv der Jugendkulturen e.V. existiert seit 1998 und sammelt vor allem authentische Zeugnisse aus den Jugendsubkulturen selbst (Fanzines, Flyer, Musik etc.), aber auch wissenschaftliche Arbeiten, Medienberichte etc. und stellt diese der interessierten Öffentlichkeit in seinen derzeit 200qm umfassenden Bibliotheksräumen zur Verfügung. Darüber hinaus gibt das Archiv der Jugendkulturen eine eigene Buchreihe und mit dem Journal der Jugendkulturen eine eigene Zeitschrift heraus, in denen sowohl sachkundige WissenschaftlerInnen, JournalistInnen u.a. über Jugendkulturen Forschende als auch Szene-AktivistInnen zu Wort kommen. Das Archiv der Jugendkulturen e.V. legt großen Wert auf eine enge Kooperation mit Angehörigen der verschiedensten Subkulturen und ist daher immer an entsprechenden Angeboten, Reaktionen und Material jeglicher Art interessiert. Eine Mitgliedschaft im Verein des Archivs lohnt sich vor allem für diejenigen, die sich eine qualifizierte und stets aktuelle Bibliothek zum Thema Jugendkulturen aufbauen wollen. Denn für einen Jahresbeitrag von 123,- Euro erhält jedes Vereinsmitglied sämtliche vom Archiv der Jugendkulturen herausgegebenen Bücher, das Journal der Jugendkulturen, zahlreiche Veranstaltungsangebote u.a. special services. Die allgemeine Nutzung des Archivs und seiner Bibliotheksbestände ist selbstverständlich auch für Nicht-Vereinsmitglieder kostenlos möglich.

Kontakt:

Archiv der Jugendkulturen e.V.
Fidicinstraße 3, 10965 Berlin
Tel.: 030/694 29 34
Fax: 030/691 30 16
www.jugendkulturen.de
archiv@jugendkulturen.de

In jeder guten Buchhandlung

Göran Gnaudschun:

Vorher müsst ihr uns erschießen

Hausbesetzer in Potsdam

2001
112 Seiten
15 €
ISBN 3-936068-06-2

„Vorher müsst ihr uns erschießen" zeichnet am Beispiel Potsdams ein Bild der Hausbesetzerszene der 90er Jahre. Dieses Buch ist Familienroman, Tagebuch und Sprachrohr. Galten die Zeiten von Besetzungen und Häuserkampf im Westteil Deutschlands als erledigt, erlebte diese Form selbstbestimmten Handelns im Osten nach der Wende eine Renaissance. Die leerstehenden, verfallenen Innenstädte boten Raum für neue Ideen: „Wir hatten die absolute Freiheit", so das Credo. In den sehr persönlich geprägten Bildern aus besetzten Häusern knüpfen Göran Gnaudschuns Fotografien ein Netzwerk beziehungsreicher und kontrastierender Blickweisen. Ein Lebensgefühl zwischen Politik und Punk, Widerstand und „Hoch die Tassen", Härte und Melancholie. Die Interviews von Kay Meseberg zeigen Einstellungen und Erinnerungen der einstigen und jetzigen Besetzer.

Dirk Buck:

Teenage Wasteland

2001
192 Seiten
15 €
ISBN 3-933773-60-1

„Ich muß zugeben, daß mich schon lange kein Buch mehr so gefesselt hat. ‚Teenage Wasteland' ist eine mit schonungsloser Offenheit niedergeschriebene Lebensgeschichte inklusive aller Höhen und Tiefen und Details, die man normalerweise lieber für sich behält. Es ist ein ungeheuer spannendes Buch, weil ich denjenigen treffen möchte, der sich in den hier beschriebenen Verhaltensweisen nicht erkennt. Was ‚Teenage Wasteland' aber so reizvoll macht, ist die Tatsache, daß Buck in seinen früheren Teeniejahren Punk war: Er spielte in Bands, ging auf Konzerte, veranstaltete selbst welche, gründete ein Label, machte ‚ne ordentliche Stange Geld und entschloß sich, eine Therapie zu machen. Ja, unser Protagonist hat ein Problem, nämlich Frauen: Keine Beziehung steht er länger als ein paar Monate durch, bevor er sich zum völligen Ekel entwickelt. Und Alkohol und Dope spielen da auch so eine gewisse Rolle. ‚Teenage Wasteland' ist höchst unterhaltsam, witzig, hart und deprimierend zugleich, ein völlig ungeschminktes Buch, das alles in allem wie ein buchgewordenes Egozine wirkt." OX

CULTURE ON THE ROAD

Culture on the Road ist ein variables Programm von Informationsveranstaltungen und praktischen Workshops für einen oder mehrere Projekttage. Es kann bundesweit in Schulen, Ausbildungsstätten und Jugendhäusern durchgeführt werden. Die wesentlichen Komponenten sind:

1. Politisches Wissen im Jugendalltag: sachlich und informativ

Zwar scheint die Zeit der großen Umzüge von neonazistischen Verbänden, wie man sie in den neunziger Jahren erleben musste, vorbei zu sein. Jedoch lässt sich heute ein breiter Mainstream von rechtsextremen Haltungen beobachten. Er ist über die Grenzen bestimmer Gruppierungen hinaus wirksam und leistet gewaltsamen Exzessen Vorschub.

Sie erhalten Aufklärung über Gruppierungen und Organisationen von Jugendlichen, die in ihren Lebenseinstellungen und politischen Positionen rassistische und gewaltbereite Züge aufweisen – bis hin zu ausdrücklich rechtsextremen Jugendorganisationen.

2. Jugendkulturen im Austausch: spannend und kreativ

Szeneangehörige von HipHop, Dancehall-Reggae, Skateboarding, Slam Poetry, Techno, Gothic, Punk und anderen Stilrichtungen stellen „ihre Szene“ vor. Sie berichten über die Entstehungsgeschichte und präsentieren die wesentlichen Inhalte aus Musik, Text und Lebenshaltung.

In praktischen Workshops können sich die TeilnehmerInnen selbst in DJing, Skaten, Breakdance, Graffiti-Sprühen, Slam-Poetry-Schreiben versuchen.

Die Begegnung mit Jugendkulturen, die von toleranten Haltungen und einem gewaltfreien Selbstverständnis getragen sind, vermittelt Weltoffenheit und eine anti-rassistische Haltung. In den Regionen, in denen eine flächendeckende Dominanz von rechtsextremen Jugendstilen herrscht, stellen sie eine erfahrungsreiche Alternative dar.

3. Das Team:

Das Team von Culture on the Road besteht aus Fachleuten zu Politik, Rechtsextremismus und Jugendkulturen sowie aus Szeneangehörigen. Sie sind direkte Ansprechpersonen und können zu alternativen Identifikationsfiguren werden.

Es wird in interaktiven Referaten, Informationsrunden, Rollenspielen und praktischen Workshops gearbeitet.

Gemeinsam stimmen wir das Culture on the Road-Programm auf Ihre Bedürfnisse ab. Die Kosten eines Projekttages sind von der gewählten Programmgestaltung abhängig.

Sie sind interessiert und wollen an Ihrer Schule der in Ihrem Jugendclub eine Veranstaltung durchführen?
Dann nehmen Sie Kontakt zu uns auf!

Und so erreichen Sie uns:

Archiv der Jugendkulturen e.V.
Fidicinstraße 3 | 10965 Berlin
Fon: 030 - 694 29 34 | Fax: 030 - 691 30 16 |

archiv@jugendkulturen.de | www.culture-on-the-road.de
www.jugendkulturen.de

Culture on the Road wird unterstützt und gefördert von:

Bundesministerium für Familie, Senioren, Frauen und Jugend

bpb: Bundeszentrale für politische Bildung

entimon gemeinsam gegen Gewalt und Rechtsextremismus

Gesellschaft für soziale Unternehmensberatung mbH gsub

Wenske / Hyde:

Scheiss drauf!

Eine Rock'n'Roll-Bio in Bildern, ein Leben gegen den Strich!

2003
276 Seiten mit über 400 teils ganzseitigen Abbildungen
22 €
ISBN 3-936068-69-0

19 Jahre lang lebte Helmut Wenske zwei Stockwerke über einem drittklassigen Puff im Hanauer Rotlichtbezirk. 9 Jahre stand er unter Mordverdacht. Helmut Wenske hat einiges zu erzählen. Nun hat er mit Scheiss drauf eine lebhafte Autobiografie geschrieben, die uns an die Stationen seines bewegten Lebens vom stadtbekannten Rock'n'Roller und Halbstarken zum Kulissenmaler für Striptease-Shows, vom Pornobuchillustrator zum Coverdesigner von Schallplatten und Deutschlands bekanntestem Undergroundmaler in den psychedelischen 70ern, vom Initiator und Organisator von Rock-Concerts zum Zeitzeugen und Selbstdarsteller in einem Dokumentarfilm führt.
In den 90ern rockte er als „Special Guest" am Mikro mit den Barracudas, G.U.L.P., Party Busters, Rollsplitt und Tequila Flight über die Bühne.
Auch diese legendären Auftritte sind in der reich bebilderten Rock'n'Roll-Bio dokumentiert.

Chris Hyde:

Rock'n'Roll Tripper

2003
168 Seiten, inklusive 24 Fotoseiten
18 €
ISBN 3-936068-45-3

Chris Hyde, ein Pseudonym von Helmut Wenske, wird von Kritikern häufig mit Jack Kerouac, Norman Mailer und Charles Bukowski verglichen. Natürlich passt Wenske nicht in irgendwelche Schubladen und schon gar nicht lässt er sich festlegen: Helmut Wenske ist das Heißeste seit den Brüdern Grimm, das je aus Hanau kam." Wolfgang Zayko in: Rockin' Fifties

In jeder guten Buchhandlung

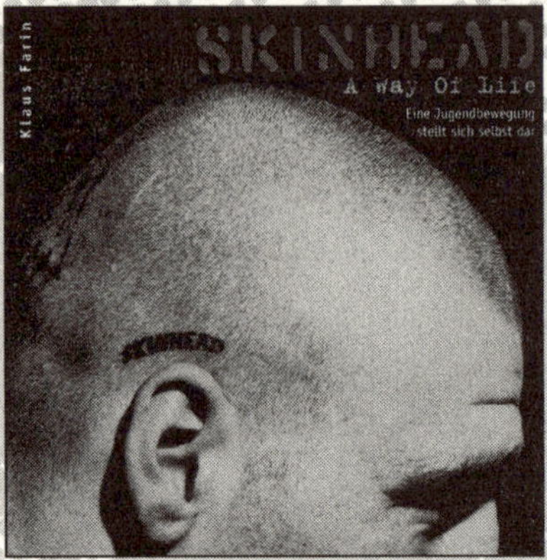

Klaus Farin (Hg.):

Skinhead - A Way Of Life

Neuauflage 2005
168 Seiten
15 €
ISBN 3-933773-05-9

Eine Jugendbewegung stellt sich selbst dar. Mehr als zweihundert Skins aus dem gesamten Spektrum der Szene vom „Blood & Honour" - bis zum Redskin haben zu diesem Band Texte beigetragen und damit eine bislang einzigartige Darstellung der Skinheadkultur in Deutschland möglich gemacht.

André Pilz:

No llores, mi querida –
Weine nicht, mein Schatz
Ein Skinhead-Roman

2005
Hardcover
240 Seiten
18 €
ISBN 3-86546-031-3

Der erste deutschsprachige Skinhead-Roman, nicht von einem Journalisten oder Kinderbuchautor, sondern von einem Skinhead geschrieben. André Pilz, Jahrgang 1972, hält sich mit diversen Jobs über Wasser und ist Gitarrist einer Oi!-Punkband. Wenn André Pilz über den Skinhead „way of life", über Gewalt im Stadion, Stress mit Einwanderergangs oder Neonazis in der Szene schreibt, weiß er, worüber er spricht. „Ein Leben lang der letzte Dreck. Ein Leben lang haben sie mich geschlagen und gedemütigt, und ich habe es regungslos hingenommen. Ein artiger, braver Junge. Doch irgendwann war irgendein Schlag zu viel, und ich habe begonnen, mit meinen Augen zu sehen, mit meinen Ohren zu hören, und meinen Verstand gebraucht. Ich habe gelernt. Und mir den Kopf geschoren und Euch den Krieg erklärt."

In jeder guten Buchhandlung

Mike Riemel:

Flyer Soziotope

Topographie einer Mediengattung

2005
600 Seiten
Großformat 196 x 249
2.500 Abbildungen, deutsch-englisch
40 €
ISBN 3-86546-032-1

Ob als Einladung zur Party oder zur Mobilisierung für die Anti-Nazi-Demonstration: Flyer sind seit den 90er Jahren das zentrale Medium zur Mobilisierung vor allem junger Leute geworden. Mit dem mehr als 600 Seiten starken Buch „Flyer Soziotope. Topographie einer Mediengattung" von Mike Riemel und zahlreichen GastautorInnen liegt nun das Standardwerk zur Flyer-Kultur vor.

Die Auswahl der präsentierten Flyer, basierend auf einer der größten Sammlungen der Welt, ermöglicht einen Überblick über die weltweite Flyerkultur der letzten 25 Jahre. Die Texte beleuchten soziale, wirtschaftliche, psychologische und andere Hintergründe und Zusammenhänge von der ‚Geburt' des Flyers bis zu seinem vorläufigen Ende in der Sammelbox eines Fans.

oder unter www.jugendkulturen.de

Klaus Farin, Hendrik Neubauer (Hrsg.):

Artificial Tribes

Jugendliche Stammeskulturen in Deutschland

2001
240 Seiten
15 €
ISBN 3-933773-11-3

Mehrere Jahre folgten vier Fotografen und acht AutorInnen Jugendlichen auf ihren Streifzügen durch den subkulturellen Dschungel deutscher Großstädte. Was sie dabei erlebten, kam ihnen nicht selten fremder und exotischer vor als alles, was sie früher bei ihren Reisen in entfernteste Regionen der Erde gesehen, gehört und gefühlt hatten ...

Klaus Farin:

Jugendkulturen zwischen Kommerz und Politik

1998
300 Seiten
10 €
ISBN 3-910079-41-5

„Welche Möglichkeiten hat man schon als Jugendlicher, sich von den Alten abzusetzen, Gleichgesinnte zu identifizieren? Das Naheliegendste: Outfit und Musik. Vorzugsweise eine, die sogar für Rock ´n´ Roll-sozialisierte Eltern kaum genießbar ist. Und sei es nur aufgrund der Taktfrequenz und der Position des Lautstärkereglers. Begeistern sich ein paar Leute mehr für die neue Musik, Mode, Action, erleben wir soeben die Geburtsstunde einer neuen Jugendkultur. Und bald darauf ihren Ausverkauf."

Aus dem Inhalt: Zum Beispiel: Techno, HipHop, Punk. / „Warum darf Michael Jackson nicht seinen Affen ficken?" Ina Deter und Lemonbabie Diane Weigmann im Gespräch. / Klaus N. Frick erklärt den Punk, Aziza-A den HipHop. Karl Nagel richtet freundliche Worte an Trendagenturen. Fluchtweg berichten vom Punk im Osten.

oder unter www.jugendkulturen.de